"十三五"国家重点出版物出版规划项目
高速铁路线路工程关键技术丛书

高速铁路中等压缩性土地基工程技术研究与应用

李安洪　姚裕春　蒋关鲁　余　雷　著

西南交通大学出版社
·成　都·

图书在版编目（CIP）数据

高速铁路中等压缩性土地基工程技术研究与应用 / 李安洪等著. —成都：西南交通大学出版社，2019.12
（高速铁路线路工程关键技术丛书）
"十三五"国家重点出版物出版规划项目
ISBN 978-7-5643-7335-1

Ⅰ.①高… Ⅱ.①李… Ⅲ.①高速铁路－铁路路基－工程施工　Ⅳ.①U213.1

中国版本图书馆 CIP 数据核字（2020）第 002637 号

"十三五"国家重点出版物出版规划项目
高速铁路线路工程关键技术丛书
Gaosu Tielu Zhongdeng Yasuoxingtu Diji Gongcheng Jishu Yanjiu yu Yingyong

高速铁路中等压缩性土地基工程技术研究与应用

李安洪　姚裕春　蒋关鲁　余雷　著

*

出 版 人　王建琼
责任编辑　王　旻　孟苏成
封面设计　原谋书装

西南交通大学出版社出版发行
四川省成都市金牛区二环路北一段 111 号西南交通大学创新大厦 21 楼
邮政编码：610031　　发行部电话：028-87600564
http://www.xnjdcbs.com
四川煤田地质制图印刷厂印刷

*

成品尺寸：185 mm×240 mm　　印张：10.75
字数：221 千
2019 年 12 月第 1 版　　2019 年 12 月第 1 次印刷
ISBN 978-7-5643-7335-1
定价：88.00 元

图书如有印装质量问题　本社负责退换
版权所有　盗版必究　举报电话：028-87600562

《高速铁路中等压缩性土地基工程技术研究与应用》

编委会

顾　　问　　闵卫鲸　　魏永幸　　刘　洋

主　　编　　李安洪　　姚裕春　　蒋关鲁　　余　雷

编　　委　　王智猛　　陈伟志　　吴沛沛

　　　　　　封志军　　肖朝乾　　曾永红

主编单位　　中铁二院工程集团有限责任公司

前 言

我国《建筑地基基础设计规范》(GB50007) 将压缩系数为 $0.1\sim0.5\ \text{MPa}^{-1}$ 的土定义为中等压缩性土,我国道路建设中大多数地基都属于中等压缩性土的范畴。低速有砟轨道铁路路基设计以稳定控制为主,而高速铁路对列车的平顺性、舒适性要求非常高,路基设计以变形控制为主。我国在最初的高速铁路建设过程中,由于对中等压缩性土的变形特性缺乏研究,特别是对中等压缩性土变形随时间的发展规律认识不足,根据当时设计规范的沉降计算理论,在中等压缩性土地基上修建高速铁路特别是无砟轨道客运专线,其计算沉降值通常不满足设计要求,故在京津、武广、郑西等无砟轨道客运专线建设中均采用了大量的桩长较长的 CFG 桩、钢筋混凝土桩板结构、钢筋混凝土桩网结构等地基加固处理措施,但各线大量的沉降实测资料表明,实际沉降值明显小于计算沉降值。而国外高速铁路施工工期较长,路堤竣工后一般要放置 2 年以上,待沉降稳定并经变形评估满足设计要求后,才能铺设无砟轨道。

我国高速铁路建设速度快、周期短,路堤施工后放置时间十分有限,在没有掌握中等压缩性土沉降特性的情况下,难以实现在工期限制情况下选择可靠、合理、经济的地基加固处理措施。针对我国高速铁路建设的重大需求和高速铁路路基建设存在的技术问题,著者通过国内外资料调研、室内土工实验、离心模型试验、现场原位试验、现场监测、数值模拟、理论分析等手段,依托海南东环客专、胶济客专、云桂客专、柳南客专、成绵乐客专工程建设,对压缩系数大多为 $0.1\sim0.3\ \text{MPa}^{-1}$ 的中等压缩性土地基进行了系统研究。海南东环客专花岗岩全风化层可作为我国海南、广东、福建等地广泛分布的花岗岩全风化层的典型代表;胶济客专非饱和粉土、粉质黏土等代表着我国胶东半岛及华北大部分区域地基土层;云桂客专的弱—中、中—强膨胀土,柳南客专红黏土,成绵乐客专的成都黏土，可以作为膨胀土的典型代表。著者通过对项目的系统研究，取得了以下重要成果：① 掌握了典型中等压缩性土物理力学特性；② 揭示了中等压缩性土地基沉降特性；③ 提出了中等压缩性土地基沉降计算参数选择与获取方法；④ 提出了中等压缩性土地基沉降计算方法、沉降预测方法；⑤ 提出了高速铁路中等压缩性土地基处理原则。

本书按中等压缩性土概述、中等压缩性土物理力学性质、中等压缩性土地基原位试验、中等压缩性土地基沉降特性、高速铁路中等压缩性土地基设计与工程技术等内容对研究取得的成果进行了系统介绍。

编写本书时著者参阅和引用了相关参考文献和资料，在此对相关作者表示感谢！鉴于本书编写时间及著者水平所限，书中难免存在疏漏和不足之处，敬请专家、读者批评指正。

著 者

2019 年 12 月于成都

目 录

第1章 概 述 ·········· 1
1.1 中等压缩性土地基的基本概念 ·········· 1
1.2 中等压缩性土地基处理研究概况 ·········· 2
1.3 高速铁路中等压缩性土地基工程概述 ·········· 20

第2章 中等压缩性土物理力学性质 ·········· 22
2.1 胶济客专粉质黏土、粉土物理力学性质 ·········· 22
2.2 海南东环客专花岗岩全风化层物理力学性质 ·········· 35
2.3 柳南客专红黏土物理力学性质 ·········· 41
2.4 云桂客专膨胀土物理力学性质 ·········· 52
2.5 成绵乐客专成都黏土物理力学性质 ·········· 56

第3章 中等压缩性土地基原位试验 ·········· 57
3.1 试验方案及试验点概况 ·········· 57
3.2 中等压缩性土地基平板荷载试验 ·········· 58
3.3 中等压缩性土地基旁压试验 ·········· 62
3.4 中等压缩性土地基静力触探试验 ·········· 67
3.5 中等压缩性土地基标准贯入试验 ·········· 77
3.6 中等压缩性土地基原位试验结果 ·········· 82

第4章 中等压缩性土地基沉降特性 ·········· 85
4.1 中等压缩性土地基沉降特性研究路基工点概况 ·········· 85
4.2 中等压缩性土地基沉降特性离心模型试验研究 ·········· 86
4.3 中等压缩性土地基沉降特性数值模拟研究 ·········· 94
4.4 中等压缩性土地基沉降特性现场测试研究 ·········· 102
4.5 中等压缩性土地基沉降特性综合分析 ·········· 122

第5章 高速铁路中等压缩性土地基设计与工程技术 ………………… 124
5.1 中等压缩性土地基处理原则及措施 ……………………………… 124
5.2 中等压缩性土地基沉降计算参数获取 …………………………… 126
5.3 中等压缩性土地基沉降计算方法 ………………………………… 127
5.4 中等压缩性土地基沉降预测方法 ………………………………… 139
5.5 高速铁路中等压缩性土地基工程案例 …………………………… 141

参考文献 ………………………………………………………………… 156

第1章 概　述

1.1 中等压缩性土地基的基本概念

1.1.1 中等压缩性土的定义

地基土的压缩性指地基土在压力作用下体积缩小的特性，土体压缩系数是描述土体压缩性大小的物理量，被定义为压缩试验所得 $e\text{-}p$ 曲线上某一压力段割线的斜率。《建筑地基基础设计规范》（GB 50007）将地基土的压缩性按 p_1 为 100 kPa，p_2 为 200 kPa 时对应的压缩系数 $a_{1\text{-}2}$ 划分为低、中、高压缩性：$a_{1\text{-}2} < 0.1 \text{ MPa}^{-1}$ 为低压缩性土，$0.1 \text{ MPa}^{-1} \leqslant a_{1\text{-}2} < 0.5 \text{ MPa}^{-1}$ 为中压缩性土，$a_{1\text{-}2} \geqslant 0.5 \text{ MPa}^{-1}$ 为高压缩性土。

1.1.2 中等压缩性土的分类

中等压缩性土可分为饱和土和非饱和土两大类。浅层饱和土大多分布于地下水位较高的沿海地区和高含水率湖泊沉积物中。比如广泛分布于我国东部沿海、东南部、海南省的花岗岩类岩石中，受气候和地理位置影响，在长期外力作用下，形成厚层或巨厚层的饱和花岗岩全风化层。

非饱和土是相对饱和土而言的，饱和度是划分饱和土和非饱和土的重要标志。严格地讲，饱和土中水充满土的全部孔隙，此时饱和度为 100%。但是当饱和度大于 90% 时，非饱和土表现出某些饱和土的特性或者说愈来愈接近于饱和土。Barden（1965 年）将饱和度大于 90% 的土作为特殊的非饱和土可视为饱和土。从内部结构上看，饱和土是由土颗粒和孔隙水两相组成的，而非饱和土是由土粒、水、空气和收缩膜组成的。收缩膜是在毛细现象中由水的表面张力形成的水气分界面。收缩膜在内外压力差的作用下发生弯曲形成弯液面。在非饱和土土力学中，通常将作用于收缩膜上的孔隙气压力和孔隙水压力的差值称为基质吸力。基质吸力是造成饱和土与非饱和土物理力学性质差异的根本原因。非饱和土在工程中是经常遇到的，如膨胀土、残积土、黄土、红土等。目前，经典的太沙基理论通常将地基土都视为饱和土对待。事实上地下水位以上的土一般处于非饱和状态，干旱和半干旱地区的土层更是常年处于非饱和状态。

1.2 中等压缩性土地基处理研究概况

1.2.1 非饱和土研究概况

早在20世纪30年代就有学者开始对非饱和土进行研究，但是由于难度较大，进展非常缓慢。直到50年代后期，解释非饱和土若干性状的概念才在英国帝国大学进行的研究中建立起来（Bishop，1959年）。20世纪50年代末到70年代中期，非饱和土研究取得了一些非常重要的成果，Bishop有效应力公式（1960年）和Fredlund双应力变量理论（1978年）都是在这一时期提出的，这个阶段的研究特点是将饱和土力学有关理论借用到非饱和土研究中。20世纪80年代后期，对非饱和土的研究更加深入，Alonso（1990年）提出了非饱和土的弹塑性本构模型。然而受吸力量测技术的影响，直到20世纪90年代才系统地建立起非饱和土固结理论。我国对非饱和土的研究始于20世纪60年代。俞培基、包承纲（1979年，1998年）等按照土体内部水气结构特征对非饱和土进行重新分类。1995年，殷宗泽等设计了我国首台用于研究非饱和土强度和变形的非饱和土三轴仪。随后，国内很多学者通过对非饱和土的研究提出了广义吸力的概念，初步建立了适用于非饱和土的广义固结理论、统一变形理论。

在过去的半个世纪里对非饱和土的理论研究得到了长足发展，各种本构理论、强度理论、固结理论被相继提出，其中的部分理论已经逐渐成熟起来，并且在岩土工程的各个领域得到广泛应用。但是由于试验条件限制，国内外对非饱和土的研究还处于起步阶段，尚未形成完整的理论体系，在工程实际应用中的难度很大。尤其是非饱和土固结理论，仅一维固结问题涉及的变量就达十几个之多。如何确定参数，简化模型，把非饱和土理论实用化，已经成为非饱和土研究所要面临的最突出的问题之一。

1.2.1.1 非饱和土的分类方法研究概况

目前，非饱和土的分类有很多种，其中具有代表性有以下几种：

1. 俞培基等的分类方法

俞培基（1965年）等通过高柱法试验、渗透试验和击实试验研究了非饱和土的基本水-气形态。通过几项土工试验的成果，按照孔隙中水相和气相的存在形态，将非饱和土划分为 3 种类型：① 气封闭系统，孔隙中气相被孔隙水所分隔、孤立，以气泡形式存在，此时孔隙水相互贯通并与大气连通；② 双开敞系统，孔隙水和孔隙气都是连通的，并且有各自的通道与土体表面相连；③ 水封闭系统，此时孔隙气是连通的，而孔隙水被土粒和气相分隔，处于封闭状态。

俞培基的试验研究表明，气封闭系统和双开敞系统的界限饱和度一般为 80%~87%，进入水封闭系统的临界饱和度一般为 20%~25%。尽管如此，相邻系统的界限饱和度并不存在截然的分界线，受土质情况、取样过程、试验方法等因素影响，实际上是一个变化范围。就力学性质而言，水封闭和双开敞系统的差别不是很大，与气封闭系统相比就有显著不同，后者渗透系数小，气压消散缓慢。

2. 包承纲的分类方法

包承纲（1979 年，1998 年）依据气相形态将非饱和土分为 4 种类型：气相完全连通、气相部分连通、气相内部连通和气相完全封闭。各类非饱和土的极限饱和度、液相形态、气相形态如表 1.2-1 所示。

表 1.2-1　包承纲依据气相形态的非饱和土分类方法

气相类型	饱和度界限	液相形态	气相形态
气相完全连通	$S_r<55\%$	残留在小孔或"细颈"部位，不连通	连通并与大气连通
气相部分连通	$55\%\leq S_r<85\%$	存在于孔隙"细颈"部位	存在大孔隙并与大气连通
气相内部连通	$85\%\leq S_r<90\%$	开始占据大孔隙，并把气体封闭起来	与大气隔绝，土体内部连通
气相完全封闭	$90\%\leq S_r$	分布于整个孔隙中	以气泡的形式存在于水中

3. Barden 的分类方法

Barden（1965 年）按照非饱和土的饱和度和干湿程度将非饱和土划分为 5 种，如表 1.2-2 所示。Barden 认为通常研究的非饱和土饱和度介于 20%~90%，$S_r<20\%$ 和 $S_r>90\%$ 的土属于是两种特殊的非饱和土，分别称为干土和饱和土。干土的强度变形特性与饱和度没有关系，而饱和土的研究相对成熟。

表 1.2-2 Barden 依据气相形态的非饱和土分类方法

气相类型	饱和度界限	干湿程度	气、液相形态	有效应力公式
1	$S_r \leq 50\%$	很干或稍湿	孔隙水附着在土骨架上,孔隙气与大气连通	$\bar{\sigma} = \sigma - u_a$
2	$50\% < S_r < 90\%$	湿	孔隙气内部贯通并与大气连通,孔隙水不能流动	$\bar{\sigma} = (\sigma - u_a) + \chi(u_a - u_w)$ 孔隙水压力为负,基质吸力很大
3	$S_r = 90\%$	$w = w_{op}$	孔隙水和孔隙气同时流通并且流动速率属于同一量级	$\bar{\sigma} = (\sigma - u_a) + \chi(u_a - u_w)$ 基质吸力很小
4	$90\% < S_r \leq 95\%$	很湿或近饱和	孔隙水贯通并与大气连通,孔隙气形成封闭的气泡,渗气系数很小,气泡不能移动	$\bar{\sigma} = (\sigma - u_a) + \chi(u_a - u_w)$ 饱和度很高,折减系数接近
5	$S_r > 95\%$	饱和	少量的孔隙气以封闭的气泡形式存在	$\bar{\sigma} = \sigma - u_w$

注:w_{op} 为最优含水量。

4. 其他分类方法

蒋彭年在俞培基分类方法的基础上提出将含分散气泡的非饱和土(气封闭)分为两类:一是分散气泡远远小于土颗粒的高饱和土,其中水气交界面的曲率半径等于气泡的半径,曲率半径控制了气压力和水压力的差值;二是气泡远远大于土粒的非饱和土,其中的大气泡周界处为许多小气泡包围,各个土粒间跨界的许多小弯液面形成了水气交界面。

为了进一步研究不同饱和状态下的吸力效应,有关学者对非饱和土分类方法进行了补充。非饱和土的一个主要特征是孔隙水具有明显的表面现象。对于水封闭下的非饱和土,弯液面全部在土颗粒表面搭接,表面张力全部作用于土颗粒。对于气封闭的非饱和土,在气泡边界上,表面张力与液压平衡,对土颗粒没有直接的作用,即表面张力对颗粒的作用完全表现为液压。较为复杂的情况是双开敞非饱和土。考虑到表面张力对土颗粒的作用,研究认为可以将双开敞非饱和土按照弯液面是否与颗粒表面搭接进一步地细分为两种:

(1)单个土颗粒周围的弯液面部分与颗粒自身的表面搭接,其余部分则与其他颗粒周围的弯液面相连,不同颗粒周围的弯液面之间可以传递表面张力,这里将处于这种状态的非饱和土称为搭接双开敞非饱和土。

(2)当饱和度进一步增大时,弯液面完全不与颗粒表面搭接,此时各颗粒四周的表面张力在孔隙水表面传递,表面张力对颗粒不产生直接的作用,这里将处于这种状态的非饱和土称为不搭接双开敞非饱和土。

通过以上分类可以看出，正是由于非饱和土的内部结构特征对土体的工程力学特性起着至关重要的作用，非饱和土的分类方法都是从土体内部气相和液相的存在形式入手。Barden 的分类方法将饱和度—气、液相形态—力学特性联系起来，侧重饱和度对土体力学特性的影响，划分细致，概念清晰，但是在实际应用上有一定的难度。包承纲和俞培基的分类方法着重于物理性质的本质，并且简单适用。

1.2.1.2 非饱和土水土特性研究概况

吸力是非饱和土研究中的核心内容。非饱和土的吸力是由渗透吸力和基质吸力两部分组成的，其中基质吸力为土中水自由能的毛细部分，是由非饱和土中收缩膜分子间的作用力引起的，通常采用孔隙气压力（u_a）和孔隙水压力（u_w）的差值来定义，如式（1.2-1）所示：

$$s = u_a - u_w = \frac{2T_s}{R_s} \tag{1.2-1}$$

式中　　T_s——水的表面张力；

R_s——弯液面的半径。

基质吸力源于表面张力，通常和水的表面张力引起的毛细作用联系在一起。在毛细作用下形成的弯液面具有弹性薄膜的性状，而基质吸力正是为了平衡弯液面所产生的表面张力。从式（1.2-1）可以看出，基质吸力的大小取决于弯液面的曲率半径，也就是说基质吸力大小与非饱和土的内部结构形态有着必然联系。

Bishop 和 Fredlund 在各自的非饱和土强度理论中都引入了吸力，Bishop 将吸力看成是有效应力的一部分，Fredlund 双应力理论将吸力作为独立的变量。如同荷载一样，吸力与变形本身就是一种应力-应变关系。引入吸力使得非饱和土本构关系变得更加复杂，但计算结果更加精确。因此，绝大多数本构模型都引入了吸力。

目前，非饱和土理论无法直接计算得到吸力值，必须依赖于试验。为了获得准确的吸力值，轴平移技术在试验过程中被广泛采用，但是由于非饱和土试验设备昂贵、试验时间长、试验成本高等问题，吸力的量测一直是困扰非饱和土研究的难点问题。

水土特征曲线的概念最早起源于土壤学。1939 年，在威尔士召开的国际土壤学科学会第一届委员会上，Childs（1940 年）提出将含水量和毛细势（吸力）之间的连续函数定义为水分特征曲线。早期的水土特征曲线研究是将其概念性地理解为土中水的体积或质量与水相能量之间的关系，着重对土的吸力变化、持水特性及水分运动特征进行研究。后来随着非饱和土理论的发展，逐渐将水土特征曲线的概念引入其中。

水土特征曲线是指基质吸力和重量（体积）含水量的关系曲线。典型的非饱和土水土特征曲线如图 1.2-1 所示，可以分为 3 个阶段：① 边界效应阶段；② 转化阶段；③ 残余阶段。图中对应的两个特征点 A、B 分别对应非饱和土的进气值和残余含水量，其中进气值是空气开始进入土体的临界吸力。从图中可以看出，当含水量低于残余含水量或高于进气值对应的含水量时，含水量的微小变化都会造成基质吸力的大幅增加。

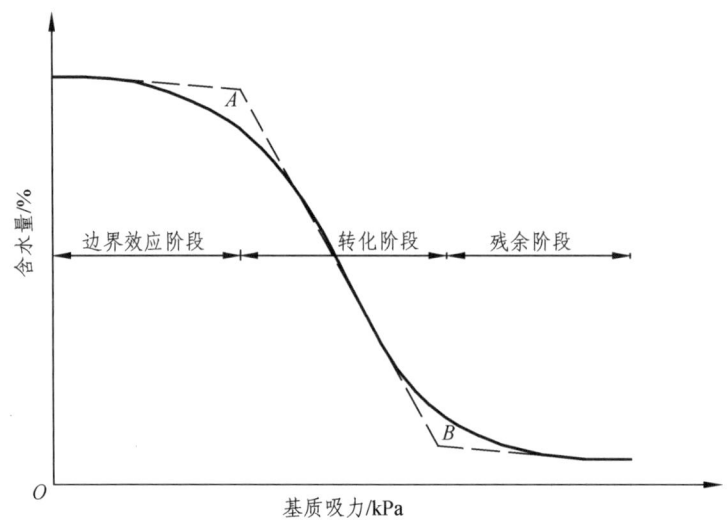

图 1.2-1　典型非饱和土水土特征曲线

1. 水土特征曲线的影响因素

事实上，水土特征曲线包含了孔隙结构、土颗粒排列方式、孔隙水分布形式等多种土体结构信息。因此，水土特征曲线的影响因素非常复杂，归纳起来主要有以下几个方面：

（1）土的矿物成分，包括土颗粒矿物成分和孔隙中的可溶盐。在相同饱和度下，土中黏粒含量越高，比表面积越大，毛细现象越显著，基质吸力就会越大。工程力学特性表现为良好的亲水力，对于具有较强亲水力的矿物组成的土，吸力也必然很大，反映在水土特征曲线上，则为残余含水量较大。

（2）孔隙结构，包括孔隙尺寸及组成结构。孔隙结构影响到水土作用面积和收缩膜的弯曲程度，后者直接决定了吸力的大小。孔隙结构的差异与土的持水性有密切联系，孔径大小导致土体内部不同的连通方式。土粒级配均匀的土，孔径小，则进水和脱水比大孔径困难，土的持水性弱，进气值低，脱水后的残余含水量高。

（3）应力状态，对水土特征曲线的影响包含内容更加广泛，比如应力历史、原状土扰动、路基填筑等人为因素都会造成土体结构的根本性变化，影响土的持水能力，改变水土特征曲线的形状。对于相同土质的非饱和土，在不同饱和度下，原状土的吸力较扰动土大。

(4) 温度，对吸力的影响主要是水的黏滞度和表面张力引起的。温度升高，吸力下降，尤其是低饱和度和黏粒含量较高的土质表现最为显著。

水土特征曲线反映了吸力随含水量的变化关系，而对吸力的研究源于毛细现象中的表面张力，考虑表面张力的大小就不能忽略收缩膜的性质，收缩膜的形状、弯曲程度、接触角都依赖于土自身的物理力学特性。因此，在以上几个影响因素中，以矿物成分和孔隙结构对水土特征曲线的形状影响最为显著。

2．水土特征曲线的数学模型

水土特征曲线对研究非饱和土的强度、变形有非常重要的作用，为了能够更好地描述水土特征曲线的形状，分析非饱和土的内部结构，掌握其工程力学特性，研究人员逐渐建立其各类数学模型，典型数学模型有以下 4 种：

（1）以对数函数的幂函数形式表达的数学模型。

Fredlund 等通过对土体孔径分布曲线的研究，用统计分析理论推导出适用于全吸力范围的通用水土特征曲线表达式：

$$\frac{\theta}{\theta_s} = F(\psi) = C(\psi) \frac{1}{\left\{\ln\left[e + \left(\frac{\psi}{a}\right)^b\right]\right\}^c} \quad (1.2\text{-}2)$$

其中， $C(\psi) = 1 - \dfrac{\ln(1 + \psi/\psi_r)}{\ln(1 + 10^6/\psi_r)}$

式中 a，b，c——拟合参数；

a——进气值函数的土性参数；

b——当基质吸力超过土的进气值时，土中水流出率的函数的土性参数；

c——残余含水量的土性参数；

e——孔隙比；

ψ——基质吸力；

ψ_r——残余含水量 θ_r 对应的基质吸力；

θ——体积含水量；

θ_s——饱和体积含水量。

式（1.2-2）中体积含水量的取值范围是 $\theta \in [0, \theta_s]$，基质吸力 ψ 的取值范围为 $\psi \in [0, \psi_{max}]$，ψ_{max} 是土体积含水量 $\theta = 0$ 时所到达的最大基质吸力。由此可见，全吸力范围是指 $0 \sim 10^6$ kPa，通过对不同种类的土进行试验发现，对应零含水量的基质吸力基本一致，约为 10^6 kPa。虽然 Fredlund 推导出的水土特征曲线表达式适用于所有土质全吸力的范围，但是模型很复杂，给实际应用带来诸多不便。

(2) 幂函数模型。

Van Genuchten 通过对水土特征曲线的研究，得出非饱和土含水量和基质吸力间的幂函数的关系式：

$$\frac{\theta-\theta_r}{\theta_s-\theta_r}=F(\psi)=\frac{1}{[1+(\psi/a)^b]^{(1-1/b)}} \tag{1.2-3}$$

式中　a——进气值函数的土性参数；

　　　b——当基质吸力超过土的进气值时，土中水流出率的函数的土性参数（体积含水量的取值范围是 $\theta\in(\theta_r,\theta_s]$）；

　　　ψ——基质吸力，其取值范围为：$\psi\in[0,\psi_r)$。

该公式适用于高于残余含水量范围的水土特征曲线。

(3) 分形模型。

土水特征曲线的分形模型基于土体质量分布具有分形特征，以及孔隙数目与孔径之间的具有分形关系的认识。依据分形孔隙数目与孔径之间关系和 Youg-Laplace 方程得到分形模型的通用表达式：

$$\frac{\theta-\theta_r}{\theta_s-\theta_r}=F(\psi)=\left(\frac{\psi}{\psi_b}\right)^{D_v-3} \tag{1.2-4}$$

式中　D_v——孔隙体积分布的分维值，$D_v<3$；

　　　ψ_b——进气值对应的基质吸力。

公式（1.2-4）中，体积含水量的取值范围为 $\theta\in(\theta_r,\theta_s]$，基质吸力 ψ 的取值范围为 $\psi\in[\psi_b,\psi_r)$，该式适用于基质吸力变化范围为 $\psi\in[\psi_b,\psi_r)$ 的水土特征曲线，其实分形模型也是幂函数模型的一种。

(4) 对数函数模型。

包承纲等结合气相形态将非饱和土划分为 4 种形态，提出水土特征曲线的进气值与气相完全封闭和气相内部连通的分界点相对应，残余含水量与气相内部连通和气相完全连通的分界点对应。参照 Fredlund 的水土曲线公式，发现曲线在进气值和残余含水量两个特征点之间近乎为一条直线，于是建议采用对数方程在表征水土特征曲线，并将其简化如下：

$$\frac{\theta-\theta_r}{\theta_s-\theta_r}=F(\psi)=\frac{\lg\psi_r-\lg\psi}{\lg\psi_r-\lg\psi_b} \tag{1.2-5}$$

式（1.2-5）中体积含水量的取值范围为 $\theta\in[\theta_r,\theta_s]$，基质吸力 ψ 的取值范围为 $\psi\in[\psi_b,\psi_r]$，该式适用于基质吸力在 $\psi\in[\psi_b,\psi_r]$ 的范围内变化，较前面几种数学模型，对数模型更加简单适用。

1.2.1.3 非饱和土强度特性

已有的研究表明，非饱和土的强度随着基质吸力的增加而增大，这是由于吸力增加了土颗粒之间的抗滑阻力。与饱和土抗剪强度不同，非饱和土的抗剪强度由 3 个部分组成：① 由凝聚力产生的强度；② 土受外部有效应力作用而产生的摩擦强度；③ 由基质吸力产生的强度可称为吸附强度。通常将非饱和土强度看成是饱和土的强度和吸附强度之和。

目前，研究非饱和土强度的公式非常多，国内的学者如卢肇均（1997 年）、徐永福等都对此做过研究，但是最具有代表性的非饱和土的强度公式有两类：Bishop 公式和 Fredlund 公式。Bishop 根据太沙基有效应力原理和实验研究，将有效应力公式 $\sigma' = (\sigma - u_a) + \chi(u_a - u_w)$ 带入莫尔-库仑准则得到以下非饱和土抗剪强度公式：

$$\tau_f = c' + (\sigma - u_a)\tan\varphi + \chi\tan\varphi' \tag{1.2-6}$$

式中 c'、φ'——饱和土有效黏聚力和有效内摩擦角；

u_a、u_w——孔隙气压力和孔隙水压力；

χ——与饱和度有关的参数，非饱和土取 0～1.0，饱和土取 1.0，干土取 0。

Bishop（1960 年）在文献中给出了用三轴实验结果确定有效应力参数 χ 的方法，并于 1963 年给出了根据 4 种不同的压实黏土样品剪切实验得到的参数 χ 与饱和度的关系，继而又有很多学者研究了不同类型土的有效应力参数 χ 的确定。研究表明，有效应力参数 χ 与非饱和土的结构、应力历史、饱和度和性质有关。

Khalili 等（1998 年）对 14 种土进行试验后得出有效应力参数 χ 和基质吸力之间的关系，并且绘制了有效应力参数 χ 和基质吸力比 $(u_a - u_w)/(u_a - u_w)_b$ 之间的拟合曲线，得到有效应力参数 χ 的近似表达式：

$$\chi = \left[\frac{(u_a - u_w)}{(u_a - u_w)_b}\right]^{-0.55} \tag{1.2-7}$$

式中 $(u_a - u_w)_b$——土的进气值。

将式（1.2-7）带入式（1.2-6）可得

$$\tau_f = c' + (\sigma - u_a)\tan\varphi + (u_a - u_w)_b^{-0.45}(u_a - u_w)^{-0.55}\tan\varphi' \tag{1.2-8}$$

Khalili 的这一试验成果表明尽管有效应力参数 χ 因为受很多因素影响不易精确测定，但是通过式（1.2-8）可以从理论上近似估算非饱和土抗剪强度，说明 Bishop 的非饱和土的抗剪强度理论具有一定的实用价值。

Fredlund（1978）利用双变量 $(\sigma - u_a)$ 和 $(u_a - u_w)$ 提出了非饱和土抗剪强度公式：

$$\tau_f = c' + (\sigma - u_a)\tan\varphi' + (u_a - u_w)\tan\varphi^b \qquad (1.2\text{-}9)$$

式中 φ^b——吸力内摩擦角。

该理论假设非饱和土抗剪强度与基质吸力呈线性比例关系，$\tan\varphi^b$ 对同一土样为常数。Fredlund 的非饱和土抗剪强度理论将破坏包络面扩展为三维平面，增加了变量基质吸力。在基质吸力恒定的前提下，莫尔圆与饱和土莫尔圆相同。在 Fredlund 提出非饱和土抗剪强度理论后，Fredlund 等对这一理论做了进一步验证发现，非饱和土抗剪强度与基质吸力并不完全呈线性比例关系，即使对同一土样吸力内摩擦系数 $\tan\varphi^b$ 也不是常数，而是随基质吸力的变化而变化的。当土样接近饱和土时，吸力内摩擦系数 $\tan\varphi^b$ 接近饱和土的内摩擦系数 $\tan\varphi$；当饱和度降低时，吸力内摩擦系数 $\tan\varphi^b$ 随着吸力的减小而增大。

卢肇钧（1997 年）将膨胀力作为非饱和土的吸附强度，并且提出吸附强度的计算公式：

$$\tau_s = m_s P_s \tan\varphi' \qquad (1.2\text{-}10)$$

式中 m_s——膨胀力的有效系数；
P_s——膨胀力。

1.2.1.4 非饱和土固结特性

饱和土固结理论以一维固结理论和比奥固结理论为核心形成了成熟的理论体系。在已经提出的非饱和土固结理论基本上以饱和土理论为基础，并引入了吸力，造成变量和方程非常多，数学模型复杂。国外从 20 世纪 60 年代开始研究非饱和土固结问题，典型的有 Scott.R.F.、Barden.L、Licret A、Fredlund 等人提出的固结方程，其中最为流行的为 Fredlund 固结理论。Fredlund 和 Hasan 将非饱和土视为四相系，即在水、气、土粒之外增加了水气分界作为第四相。土粒和水汽的分界面在力的作用下处于平衡状态，在非饱和的条件下，空气和水同时发生流动。Fredlund 和 Hasan 提出了两个偏微分方程来求解固结过程中孔隙水和孔隙气的变化。

液相偏微分方程：

$$\frac{\partial u_w}{\partial t} = -C_w \frac{\partial u_a}{\partial t} + c_v^w \frac{\partial^2 u_w}{\partial y^2} \qquad (1.2\text{-}11)$$

气相偏微分方程：

$$\frac{\partial u_a}{\partial t} = -C_a \frac{\partial u_w}{\partial t} + c_v^a \frac{\partial^2 u_a}{\partial y^2} \qquad (1.2\text{-}12)$$

Fredlund 的固结理论可以看作 Terzaghi 固结理论的推广，概念明确，形式简单，最大的优点在于它放弃了有异议的非饱和土有效应力原理，代之以两个独立的应力状态变量外加应力 $(\sigma-u_a)$ 和 (u_a-u_w) 来建立非饱和土各相的体应变本构方程；但它也具有与 Terzaghi 固结理论类似的缺点，即假定总应力在固结过程中不变，本构方程中参数的测定也很困难。为了导出孔隙压力消散方程，采用了过多的与实际情况不大相符的简化假设。

Lloret 和 Alonso（1980 年）以状态面代替本构方程，并结合连续方程及渗水、渗气的 Darcy 定律组成封闭方程，即：

$$\text{div}(\rho_w \vec{v}_w) + \frac{\partial}{\partial t}(\rho_w sn) = 0$$

$$\text{div}(\rho_a \vec{v}_a + \rho^* H \vec{v}_w) + \frac{\partial}{\partial t}[\rho_a(1-s) + \rho^* H n_s] = 0 \qquad (1.2\text{-}13)$$

$$e = F(\sigma - u_a, u_a - u_w, e_0, s_0)$$

$$s = (\sigma - u_a, u_a - u_w, e_0, s_0)$$

求解了非饱和土的固结和一维入渗时的膨胀问题和湿陷问题，从而拓宽了非饱和土固结的内涵。但模型没有参数化，不便于应用。

Rahardjo（1990）通过对非饱和粉砂进行 K_0 固结试验，验证超静孔隙气压力几乎是在瞬间消散的，这个过程可以通过水的流动方程来描述非饱和土的固结过程，由此可将式（1.2-11）简化为：

$$\frac{\partial u_w}{\partial t} = c_v^w \frac{\partial^2 u_w}{\partial y^2} \qquad (1.2\text{-}14)$$

Lloret 和 Benjamin（2000 年）把混合物理论应用于三相介质，提出了确定非饱和土本构关系的三维模型，三相介质中每相都有其应力和应变，建立了弹性和弹-塑性本构方程。该本构方程要求最少的材料参数，直接包含了土-水特征曲线。对公式影响较大的是有效应力的确定，以及有效应力和吸力的耦合影响。该模型可以描述试验过程中观察到的许多土的固结特征。

国内在非饱和土固结理论问题的研究中，近年来取得了较大的进展。非饱和土的固结理论是 20 世纪 90 年代以来研究的热点，陈正汉（1989 年，1991 年）、杨代泉（1992年）和殷宗泽（1998 年）曾先后研究过非饱和土的固结理论。目前，非饱和土的固结计算方法大体上归纳为 3 类：

（1）考虑孔隙混合流体消散的简化计算方法。魏云海等将土体假设为具有可压缩流体的两相土，考虑水气混合物的压缩性，推导出不排水条件下的压缩公式，建立非饱和土排水固结方程,并获得一维简化解析解。这种方法假设孔隙气以封闭气泡的形式存在于孔隙水中随水一起运动,忽略基质吸力,认为孔隙水压力等于孔隙气压力,因此只适用于高饱和度的非饱和土。

(2)主要考虑孔隙水压力消散的简化计算方法,适用于高饱和土体,如沈珠江方法。该方法假设孔隙气的排气率等于常量,建立非饱和土的简化固结理论,并应用于裂隙黏土中雨水渗入过程的数值模拟,得出了土体吸力丧失、有效应力降低和膨胀回弹的全过程,算例结果合理,只是有关孔隙气排气量的设定尚有待进一步研究。

(3)主要考虑孔隙气消散的简化计算方法,适用于饱和度不太高的情况,如杨代泉方法。杨代泉用水气连续方程、水气渗流的 Darcy 定律、土骨架的平衡方程、热量守恒方程、吸力状态方程等 19 个方程求得 19 个未知量:s_{ij},e_{ij} 和 w_i(土的位移);u_a,u_w,T(温度)和 s(饱和度)等。对一维固结条件,由于在孔隙气体未进入完全封闭状态之前,非饱和土的固结过程主要是排气过程,而且固结过程中饱和度的变化与瞬时加荷后饱和度的变化相比可以忽略不计,故此时非饱和土的固结问题就变成孔隙气压力的消散问题。他求得了简化的解析解,证明了它与数值解的一致性。他还提出了 Fredlund 关于非饱和土加载瞬时不排水、不排气分析方法中存在的问题,提出用水气连续方程、土在加载后的体变增量方程和吸力方程作为封闭方程,从而求出加载瞬时的 Δu_a,Δu_w,Δs,Δn,这个增量与加载前相应量之和即为固结的起始条件。

虽然对非饱和土进行了大量的研究,并取得了部分成果,但由于非饱和土的复杂性,还未形成便于操作和计算的非饱和土固结理论与沉降计算方法,通过原位试验、现场实测掌握非饱和土沉降特性,对于工程实践将具有急迫性和重要性。

1.2.2 饱和花岗岩全风化层研究概况

花岗岩全风化层是花岗岩体在物理化学及生物等风化营力的作用下,使其结构、成分、性质等产生了不同程度变异的岩石。以往及目前对花岗岩全风化的研究主要集中在以下几个方面:花岗岩全风化层的分类研究;花岗岩全风化层的物理力学性质研究;花岗岩全风化层作为建筑物持力层的研究;花岗岩全风化层边坡治理方面的研究;花岗岩全风化层作为填料的试验研究。

风化花岗岩的地质问题主要有:边坡冲蚀和崩岗,软弱面的楔形破坏,沿垂直软弱面的倾覆破坏,崩塌落石,岩堆以及花岗岩风化物的滑坡灾害;作为路基填料,花岗岩风化物边坡在雨季经常造成边坡溜坍;风化花岗岩作为路基基床时产生翻浆冒泥;隧道方面,花岗岩体内部的断层有较强的隐蔽性,花岗岩岩体内断层病害规模大,处理困难,花岗岩岩体常被后期岩脉所穿插,岩性不均匀;花岗岩的风化程度不均匀,作为基础产生不均匀沉降;花岗岩风化物遇水后强度降低,造成摩阻力和端承力不足;风化花岗岩地区的沙化现象严重,破坏自然生态环境。

T.Y.Irfan 总结了国外学者对花岗岩风化带的分带情况。吴能森在对花岗岩残积土进行全面的研究后，对花岗岩现行的分类方法进行改进，提出了综合分类法。吴宏伟等分析了我国香港花岗岩风化分级化学指标体系，并对香港花岗岩的风化壳进行了分带。我国的交通、建筑等建设部门通过对本行业所涉及的工程项目中出现的花岗岩风化物研究之后，根据自己工程需要，提出了对花岗岩风化物或粗或细的分带方法。

栾茂田等通过大量土工试验对取自香港不同地区的 3 种松散花岗岩全风化残积土的剪切特性包括峰值强度与峰后稳定状态及其本构模型进行了探讨。翟阳等在对重塑试样的不排水三轴压缩试验研究的基础上，分析了花岗岩全风化层松散填土的工程性能，探讨了相对压实度、固结应力对其性能的影响，分析了土样应力-应变关系、初始杨氏弹性模量、脆性指数和稳定状态性能。程昌炳、徐昌伟研究了福建地区的花岗岩残积土去胶结物处理前后的力学特性。赵建军、王思敬、尚彦军、岳中琦、曲永新课题组对香港花岗岩全风化层风化程度的化学指标及微观特征、花岗岩全风化层脆性破裂和塑性蠕变特性、固结特性、花岗岩全风化层的抗剪强度，以及试验方法对花岗岩全风化层的影响等，进行了详细的研究。简文彬等研究了花岗岩残积土的崩解特性。吴小玲等通过对花岗岩残积土动剪切模量室内和原位的试验研究，认为花岗岩残积土是一种低灵敏度的土，其重塑土的动剪切模量比对应的原状土低 20%。

张永波等对花岗岩残积土浅层地基承载力评价方法进行了研究，建议采用标准贯入试验确定花岗岩全风化层地基承载力。林永安通过分析花岗岩残积土静压管桩工程常见问题，提出了相应的处治措施。蔡来炳通过对花岗岩残积土持力层人工挖孔桩承载力的研究，认为：以花岗岩残积土为持力层的人工挖孔桩，桩侧阻力呈现明显的软化特性，单桩承载力主要取决于桩端承载力，设计时可以不考虑桩侧阻力作用；必须采取有效排水措施，降低地下水或持力层的含水量。王沁平通过对含孤石的花岗岩残积土上的复合桩基的研究，认为必须重视花岗岩残积土的结构性。

陈子敬通过对花岗岩残积土边坡破坏机理及规律进行研究，指出了花岗岩全风化层边坡的破坏原因并提出了相应的边坡防护措施。张文华分析了花岗岩残积土的抗剪强度与边坡失稳的规律，认为花岗岩全风化层边坡稳定性主要取决于残积土原生或次生结构面的抗剪强度，对抗剪强度的取值应视不同工程而有所区别，从而指导边坡设计。

胡红梅等对花岗岩残积土进行分类，分析花岗岩残积土的垂直分带特征及相应的物理力学性能，阐明花岗岩残积土作为地基持力层和回填土的工程应用，同时指出福建沿海裸露型花岗岩残积土上部，呈硬塑—坚硬，稍湿—稍干，结构中密至密实，属中等压缩性土。对于一般低层建筑及建（构）筑物，可充分利用该层残积土作为天然地基持力层。裸露型花岗岩上部残积土液限值一般介于 30%～36%，小于 40%，最优含水量为 17%～19%，比天然含水量 16%～17%大，含砂量为 10%～20%，这种性能的土料，对于回填碾压夯实十分有利。对于花岗岩残积土回填区的地基处理，主要采用分层压实、强夯、高压注浆、振冲碎石桩、低强度混凝土桩。

余自立、李志勇等对用花岗岩全风化层及其水泥稳定土作为路基填料的工程性质、适用范围和施工工艺进行了研究。王克对残坡积土与花岗岩全风化层混合后用做心墙防渗材料进行了研究，认为花岗岩全风化层颗粒较粗，塑性指数在 10 左右为砂黏土，但与残坡积土以 1∶1 的比例混合后，能满足作为大坝心墙防渗材料使用。马宏剑等通过对广东省花岗岩全风化层路用性质进行研究，认为在花岗岩全风化层中添加 0.02～1 mm 粒组的细砂，可以提高花岗岩全风化层的 CBR 值，从而满足其作为路基填料的要求。

刘胜娥指出海南省花岗岩残积土的分布面积很广泛，土质多为砂（砾）质黏性土，其物理力学性质及工程地质特征差异较大，但有一定变化规律，垂直分带尤为明显。花岗岩残积土一般为较致密的黏性土，抗剪强度较高，承载力较大，但随其原岩风化程度不同而异：风化程度较弱的花岗岩残积土，砾石的颗粒含量越多，干密度就较大，抗剪强度就越高；风化程度较强的花岗岩残积土，长石高岭土化较完全，土的干密度随着土的含砾量的减少而降低，抗剪强度的降低主要表现为内摩擦角的显著降低。

由上可知，目前虽对花岗岩全风化层的物理力学性质、边坡、路用等花岗岩全风化层的工程性质已进行了大量的研究，但是对花岗岩全风化层地区柔性基础下地基沉降特性仍缺乏系统的研究。在风化花岗岩的沉降、承载力及其相互关系方面，尤其是对于风化花岗岩地基路工后沉降方面，研究成果还不多见。因此有必要对柔性基础下花岗岩全风化层的沉降变形特性进行系统的研究。

1.2.3 膨胀土研究概况

膨胀土在世界范围内分布非常广泛，我国是膨胀土分布最广的国家之一。膨胀土具有吸水膨胀、失水收缩和反复胀缩变形、浸水承载力衰减、干缩裂隙发育等特性，性质极不稳定。其上部的构筑物常会由于基础出现不均匀的竖向或水平的胀缩变形，而产生位移、开裂、倾斜甚至破坏，且往往成群出现，危害性很大。修筑在膨胀土地区的路基由于膨胀土干湿效应作用，旱季土（岩）体失水收缩，微裂隙张开，为地表水渗入提供通道，雨季土体充水膨胀，强度降低，出现下沉外挤、线路走形变样、路肩隆起、侧沟破坏、道床翻浆冒泥等病害。

国外对膨胀土的研究始于 20 世纪 50 年代，建立了相应的流动理论、抗剪强度理论、塑性与极限平衡理论、固结理论和体积变化理论，加深了对膨胀土的认识，并针对膨胀土地区的公路修筑问题曾进行过多次研究，提出了换土、湿度控制、化学固化和土工合成材料加固等技术。

我国对膨胀土问题的研究亦十分重视，在膨胀土的研究现状、膨胀土的工程性质和膨胀土处理技术及工程应用等方面进行了广泛而深入的研讨。为膨胀土边坡稳定性分析、膨胀土改良处理和膨胀土地区支挡结构设计等方面，提供了不少可借鉴的经验。中国中铁二院工程集团有限责任公司依托既有的南昆铁路的修建，联合中铁工程设计咨询集团有限公司（铁专院）、中国铁道科学研究院（铁科院）西北分院、西南交通大学，围绕膨胀土路堑、路堤及基床做了大量的科研及工程试验工作。对于膨胀土路堑的破坏模式和支挡防护有了初步的认识，取得了成功的工程经验。21世纪初，西部交通建设项目开展了一系列与膨胀土相关的研究工作，其研究成果对铁路膨胀土边坡支挡和防护具有重要的指导意义。

1.2.3.1 膨胀土路堤工程

膨胀土作为不良填料，即使经过粉碎，并压实成"重塑"土，若直接用来修筑路堤，会造成大量的路堤病害。如：南昆线新建时，除少量地段采用石灰土夹层和土工格栅加固外，大部分路堤地段采用膨胀土填筑，结果是在运营初期便产生了多处大段的路堤坍滑、路堤下沉等病害。这是因为膨胀土虽经"重塑"，但其易湿胀干缩、易风化和低强度等土性并未改变。国内一些学者曾分别对原状膨胀土和重塑膨胀土进行无荷载和有荷载的膨胀试验，研究了相同初始含水率与初始干密度的两种土样，重塑膨胀土的增湿变形明显大于原状膨胀土，从而说明重塑土较原状土具有更强的胀缩性能。所以，《铁路路基设计规范》规定："路堤基床以下部位填料，宜选用 A、B、C 组，如用 D 组应采取加固或改良。"

在膨胀土地区修筑路堤时，除了用 A、B、C 组填料进行换填之外，还可以考虑采取以下方法对膨胀土进行加固或改良：

1. 物理化学改性

目前处理膨胀土的方法主要是物理化学改性，如掺石灰、水泥、粉煤灰、氧化钠、氯化钙和磷酸等来稳定膨胀土，其中掺石灰处理膨胀土是最普通和有效的方法，且是《公路路基设计规范》所推荐的方法。以往的处治案例有：陈善雄在襄荆高速公路用质量掺和比为 5%石灰改性中膨胀土的效果显著，有效抑制其胀缩潜势和提高土体强度，能满足路堤的设计要求。杨果林在潭邵高速开展石灰改善膨胀土的研究，用掺加量为 5%的石灰改性中膨胀土，改性效果显著，对膨胀土的膨胀性予以有效的处治，满足路堤的要求。陈爱军在南友公路开展了石灰改善膨胀土的研究，用石灰改良宁明灰白色膨胀土能实现土质改良的目的，研究结果表明采用 5%石灰掺量的改性土，其综合效果最好。但该方法缺点也较为突出：① 天然膨胀土常处于干硬塑或软塑状态，导致掺灰拌和困难、不能保证拌和效果；② 石灰的使用对生态环境有一定程度的影响。

2. 封闭包盖法（包边法）

引起膨胀土路堤浅层破坏的主要原因是干湿循环作用，通过采用非膨胀土、石灰改性土或其他改性土包边对路堤进行封闭，阻隔干湿循环作用对膨胀土路堤的影响，达到稳定膨胀土路堤的目的，该法在高速公路中得到了一定应用，并取得了不少成功的经验。陈善雄在襄荆高速公路开展了中膨胀土路堤石灰包边法的研究，使用石灰掺加量为6%的石灰改性土对路堤包边，包边厚度为2.0 m，研究发现石灰包边方案能经受当地自然条件和气候条件的影响，并能保证路基的稳定和安全营运；杨果林在潭邵高速采用厚度为1.5 m的非膨胀土包盖堤身的全封闭法，取得较好的效果，能有限地保证膨胀土路堤的稳定性；郑建龙在南友公路膨胀土路段采用3.5 m厚的非膨胀土包边和路堤顶部使用1.5 m厚的非膨胀土封盖，路堤边部使用3 m宽的土工格栅包边处治膨胀土路堤等，对经此方法处治后的膨胀土路堤土体含水率的变化、强度以及总体稳定性进行分析评价，论证了这一新技术的合理性和有效性。

3. 夹层法

膨胀土路基在施工阶段遇到的最大技术难题是填料含水量很高，碾压容易造成橡皮土，压不实且不均匀。为降低膨胀土的含水量，采用膨胀土和砂性土或碎石土夹层填筑，使膨胀土与其上下砂层构成双层排水，能使黏土层底部的含水量有效降低，从而达到较高的压实质量和较大的路基整体强度。该法施工最便捷、生态和经济效益好。郑建龙在南友公路膨胀土路段使用路堤顶部用1.5 m后的非膨胀土封盖，路堤边部用3 m宽的土工格栅加筋，路堤内部用填高为5 m的碎石土与膨胀土互层的方法处治膨胀土路堤，控制路堤中膨胀土湿度在一定范围内变化，从而使路堤在处治后保持足够的强度和稳定性。

交通部西部交通建设重大科技项目"膨胀土地区公路修筑成套技术研究"遵循保湿防渗的基本原则，选取非膨胀土包边、土工格栅包边、土工布加固等措施是判定膨胀土可用于路堤填筑的。其基本思想是将膨胀土填于特定的路基部位，限制其填筑高度，同时采取有效的保湿防渗物理措施，设法控制路堤中膨胀土的湿度不产生明显变化，使路堤能够保持足够的强度与稳定性。其中：非膨胀土包边的作用是减小外界干湿循环对填芯膨胀土的影响；土工格栅包边的作用是通过土工格栅与边部膨胀土的相互咬合与摩擦，形成一种特殊的筋土混合物，对填芯膨胀土起到框箍、封闭包盖作用；土工布加固的作用是通过在膨胀土路堤中铺设土工布，切断毛细水上升，防止水分入渗。此外，间隔铺设土工布能够调节路堤内的应力分布，以减少不均匀沉降。

1.2.3.2 膨胀土基床工程

根据膨胀土路基基床的变形特点和规律，膨胀土路基基床设计，应以改良基床土性质和排除基床水为原则。除设计路基断面形式应有利于排除基床水外，还应采用基床防护加固措施，主要有以下几种类型：

1. 基床换土

在路基基床表层0.6～1.2 m，一般应尽量不使用膨胀土，尤其是强膨胀土，应严格禁止使用。因此，必须采用换土措施，使用非膨胀性黏砂土或其他渗水土换填基床，同时应控制换填土的填筑密度和湿度。这种方法适用于分布有非膨胀土的地区，是一种换膨胀土基床为非膨胀土基床的有效措施。过去一般换填厚度仅为表层 0.5~0.6 m，现场调查表明，此厚度远不能满足基床稳定要求。

2. 掺和土

此方法一般只适宜于膨胀土地区，在基床填筑膨胀土中，将基床深度范围膨胀土挖出，掺和一定比例的石灰（如 4%~8%），或掺和一定比例的砂卵石土等，再填筑夯实，可以起到改良基床土性，减弱亲水性，提高强度的作用。采用掺和土夯填基床厚度，宜不小于 1.0~1.5 m。

3. 混凝土封闭

此方法适用于路堑基床表层属强膨胀土，且翻浆冒泥特别严重的地区，在无其他条件时，可将强膨胀土挖出，用混凝土封闭基床，可以起到防水、防翻浆冒泥的作用。如襄渝线七里沟隧道出口路堑翻浆冒泥严重，最后即采用此措施与两侧支挡结构连成整体，效果较好，但造价较高。

4. 灌　浆

此方法主要用于整治基床道砟陷槽和道砟囊。灌入水泥砂浆使与碎石一起固结，形成实体。成昆线、成渝线等膨胀土基床道砟陷槽采用了这一措施，效果较好。

5. 排除基床积水

膨胀土路基基床无水不成害，凡是翻浆冒泥或道砟陷槽，都与基床反水不畅，大量积水有关。过去，有的单纯采用垫砟起道或填片石方法整治基床病害，而不采取排水疏干措施，大量现场实践表明，其结果是事倍功半，效果很差。目前，在膨胀土路基基床排水防护中，主要采取深侧沟、盲沟、支撑渗沟、横向排水孔道等措施加强地表排水和地下排水相结合的有效措施。

1.2.3.3　膨胀土基床防排水措施

1. 日本有砟轨道高速铁路基床防排水措施

日本有砟轨道高速铁路基床采用强化基床表层，并按照填料材质不同又可划分为级配碎石基床表层和水硬性矿渣基床表层两类。日本铁路为了防止地表水或降雨下渗导致基床出现翻浆冒泥、冻胀、基床软化下沉等病害，在道砟和基床表层之间设置了基床防水封闭层，封闭层的具体设置又与基床表层填料材质有关：

当基床表层填料为级配碎石时，首先在级配碎石表面设置 3%～5% 的横向排水坡度，然后在基床表层表面全断面铺设高强隔水的塑料胶结合层，结合层施工结束后，再铺设 5 cm 厚的防水沥青混凝土层，防水沥青混凝土层表面同样设置 3%～5% 的横向排水坡度。

当基床表层填料为水硬性级配高炉矿渣时，仅在基床表层表面设置高强隔水的塑料胶结合层，同时要求基床表层顶面设置 3%～5% 的横向排水坡度。

在部分特殊路段或对基床防水有特别要求的线路区间，当基床表层填料为水硬性级配高炉矿渣时，也可在高强隔水塑料胶结合层上再铺设防水沥青混凝土层。

2. 德国有砟轨道高速铁路基床防排水措施

德国有砟轨道高速铁路基床的防排水和防冻胀主要是通过合理设置基床表层来控制的。为了使渗入基床中的雨水或其他地表水能够迅速排出，德国有砟铁路基床的保护层顶面、防冻层顶面以及基床底层顶面均设置有同样的横向排水坡度（3%～4%）。

3. 法国有砟轨道高速铁路基床防排水措施

法国有砟轨道高速铁路基床结构由垫层和基床底层（或路堤）组成。其中，垫层是位于道砟和土质路基之间的调整层，设有 3%～5% 的横向排水坡度，根据其下路基状态（不良、中等或优良）的不同而呈单层或多层，垫层总厚度应结合列车动力荷载大小、路基状态、路基土冻害敏感性等综合确定。

4. 我国有砟轨道高速铁路基床防排水措施

大秦铁路中针对路基为高填方的黏性土，具有亲水性强、透水性差的特点，考虑基床防水效果和整体稳定性，最终选用了土工格栅+土工防水膜板的复合防水结构层，此方案取得了较好的治理效果，在工程中得到了广泛应用。既有南昆铁路膨胀土路堑基床主要采用"两布一模"复合土工膜防水结构层，但在运营后调查发现土工布防水路段多处出现下沉变形、排水不畅、翻浆冒泥等病害。采用沥青混凝土进行铁路基床防水应用也较为广泛，如武广客运线、京津城际铁路、遂渝高速铁路等，从现有线路的运营情况来看，总体上效果较好，大面积水损破坏情况较少。综上所述，我国高速铁路基床防排水措施可总结如下几点：基床表层顶面和基床底层顶面均设置 4% 的横向排水坡度，将基床中雨水汇入侧沟或线间排水沟；对于受洪水或河流冲刷、长期浸水、雨季滞水及排水不畅地段的基床底层或路堤填料应采用渗水性材料填筑，并采取排水疏导措施；对于路堑基床，特别是膨胀土、黄土等特殊土路堑基床，应视具体情况进行挖除换填、设置隔水防渗等措施，基床以下地基土应在变形分析的基础上，采取封闭防水、排水或地基处理措施。目前，铁路上常用的基床全封闭防排水材料是复合土工膜或复合防排水板。

1.2.3.4 膨胀土变形特性研究

膨胀土的变形特性是国内外学者研究的热点之一，而且主要集中于胀缩变形特性的研究。目前，有关膨胀土胀缩变形机理的理论研究不少，但仍然没有一种可以对膨胀土的膨胀变形机理及其工程效应问题作出圆满的解释，比较普遍应用的理论有晶格扩张理论、渗透理论、双电层理论等。此外，学者们纷纷对膨胀土的胀缩变形计算方法及本构方程开展了深入研究。膨胀土胀缩变形计算方法可分为 3 类：一是基于含水量变化的沉降计算方法，如我国建设部的《膨胀土地区建筑技术规范》（GBJ112）、《广西膨胀土地区建筑勘察设计施工技术规程》（DB45/T 396）、Nelson 和 Hamberg 方法、陆忠伟方法、孙长龙方法、徐永福方法等；二是基于吸力变化的沉降计算方法，如 Mitchell 方法、Senthen 和 Johnson 法、Mekeen 法等；三是 Fredlund（1993 年）等提出的基于校正膨胀压力方法。

当前，有关非饱和膨胀土本构模型的研究主要包括体积改变模型（弹性模型）、非线性弹性模型和弹塑性模型，但这些研究仅停留于理论层面上，为便于工程实践应用，尚需试验数据加以验证分析，为此国内外学者开展各种膨胀土胀缩特性试验研究，也获取了丰硕的成果。Abdullah 等（1999 年）研究了配合物交换与溶液的 pH 值对膨胀土膨胀特性的影响；徐永福等（1997 年）通过宁夏膨胀土的膨胀性试验，分析了膨胀变形量与初始含水量和上覆压力的定量关系；杨庆等（2001 年）提出了一种测试膨胀土侧限变形特性的试验方法并研制了相应的仪器，采用该仪器测试和分析了重塑膨胀岩土的膨胀应力、应变和吸水量等之间的相互关系；韦秉旭等（2006 年）采用侧限有荷膨胀试验研究了宁明膨胀土的膨胀变形特性；黄斌等（2011 年）通过室内 K_0 应力状态的膨胀试验，研究了邯郸强膨胀土的膨胀率与压实度、初始含水率、上覆荷载之间的关系；欧孝夺等（2013 年）通过对南宁膨胀性泥岩的微变形膨胀力试验，分析了膨胀力与干密度、初始含水率之间的关系。Al-Homoud 等（1995 年）研究了膨胀土在干湿循环作用下的胀缩变形特性，研究结果表明膨胀土的胀缩变形随循环次数的增加而减少，随后不少学者也得到了类似的结论，如 Basma（1996 年）、Tawfiq（2009 年）、Yazdandoust（2010 年）、卢再华（2002 年）、杨和平（2006 年）、唐朝生（2011 年），Al-Homoud 等（1995 年）还通过扫描电子显微镜对干湿循环后膨胀土的微结构进行仔细观察，研究结果表明土体颗粒的重分布促使土样吸力率降低，进一步导致膨胀土的膨胀势下降；而有的学者在膨胀土干湿循环试验中则得到了相反的规律，如 Osipov（1987 年）、Day（1994 年）、刘松玉（1999 年）等研究结果表明膨胀土的胀缩变形随循环次数的增加而增加，唐朝生等（2011 年）认为试验的加荷条件、干湿循环路径以及干湿循环方法是造成上述差异的主要原因。Albrechtd 等（2001 年）研究了干湿循环对膨胀土渗透性的影响，膨胀土在干湿循环作用下内部裂隙数量增加导致了渗透系数随干湿循环次数的增加而增加；曾昭田等（2013 年）

采用压汞法研究了干湿循环过程中膨胀土的孔隙大小分布特征及其演化规律；吴珺华等（2013年）采用大型剪切仪对未经历和经历干湿循环作用的膨胀土进行了剪切试验，研究了干湿循环作用对膨胀土抗剪强度特性的影响。

非饱和土体中的渗流场、应力场和位移场在降雨入渗时均会产生变化并相互影响，渗流状态改变将导致应力和应变变化，而应力及孔隙变化反过来也会影响渗流状态，目前，非饱和土渗流与变形耦合与非耦合的问题已成为国内外研究的重要课题，如Morel-Seytoux（1981年）、Dakshanamurthy（1984年）、Sasha（1999年，2000年）、Kim（2000年）、张延军（2004年）、徐炎兵（2009年）、吴礼舟（2009年，2011年）等。此外，学者们也对非饱和膨胀土渗流与变形耦合开展了研究，如：Vu和Fredlund（2002年，2004年）通过考虑渗流与变形耦合与非耦合两种情况，给出了非饱和膨胀土膨胀变形的预测公式；沈珠江等（2004年）采用非饱和土简化固结理论，研究了人工降雨过程中膨胀土边坡孔隙水压力变化和变形的发展过程；范臻辉（2011年）基于有效应力原理的单变量理论推导非饱和膨胀土的弹塑性本构模型，结合流固耦合力学的理论与方法，建立了膨胀土渗流-变形的耦合分析模型。

基于对膨胀土工程性质的研究和大量工程实践经验的总结，国内外膨胀土地基加固技术也在逐步发展，主要包括：换填法、预湿法、化学处理法、复合地基法等。换填法适用于膨胀土厚度较浅的情况，可根治膨胀土病害，宜选用优质填料，也可采用改良土，如膨胀土中掺入一定比例的石灰可明显改善膨胀土胀缩性，粉煤灰对膨胀性的改善较差，水泥不利于膨胀土改善。预湿法受外界环境的影响较大，在我国全面应用具有局限性。化学处理法可改变膨胀土的性质，不同的化学试剂可能对周边环境造成危害，但化学处理法工期较短、费用较高，适用范围广泛，耐久性有待验证。复合地基法可提高地基承载力，减少沉降变形量，亦可以约束土体的侧向位移。

纵观国外膨胀土的研究成果，更多是集中在对变形要求相对较低的一般工程，高速铁路对路基工后沉降、长期动力稳定性提出了更高的要求，现有的研究成果远不能满足高速铁路膨胀土路基工程技术的需要，尤其是低路堤及路堑基床结构、地基的沉降变形及膨胀上拱变形方面。因此，有必要针对高速铁路膨胀土路基工程技术问题开展研究。

1.3 高速铁路中等压缩性土地基工程概述

中等压缩性土在我国分布范围很广，高速铁路地基大多都属于中等压缩性土的范畴。低速有砟轨道铁路路基以稳定控制设计为主，而高速铁路对沉降变形的要求非常高，以变形沉降控制设计为主。在我国最初的高速铁路建设过程中，由于人们对中等压缩土的变形特性缺乏研究，特别是其变形随时间的发展规律尚不明确，设计较为保守，在武广、郑西、京津、京郑、京沪等无砟轨道客运专线建设中，当地基为中等压缩性土时，均采用了大量的桩长较长的CFG桩、钢筋混凝土桩板结构、钢筋混凝土桩网结构等地基加固处理措施，但经过各条高速铁路运营期间大量的沉降实测资料表明，实测沉降值明显小于计算沉降值。可见以往对中等压缩性土地基的沉降特性的认识存在一定不足，故在高速铁路路基设计过程中，对中等压缩土的沉降计算方法及沉降计算参数选取等方面存在一定的优化空间。

随着我国高速铁路建设的发展，人们对高速铁路中等压缩性土地基逐渐重视。中铁二院针对高速铁路中等压缩性土地基修建路基工程存在的技术问题，通过对胶济客专非饱和土（粉质黏土、粉土），海南东环客专饱和花岗岩全风化层，云桂、柳南、成绵乐客专膨胀土这三大类典型中等压缩土的深入研究，对中等压缩性土地基的物理力学特性和沉降变形认识逐步加深，取得了许多重要的成果，在对应后期的高速铁路路基设计措施上，做了很多优化。本书就相关研究成果进行分析介绍。

第 2 章 中等压缩性土物理力学性质

2.1 胶济客专粉质黏土、粉土物理力学性质

2.1.1 胶济客专工程地质概况

胶济客专试验段位于山东省中部青州境内，属冲、洪积平原地貌，地面高程为50～80 m，地形平坦、开阔，地表多垦为旱地。地下水为第四系孔隙潜水，水位埋深超过20 m，水量较小，以大气降水补给为主，地下水位随季节波动较大，降雨季水位可达7～15 m，旱季为15～35 m，地基土呈现出典型的非饱和性状。地层主要为：① 松软土（Q_3^{al+pl}），灰黄、褐黄色，软塑状；② 黄土质粉质黏土（Q_3^{al+pl}），黄褐、灰黄色，局部棕红色，硬塑状；③ 粉土（Q_3^{al+pl}），灰黄色、黄褐色，潮湿—饱和，松散—中密。

2.1.2 胶济客专非饱和土物理力学基本指标

根据原位勘察钻芯取样，对原状粉质黏土和粉土进行了基本物理力学性质试验。试验中选择了天然密度、含水量、孔隙比、饱和度以及液、塑限等物理指标，结果详见表2.1-1。

表 2.1-1 土样物理力学性质

取样地点	取样深度/m	天然密度/(g/cm³)	天然含水量/%	天然孔隙比	饱和度/%	液限 w_L/%	塑限 w_P/%	地层名称
DK225+560	5.5～5.9	1.75	13.2	0.747	48	25.7	15.9	粉土
DK225+560	12.2～12.6	1.72	18.3	0.857	58	25.9	18.8	粉土
DK225+560	16.4～16.8	1.84	18.4	0.737	67	27.4	19.4	粉土
DK225+560	22.2～22.6	1.86	27.9	0.87	87	34.1	19.9	粉质黏土
DK225+700	6.5～6.9	1.81	11.3	0.66	46	25.9	16.7	粉土
DK225+700	9.2～9.6	1.82	12.7	0.672	51	26.5	17.7	粉土
DK225+700	13.2～13.6	1.77	16	0.769	56	24	16.6	粉土
DK225+700	19.8～20.2	1.82	25.6	0.884	79	37.9	22.1	粉质黏土
DK226+875	8.3～8.7	1.82	11	0.647	46	26.6	17.9	粉土
DK226+875	16.3～16.7	2.04	16.9	0.559	93	30.7	17.6	粉质黏土

2.1.3 胶济客专粉质黏土、粉土常规固结试验研究

地基土沉降计算是预测和指导铁路构造物基础沉降的有效方法。计算基础沉降量时，最重要的是土的压缩性指标。一般工程中常用土样在限制侧向变形的室内压缩试验来测定土的压缩性指标。

常规固结试验是对不同深度的原状土进行分级加载，以获得各级荷载作用下变形与受荷时间的关系，绘制出对应的 $e\text{-}p$ 曲线，从而揭示这种地基土在荷载作用下的变形规律，从中所得的各项指标用以判断土的压缩性和计算土工建筑物与地基的沉降。试验土样为胶济客专 4～20 m 不同深度的原状土，进行了非饱和、饱和两种状态下粉质黏土、粉土的常规固结试验。

图 2.1-1 和图 2.1-2 分别为粉质黏土和粉土应力-应变曲线。

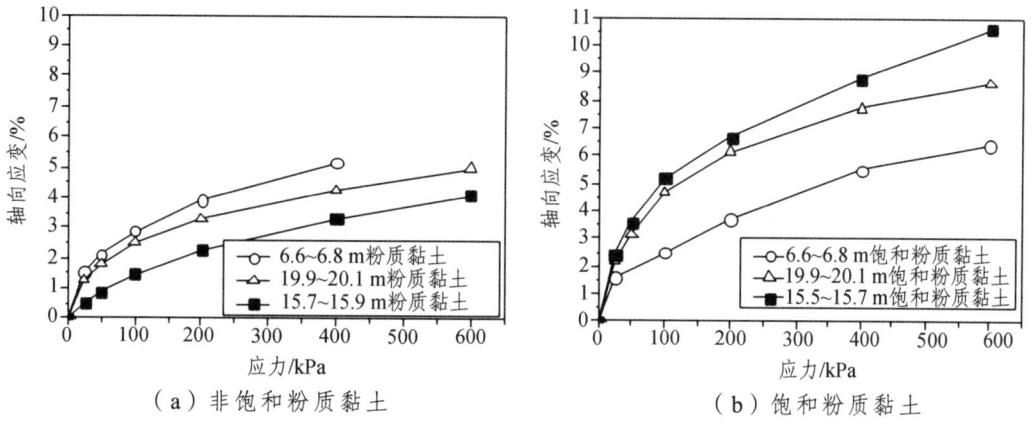

图 2.1-1 粉质黏土应力-应变曲线

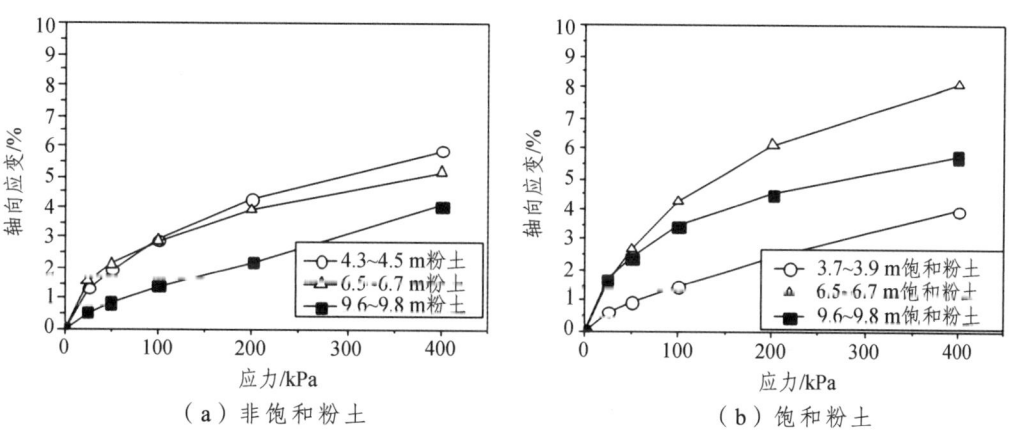

图 2.1-2 粉土应力-应变曲线

图 2.1-3～图 2.1-8 所示为粉质黏土和粉土变形-时间关系曲线。

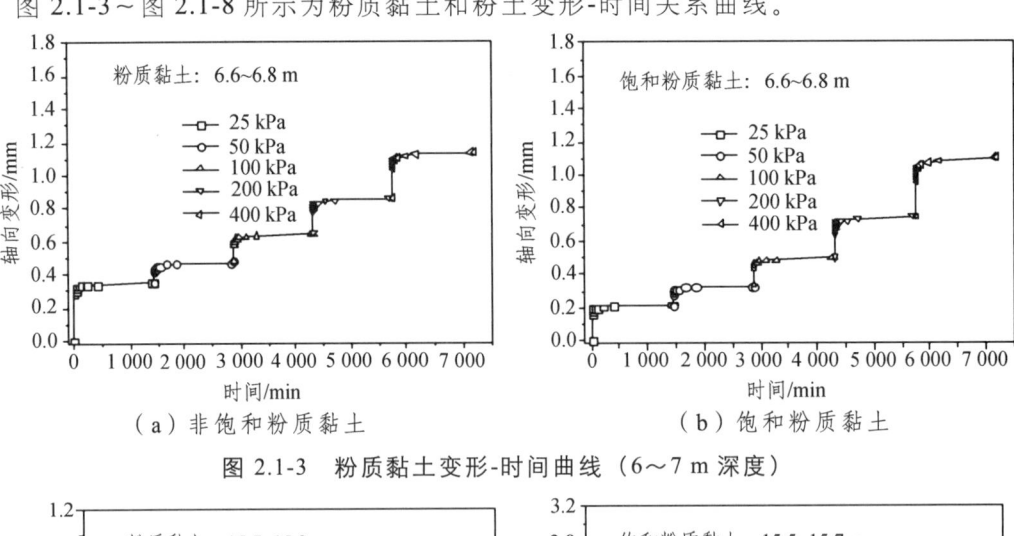

图 2.1-3　粉质黏土变形-时间曲线（6～7 m 深度）

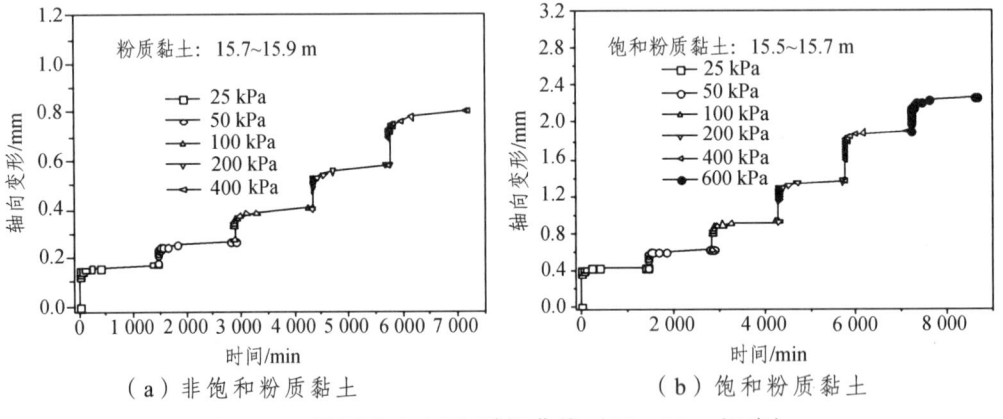

图 2.1-4　粉质黏土变形-时间曲线（15～16 m 深度）

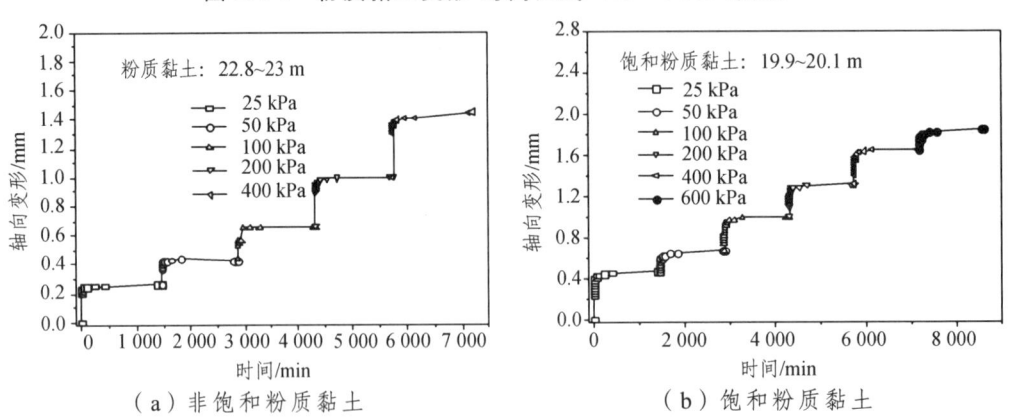

图 2.1-5　粉质黏土变形-时间曲线（20～23 m 深度）

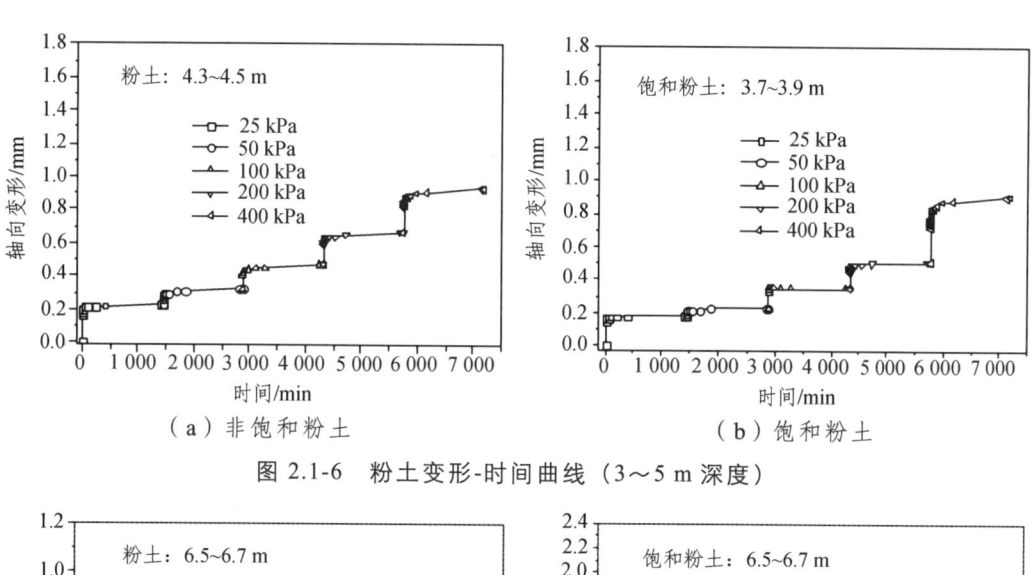

图 2.1-6 粉土变形-时间曲线（3～5 m 深度）

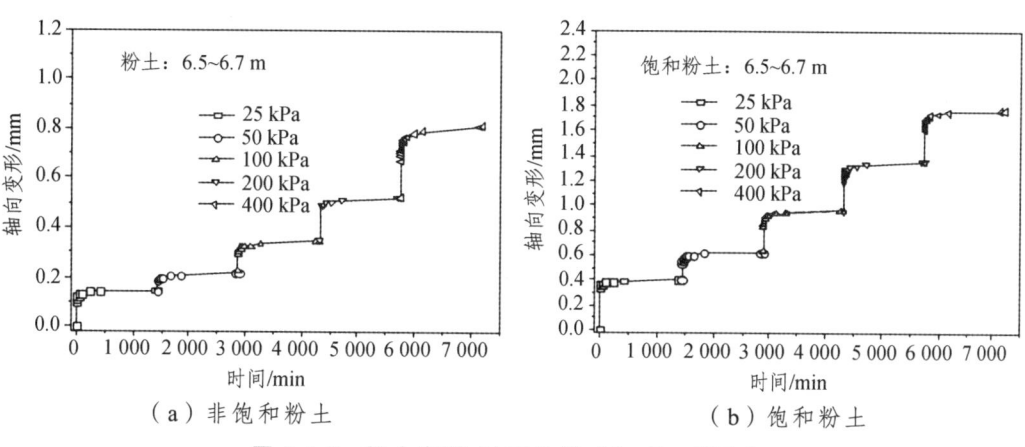

图 2.1-7 粉土变形-时间曲线（6～7 m 深度）

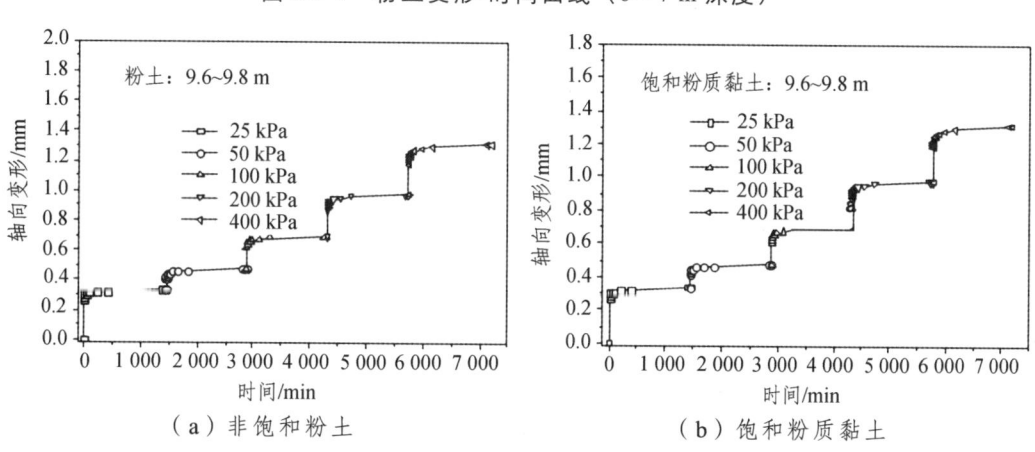

图 2.1-8 粉土变形-时间曲线（9～10 m 深度）

表 2.1-2 和表 2.1-3 分别为各级荷载作用下的压缩模量,从表中可以看出,非饱和土的压缩模量明显高于饱和土,这是由于饱和土浸水后硬度减小,导致压缩性大幅度增加。由于取土时发生扰动,压缩模量随深度的变化规律不是很明显,尤其是黏聚力较低的粉土更是如此,但是对于埋深较大的粉质黏土,随着深度的增加这种扰动逐渐减小,由表 2.1-2 可以看出,粉质黏土的压缩模量随着深度的增加逐渐增大。

表 2.1-2 粉质黏土在各级荷载下的压缩模量　　　　　　　　单位:MPa

压力/kPa	非饱和粉质黏土			饱和粉质黏土		
	6.6~6.8 m	15.7~15.9 m	19.9~20.1 m	6.6~6.8 m	15.7~15.9 m	19.9~20.1 m
25	1.6	5.2	2.0	1.5	1.0	1.1
50	4.2	6.1	4.8	2.7	2.1	2.5
100	6.3	8.5	6.9	3.9	3.3	3.1
200	9.6	12.5	12.6	5.2	5.4	6.3
400	15	19.1	20.7	20.7	8.5	11.6
600	—	26.1	27.5	—	10.1	20.9

表 2.1-3 粉土在各级荷载下的压缩模量　　　　　　　　单位:MPa

压力/kPa	非饱和粉土			饱和粉土		
	4.3~4.5 m	6.5~6.7 m	9.6~9.8 m	3.7~3.9 m	6.5~6.7 m	9.6~9.8 m
25	1.9	1.6	4.8	3.9	1.5	1.4
50	4.0	4.3	7.6	8.2	2.3	3.6
100	5.1	6.5	9.0	9.2	3.1	4.5
200	7.5	9.9	12.5	10.2	4.9	9.3
400	12.5	15.8	10.8	12.4	9.3	15.1

2.1.4 非饱和土三轴压缩试验研究

参照《铁路工程土工试验规程》(TB10102),采用原状土样进行了粉质黏土和粉土三轴压缩试验,可以确定非饱和粉质黏土和粉土的黏聚力与内摩擦角等强度指标。

图 2.1-9 和图 2.1-10 分别为粉质黏土和粉土的应力-应变曲线。从图中可以看出:粉质黏土埋深较大,在高应力状态下应力-应变曲线大多呈硬化型;浅层粉土在低围压下应力-应变关系曲线出现明显拐点,即呈现软化型曲线;随着围压的增加,土体达到破坏点时的轴向应变及所需主应力均有所增大,破坏应变增长幅度较小,破坏应力增长幅度明显增大,即土体应力-应变曲线由软化型逐渐向硬化型发展。

图 2.1-11、图 2.1-12 分别为胶济客专线非饱和粉质黏土与粉土的强度指标确定图。由图可知:粉质黏土剪切强度指标为 $c=20.8\ \text{kPa}$,$\varphi=30.7°$;粉土的剪切强度指标为 $c=28.9\ \text{kPa}$,$\varphi=32.4°$。

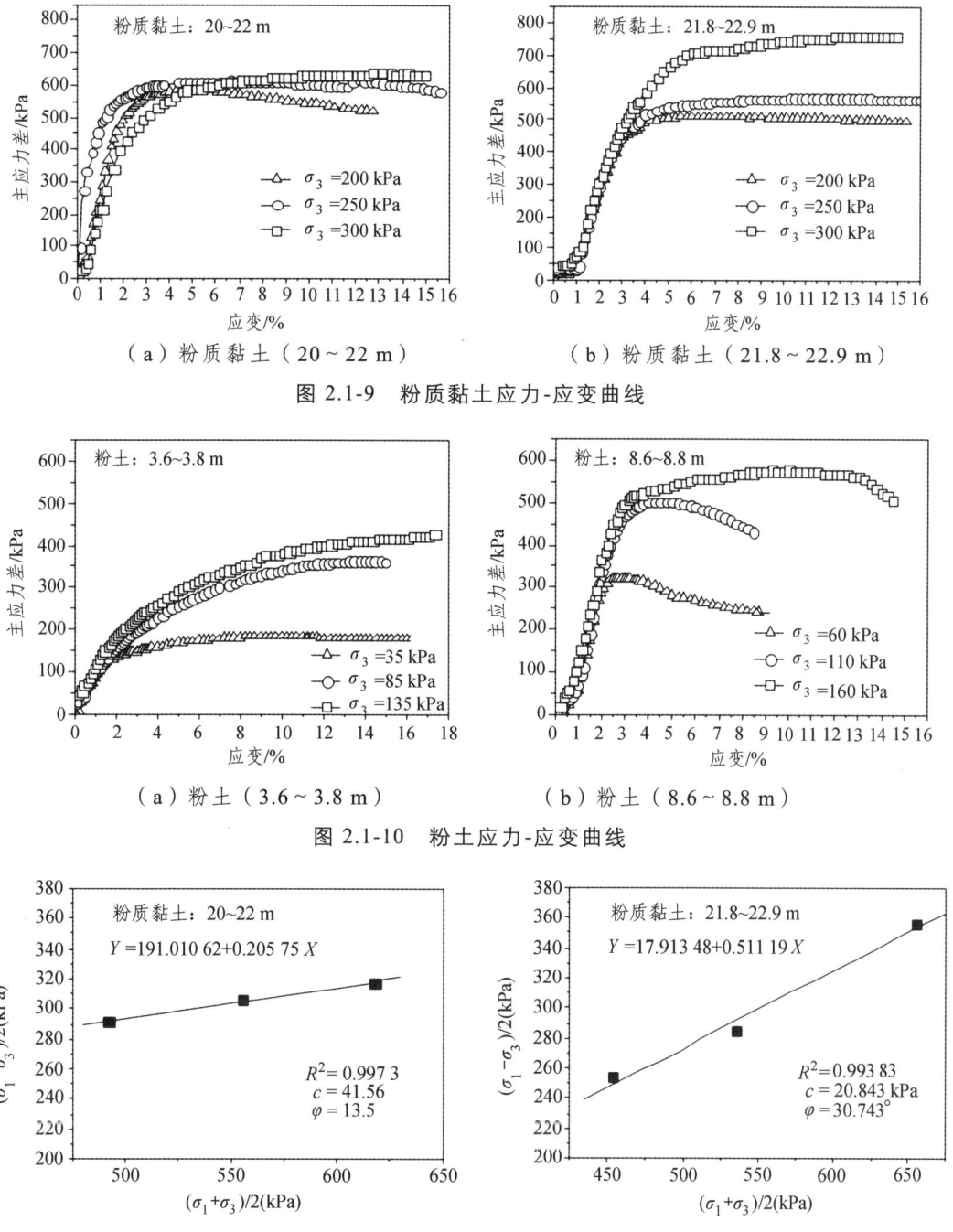

图 2.1-9 粉质黏土应力-应变曲线

图 2.1-10 粉土应力-应变曲线

图 2.1-11 粉质黏土强度指标确定

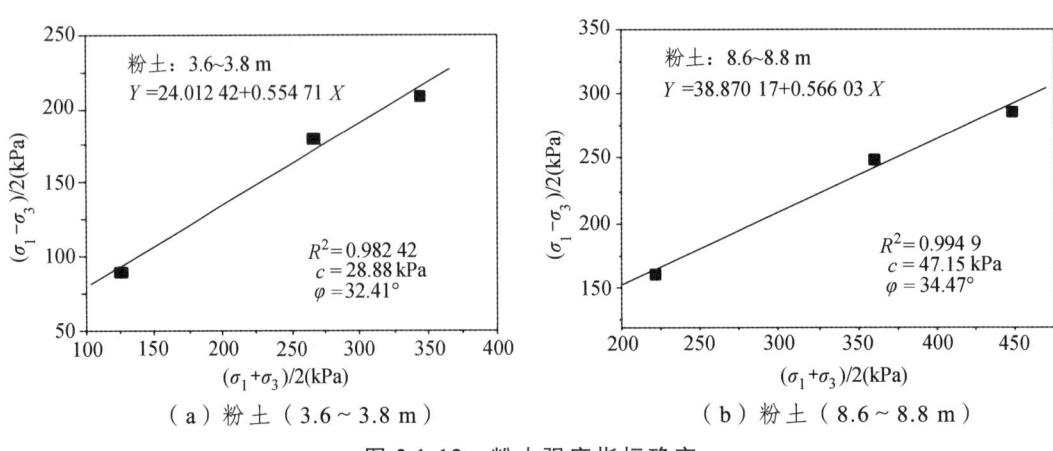

（a）粉土（3.6～3.8 m）　　　　（b）粉土（8.6～8.8 m）

图 2.1-12　粉土强度指标确定

2.1.5　控制基质吸力的非饱和土固结试验研究

1. 非饱和土水土特征曲线

水土特征曲线从一定程度上反映了非饱和土内部结构特征和水土特性，是非饱和土研究中的重点内容。事实上，水土特征曲线的影响因素非常复杂，如矿物成分、孔隙结构、应力状态、应力历史以及温度等都会对水土特征曲线产生影响，尤其是矿物成分和孔隙结构是影响水土特征曲线的主要因素。目前水土特征曲线无法根据土的基本性质由理论分析得到，只能用试验的方法确定，试验数据如表 2.1-4 所示。

表 2.1-4　非饱和粉质黏土与粉土基质吸力试验数据

名称	含水量/%	饱和度/%	基质吸力/kPa
非饱和粉质黏土	11.1	50.4	77.58
	15.02	68.6	55.8
	17.19	73.8	49.2
	18.06	74.4	45.87
	21.51	78.8	41
	21.77	82	25.9
	22.7	85.2	40.3
	24.4	85.7	23.9
	24.5	86.2	15.9
非饱和粉土	9.86	36.1	79.4
	10.9	38.5	69.5
	11.77	40.4	62.1

续表

名称	含水量/%	饱和度/%	基质吸力/kPa
非饱和粉土	13.33	41.9	57.9
	13.19	44.7	32.9
	13.84	44.1	32.4
	13.93	48.7	23.5

图 2.1-13（a）是非饱和粉质黏土水土特征曲线，从图中可以看出，曲线按照含水量由低到高的顺序可分为 3 段：BC 段土体的含水量较低，此时土中孔隙气连通，水量的微小变化会引起基质吸力的剧烈增加。AB 段基质吸力随含水量的减小变化幅度不大，该阶段是土体由气封闭向水封闭转化的过程，转化初期含水量变化幅度较小，土体处于双封闭状态，孔隙水和孔隙气都不连续；后一阶段转化幅度增大，土颗粒接触点的水膜开始搭结并最终转化为水封闭结构。OA 段土体含水量较高，土中孔隙充满水，土体颗粒接触点的水膜是连续的，基质吸力随含水量的变化显著。图中 A、B 两点分别对应土体的进气值和残余含水量，非饱和粉质黏土的进气值大约在 35 kPa，含水量 $w = 23.6\%$；残余含水量大约为 11.87%。

根据图 2.1-13（a）把气相形态与水土特征曲线对应起来，将非饱和粉质黏土按照气相形态分为 3 种类型：① 气相完全连通（饱和度 $S_r < 55\%$）；② 气相内部连通（饱和度 $S_r = 55\% \sim 85\%$）；③ 气相完全封闭（饱和度 $S_r > 85\%$）。由此可以得出非饱和粉质黏土水土特征曲线的变化规律：当含水量高于 23.6%（饱和度 $S_r = 82.8\%$）时，土体对应于气相完全封闭；当含水量低于 11.87%（饱和度 $S_r = 52.9\%$）时，土体中气体已经完全连通。含水量介于两者之间时，水气转换幅度大，性质变化剧烈。

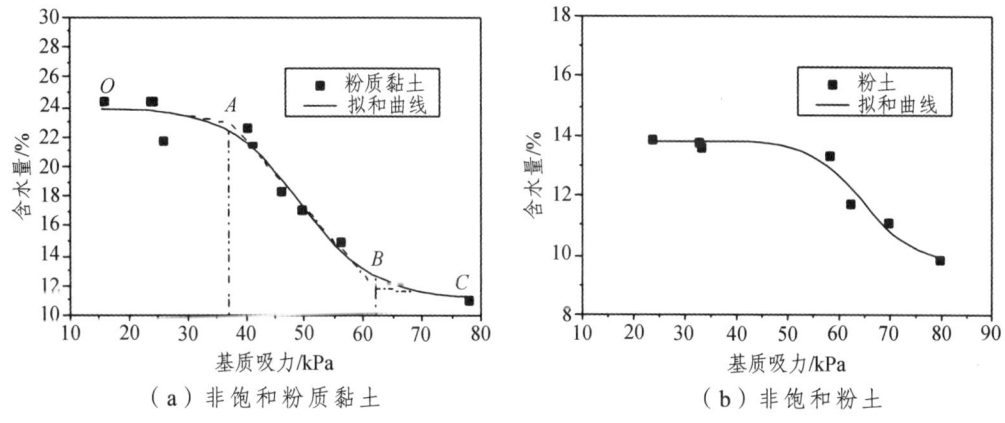

（a）非饱和粉质黏土　　　（b）非饱和粉土

图 2.1-13　非饱和土水土特征曲线

受所取的土样含水量限制,图 2.1-13（b）所示的重塑非饱和粉土水土特征曲线仅为全范围量测的一部分。从图中可以看出重塑粉土的水土特征曲线可近似看作两条直线段组成,前一阶段基本呈水平,对应于土体的气相封闭阶段,进气值约 55 kPa,远高于原状粉质黏土。后一段近似于斜线段,此时非饱和土的内部气相连通。对于重塑粉土,水土特征曲线具有明显的转折点,而原状土的曲线更加平滑。

2. 非饱和土变形特性

表 2.1-5 和表 2.1-6 分别列举了粉质黏土和粉土在 100～200 kPa 压力的压缩系数和压缩模量,可以看出此类粉质黏土和粉土均属于中等压缩性土。图 2.1-14 为土样的 $\Delta e\text{-}p$ 曲线,饱和土的压缩性同时受到非饱和土初始孔隙比和初始含水量的影响,通常初始孔隙比大的土体浸水饱和后,其压缩性明显低于初始孔隙比小的土体饱和后的压缩性。而对于相同初始孔隙比,不同含水量的非饱和土体,浸水饱和后,初始饱和度高的土体因饱和引起的压缩变形要相对小一些。

表 2.1-5　粉质黏土试验结果

取样深度/m	状态	初始孔隙比	压缩系数 $a_{1\text{-}2}$/MPa^{-1}	压缩模量 $E_{1\text{-}2}$/MPa
6	非饱和	0.708	0.172	9.55
20	非饱和	0.61	0.128	12.1
16	非饱和	0.457	0.117	12.3
7	饱和	0.47	0.229	7.82
20	饱和	0.48	0.22	6.33
16	饱和	0.59	0.337	4.44

表 2.1-6　粉土试验结果

取样深度/m	状态	初始孔隙比	压缩系数 $a_{1\text{-}2}$/MPa^{-1}	压缩模量 $E_{1\text{-}2}$/MPa
4	非饱和	0.469	0.133	10.7
6	非饱和	0.625	0.13	12.2
10	非饱和	0.616	0.217	7.15
4	饱和	0.563	0.15	10.2
7	饱和	0.398	0.264	4.97
10	饱和	0.521	0.141	9.3

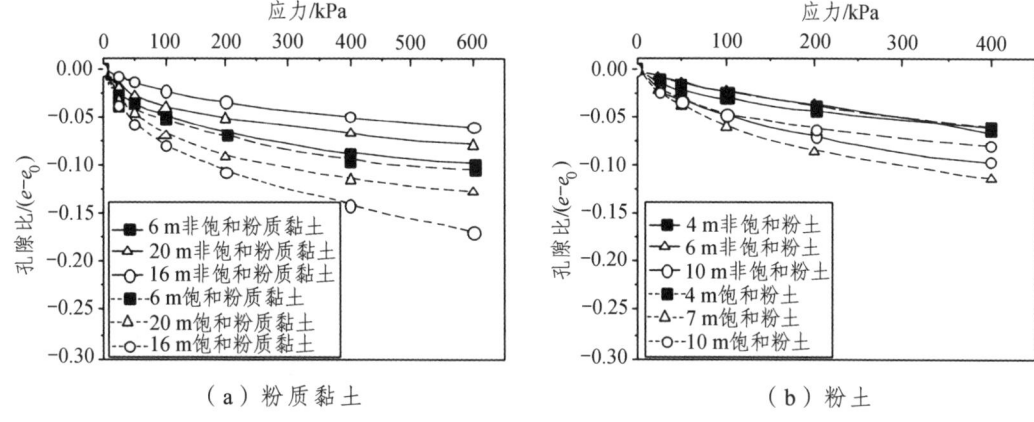

图 2.1-14　土体的孔隙比-应力（Δe-p）曲线

3. 初始饱和度对固结时间的影响

非饱和土的固结时间问题是非饱和土研究中的难点，也是目前认知较少的部分。由前述分析可知，土体自身物理力学性质的差异，包括含水量、孔隙比、黏粒含量等，会造成非饱和土内部结构的迥然不同，从而影响到整个固结过程。相关的研究表明，初始饱和度对固结时间的影响最为显著，但是针对不同的土体缺乏量化表述。

图 2.1-15 是 3 种不同初始饱和度的粉质黏土固结时间与固结度的关系曲线。从图中可以看出：初始饱和度大的非饱和粉质黏土固结时间长；初始饱和度小的非饱和粉质黏土，固结时间反而短。这是由于非饱和土饱和度较低时，土中气相连通可以传递压力，孔隙气在相对较短的时间内消散，固结排除以气体为主。而高饱和土体固结排除以孔隙水为主，含有气泡的孔隙水在短时间内不能完全消散，固结时间较低饱和度土体要长。

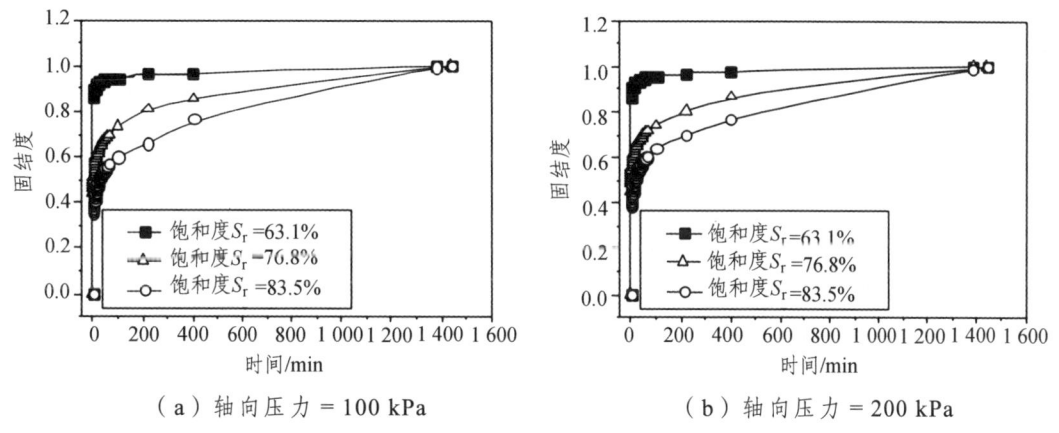

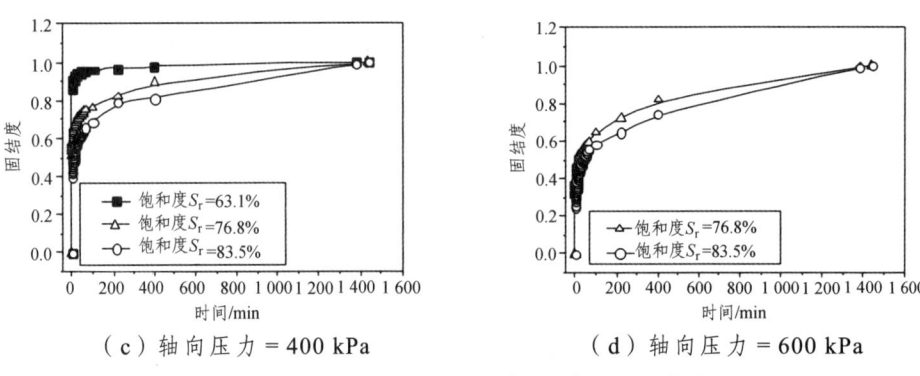

（c）轴向压力 = 400 kPa　　　　（d）轴向压力 = 600 kPa

图 2.1-15　不同饱和度固结度-时间关系曲线

通过以上分析可知，非饱和土的固结过程与初始饱和度有密切联系。对非饱和土而言，初始饱和度越高，固结完成所需要的时间反而越长，但是这仅适用于饱和度不是很高的非饱和土。当土体的饱和度很高甚至饱和时（$S_r \geqslant 90\%$），饱和土的固结仅仅是孔隙水排出体外，固结速度明显比非饱和土快，如图 2.1-16 和图 2.1-17 所示；相反，当土体的饱和度较低时，孔隙气主导了非饱和土的固结过程，此时非饱和土的固结时间与饱和土接近，甚至于小于饱和土的固结时间，如图 2.1-18 所示。

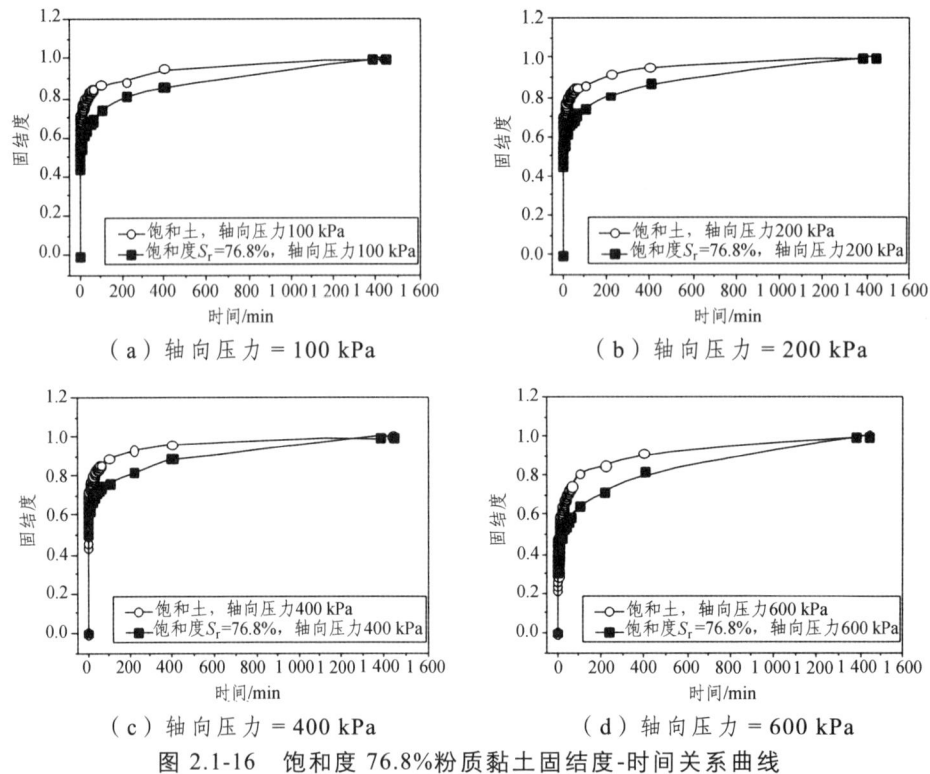

（a）轴向压力 = 100 kPa　　　　（b）轴向压力 = 200 kPa

（c）轴向压力 = 400 kPa　　　　（d）轴向压力 = 600 kPa

图 2.1-16　饱和度 76.8%粉质黏土固结度-时间关系曲线

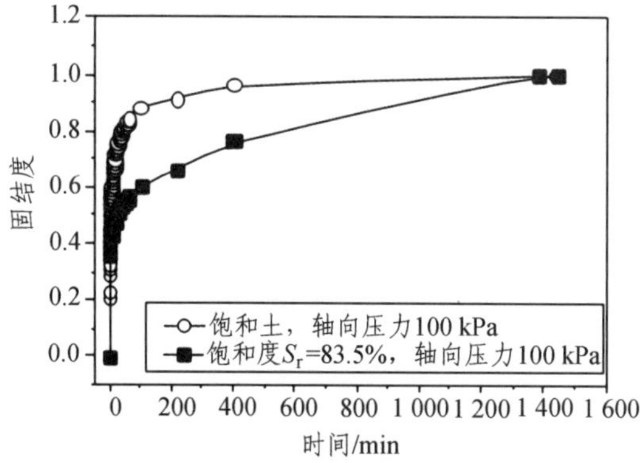

（a）轴向压力 = 100 kPa
（b）轴向压力 = 200 kPa 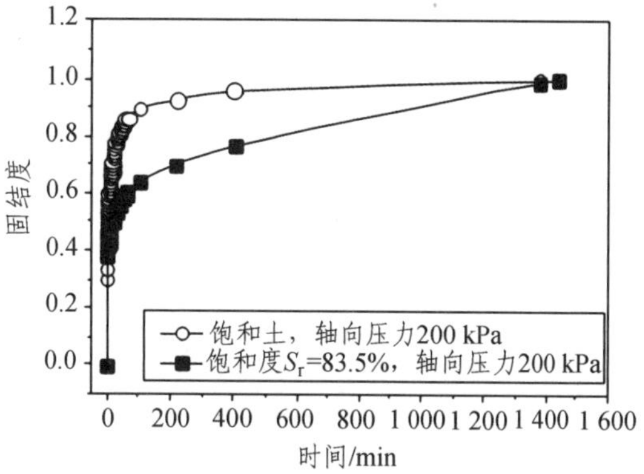
（c）轴向压力 = 400 kPa 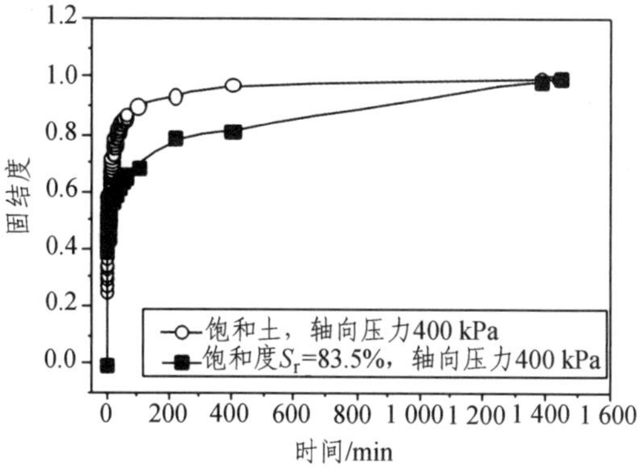
（d）轴向压力 = 600 kPa 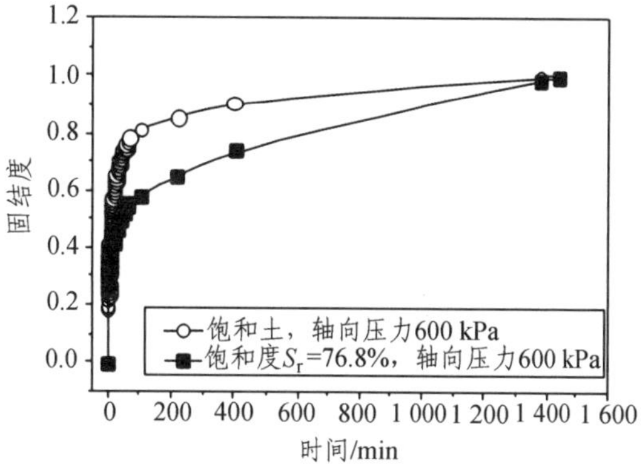

图 2.1-17　饱和度 83.5%粉质黏土固结度-时间关系曲线

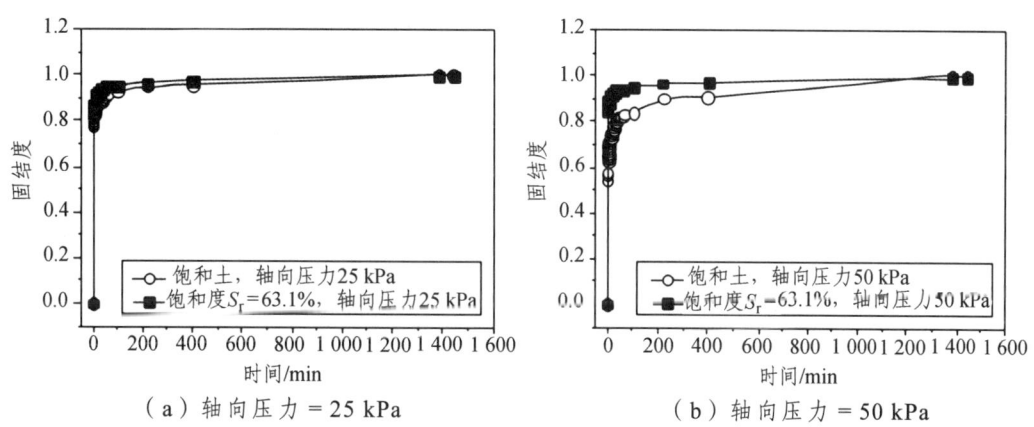

（a）轴向压力 = 25 kPa
（b）轴向压力 = 50 kPa

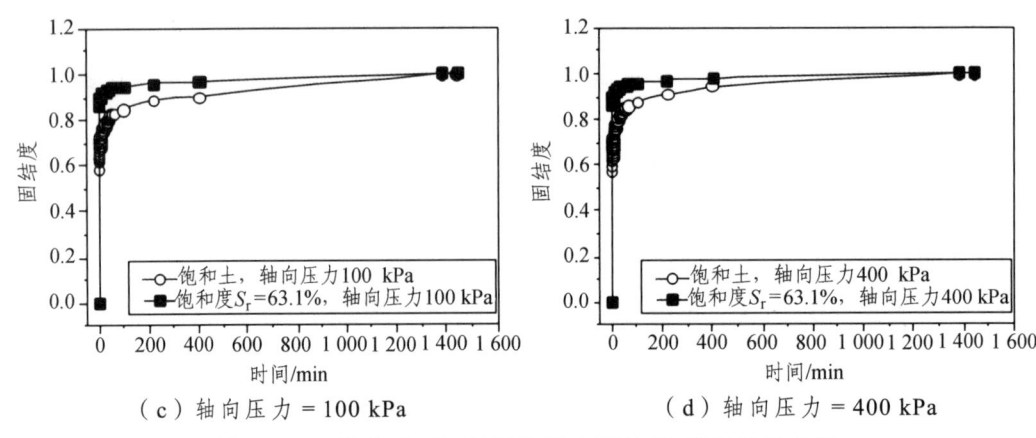

(c) 轴向压力 = 100 kPa　　　　(d) 轴向压力 = 400 kPa

图 2.1-18　饱和度 63.1%粉质黏土固结度-时间关系曲线

结合非饱和粉质黏土的水土特征曲线，将土体按照饱和程度的高低分为 4 个阶段：低饱和度（$S_r<52.9\%$），中等饱和度（$52.9\%\leqslant S_r<82.8\%$）、高饱和度（$82.8\%\leqslant S_r<90\%$）和饱和土（$S_r\geqslant90\%$）。从图 2.1-19 可以看出，土样处于低饱和状态时（$S_r<52.9\%$），土中气处于完全连通，该阶段土样固结速度最快，固结时间最短，变化趋势并不是很显著。随着饱和度的增加，水膜开始搭接形成双开敞形式，土中气排出体外变得困难起来，此时气相孔隙率仍然较大，固结完成时间也随着饱和度的增加逐渐延长。当粉质黏土的饱和度超过 82.8%时，土体已经完成从双开敞结构向气相封闭的转变，土中孔隙气要排出体外变得更加困难，饱和度进一步增加导致固结时间持续增长。当土体的饱和度接近于饱和土时（$S_r\geqslant90\%$），孔隙水完全连通并可以传递水压力，固结速度明显增加，固结时间开始减小，并逐渐趋近于饱和土的固结时间。

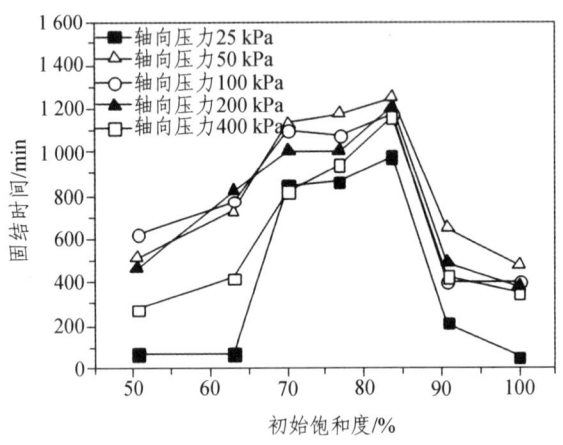

图 2.1-19　非饱和粉质黏土固结时间与初始饱和度关系曲线

2.2 海南东环客专花岗岩全风化层物理力学性质

2.2.1 海南东环客专工程地质概况

扫码查看本节彩图

海南东环客专始自海口，终至三亚，途经文昌、琼海等城市，试验段分别位于海南东环客专 DK67+600～DK67+700 和 DK108+900～DK108+980，属波状丘微坡至缓坡地貌，地势开阔，地形起伏不大，丘坡上地形较平缓，自然坡度 5°～15°，最大绝对高程 40 m，与丘间沟槽高差 5～20 m。多数地段地表覆土厚度不均，局部地区较厚，零星见全风化层出露。丘坡间沟槽内地形平坦，水塘、水田密布，地表水系较发育，沟渠纵横交错。试验段地层情况为：地基上覆局部松软土、硬塑状黏土，下卧花岗岩全风化层（6-W4）呈硬塑—坚硬土状、砂石状，厚 5～30 m 不等，局部花岗岩全风化层（6-1-W4）结构松散，呈硬塑偏软塑状。

2.2.2 花岗岩全风化层物理力学基本指标

根据原位勘察钻芯取样，对原状花岗岩全风化层进行了基本物理力学性质试验。试验中选择了天然密度、天然含水量以及塑、液限等物理指标，结果详见表 2.2-1。

表 2.2-1 土样物理力学性质

取样地点	取样深度/m	天然密度/(g/cm³)	天然含水量/%	液限 w_L/%	塑限 w_P/%	液性指数 I_L	塑性指数 I_P	地层名称
DK67+640	2.2～2.4	1.97	21.03	36.49	22.35	−0.1	14.1	粉质黏土
DK67+640	10.6～10.8	1.99	24.15	25.98	17.65	0.78	8.3	粉土
DK67+650	2.2～2.4	1.88	33.97	49.28	31.43	0.14	17.9	黏土
DK67+650	10.6～10.8	1.90	20.86	33.43	27.38	−1.08	6.1	—
DK108+923	5.9～6.1	2.09	20.24	31.19	19.95	0.03	11.2	粉质黏土
DK108+927	14.7～14.9	2.11	16.68	38.93	28.78	−1.19	10.1	粉质黏土

从上述试验结果可以看出，海南东环客专全风化花岗岩平均天然密度为 1.99 g/cm³，塑限分布为 17.65%～31.43%，液限分布为 25.98%～49.28%，塑性指数分布为 6.06～17.85。海南东环客专全风化花岗岩的塑、液限随深度的变化较大，在同一断面的总体趋势是随着深度的增加塑、液限均减小，塑性指数也随着深度的增加相应地减小，在浅层表现为黏性土的特性，而在较深层地基逐渐表现出粉土特性。

2.2.3 花岗岩全风化层颗粒分析试验

花岗岩全风化层的颗粒组成分析试验主要是测定土的颗粒级配情况，研究砂粒及黏粒含量对其工程性质的影响。根据粒径不同，常用的颗粒组成分析方法有筛析法和密度计法两种，也可视具体情况联合使用。

海南东环客专花岗岩全风化层的主要成分是石英和高岭石，胶结物主要为游离氧化物，土中大、小孔隙发育，细颗粒部分具有较好的塑性，粗颗粒部分为花岗岩风化碎屑，同时含有大量粗砂和砾粒，颗粒种类分布广泛，因此联合采用筛析法和密度计法分析海南东环线花岗岩全风化层颗粒组成。

图 2.2-1 为花岗岩全风化层颗粒大小分布曲线，不均匀系数 $C_u = 28.9 \sim 178.2$，曲率系数 $C_c = 0.13 \sim 0.78$。分析可知，海南地区花岗岩全风化层颗粒分布不均匀，粒径变化范围大，但中间粒径颗粒偏少，小粒径颗粒偏多，属不良级配。

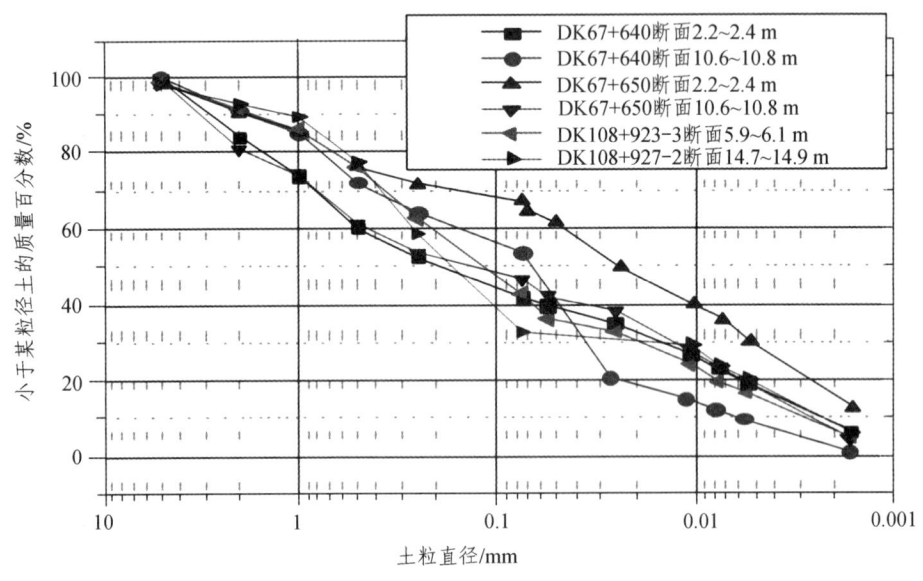

图 2.2-1 颗粒大小分布曲线

表 2.2-2 对海南花岗岩全风化层颗粒分布进行统计后发现，粗粒土（粒径>0.075 mm）含量占颗粒组成的 31.4%～65.7%。细粒土中粉粒含量略高于黏粒，地基表层 5～8 m 黏粒和粉粒含量较高，10 m 以下粗颗粒含量增大且大于细粒含量。海南东环客专花岗岩全风化层的颗粒分布呈"两头多，中间少"的分布特征，即粒度主要分布在中砂以上粒组（粒径>0.5 mm）和细砂以下粒组（粒径<0.075 mm），而中间粒组细砂和中砂的含量较低。

表 2.2-2　颗粒分布统计表

试验断面	DK67+640	DK67+640	DK67+650	DK67+650	DK108+923	DK108+927
深度/m	2.2~2.4	10.6~10.8	2.2~2.4	10.6~10.8	5.9~6.1	14.7~14.9
砾组含量/%	15.58	8.63	7.72	18.36	7.36	5.39
粗砂含量/%	23.93	18.94	14.22	19.74	15.21	15.52
中砂含量/%	7.92	8.16	4.79	7.49	13.65	18.82
细砂含量/%	10.81	10.41	4.67	6.94	19.90	25.95
粉粒含量/%	22.27	43.85	37.01	27.12	26.19	12.20
黏粒含量/%	19.33	9.83	30.00	19.63	16.48	20.34

对比了广东、福建花岗岩全风化层颗粒分布情况，如图 2.2-2 所示，结果表明海南东环客专花岗岩全风化层与福建地区相比，土体密度大，孔隙比小，压缩性不高，黏粒含量偏低，其颗粒分布规律与广东地区全风化层接近，但细粒土含量略高。

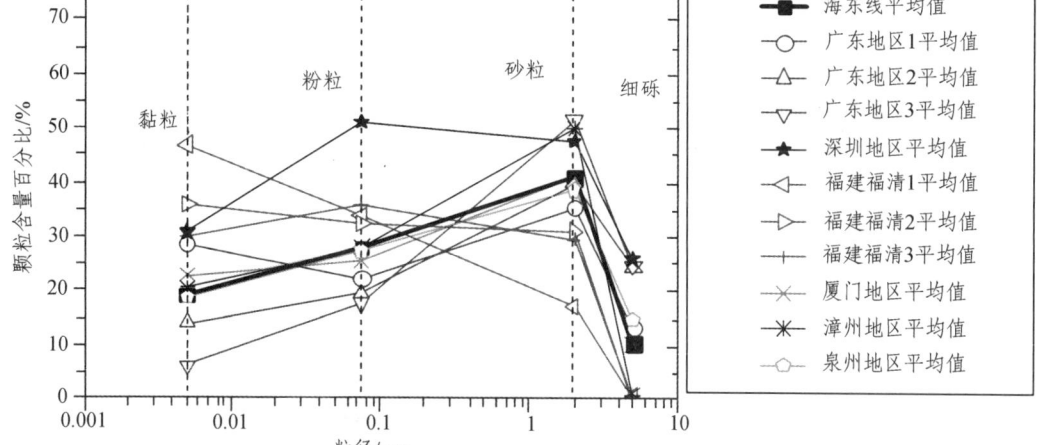

图 2.2-2　花岗岩全风化层与颗粒含量对比

2.2.4　饱和全风化花岗岩固结试验

本次试验以海南东环客专深厚花岗岩全风化土为主要研究对象，通过一维固结试验，分析其在一维变形条件下的固结特性及与时间有关的变形压缩特性。试验用土取自施工现场，取土断面及取土深度见表 2.2-3，花岗岩全风化土主要物理指标见表 2.2-4。

表 2.2-3　取土断面及取土深度

取土断面	取土深度/m						
DK67+650	2	4	4.6	6	6.6	8	10
DK108+932	6		12		15	18	21

表 2.2-4　土样物理指标

土样名称	状态	天然密度 ρ/(g/cm^3)	黏聚力 c/kPa	内摩擦角 φ/(°)	压缩模量 E_s/MPa	基本承载力 /kPa
花岗岩全风化土	中密	1.9	29	20	7.5	200

共制备 20 个试样，其中原状土试样 12 个，重塑土试样 8 个。试验数量及各个试样的加压等级见表 2.2-5。

表 2.2-5　试验数量及试样的固结压力取值

取土断面	试验数量	各级固结压力取值/kPa					
		第一级	第二级	第三级	第四级	第五级	第六级
DK67+650	7	25	50	100	200	400	600
DK108+932	5	25	50	100	200	400	600
重塑土	8	25	50	100	200	400	600

表 2.2-6 为试验结果，由表可知：同一断面饱和全风化花岗岩地基的初始孔隙比随埋深的增加而减少；压缩系数 $a_{1\text{-}2}$ 随初始孔隙比的减少而减小；而压缩模量 $E_{1\text{-}2}$ 随初始孔隙比的减少而增加。其原因是地基土自重应力引起的土体密实程度随埋深增大而增大。试验所得不同埋深土的压缩系数为 $0.148 \sim 0.284 \text{ MPa}^{-1}$。

表 2.2-6　原状土的试验结果参数

土的性质	试样 1	试样 2	试样 3	试样 4	试样 5	试样 6
深度/m	4.4~4.6	6.6~6.8	6.4~6.6	12.2~12.4	15.2~15.4	21.0~21.2
初始孔隙比 e_0	0.822	0.795	0.788	0.772	0.677	0.633
压缩系数 $a_{1\text{-}2}$/MPa^{-1}	0.284	0.208	0.181	0.167	0.164	0.148
压缩模量 $E_{1\text{-}2}$/MPa	3.5	4.8	5.5	6.0	6.1	6.8

图 2.2-3 为荷载与孔隙比减少量关系曲线，从图可知：在荷载应力作用下，初始孔隙比大的地基土比初始孔隙比小的地基土容易压缩；同一初始孔隙比试样处于荷载应力作用时，初始阶段孔隙比的减少率比较大，随着荷载应力作用继续增加曲线斜率趋向平稳。

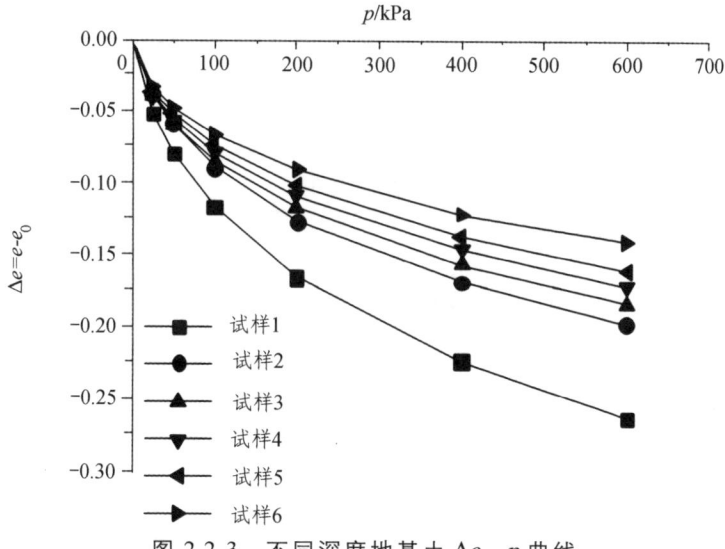

图 2.2-3　不同深度地基土 $\Delta e - p$ 曲线

图 2.2-4 为不同深度地基土 ε_i 与 p_i 关系曲线。

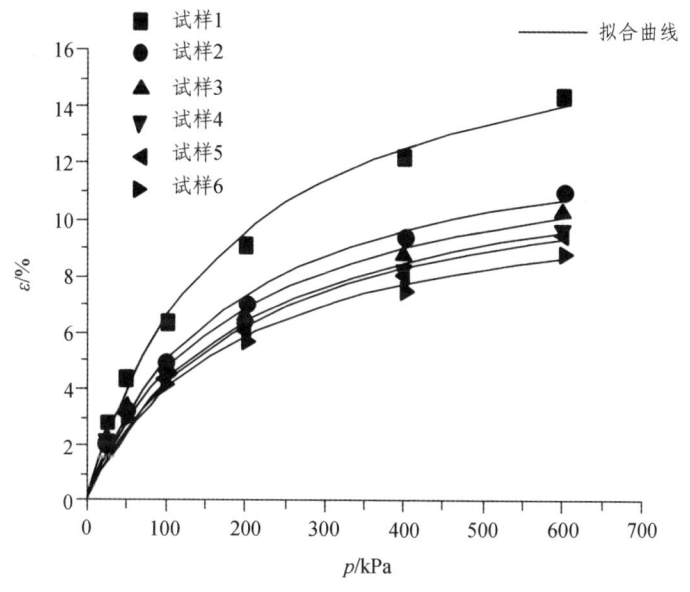

图 2.2-4　不同深度地基土 ε_i - p_i 关系曲线

2.2.5 饱和全风化花岗岩静三轴试验

试验用土取自 DK67+630 和 DK108+927 处，取原状土样。土样以全风化花岗岩为主，结构比较疏松，孔隙一般比较发育。土样的主要物理指标见表 2.2-7。

表 2.2-7 试验土样的主要物理指标值

取样断面	天然含水量/%	天然密度/(g/cm^3)	容重 kN/m^3	天然孔隙比
DK67+630	17.03~22.23	1.84~2.00	18.03~19.50	1.50~2.13
DK108+927	18.92~30.36	1.76~2.03	17.25~19.89	0.60~1.91

1. 应力应变曲线

图 2.2-5 所示为 DK108+927 断面 10 m 处试样在不同围压下的应力应变曲线。试验结果显示，随着围压的增大，应力应变关系曲线逐渐从软化特征转变为硬化特征。

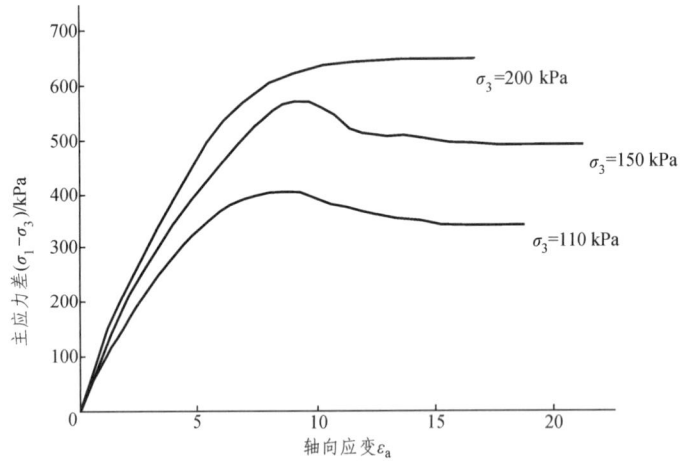

图 2.2-5 主应力差与轴向应变的关系曲线

2. 抗剪强度 c、φ 值

根据莫尔-库仑准则，确定 c、φ。绘制不同围压下的破坏点处的 K_f 强度线，根据 K_f 强度线与 S 强度线的几何关系，可确定 c、φ 值。试验结果见表 2.2-8、表 2.2-9。

表 2.2-8 不同深度、不同围压下的 c、φ 值

断面	深度/m	围压/kPa	内摩擦角 φ/(°)	黏聚力 c/kPa
DK67+640	4	75/100/125	34.7	9.46
	6	75/100/125	33.89	17.36
	10	150/175/200	24.09	69.26

续表

断面	深度/m	围压/kPa	内摩擦角 φ/(°)	黏聚力 c/kPa
DK108+927	8	100/125/150	30.5	43.28
	10	110/150/200	34.2	36.42
	16	175/215/250	24.82	62.66

表 2.2-9　不同深度下的切线弹性模量值

土体性质	深度/m	E_t/MPa
试样 1	4.2~4.4	5.0
试样 2	8.6~8.8	9.7
试样 3	10~10.2	12.6
试样 4	15.3~15.5	14.9
试样 5	18.6~18.8	17.7
试样 6	26.8~27	20.1

由表中数据可知，切线变形模量 E_t 值随着深度的增加而增大。这是因为土的切线模量取决于应力水平 $(\sigma_1-\sigma_3)/(\sigma_1-\sigma_3)_f$，而不仅仅取决于 $(\sigma_1-\sigma_3)$ 值。随着土层深度的增加，土体极限应力 $(\sigma_1-\sigma_3)_u$ 增大，附加应力减小，切线变形模量也就随之增大。

2.3　柳南客专红黏土物理力学性质

2.3.1　柳南客专红黏土概况

柳南客专试验段位于 DK559+470~DK559+710 段，地基表层分布红黏土，以黏土为主，局部为粉质黏土，厚 8~12 m，以黏土质为主，局部为粉质黏土质，褐黄色、褐灰色、灰黄色、黄褐色，硬塑状，质较纯，自由膨胀率 $F_s=41\%\sim59\%$，属弱膨胀土。地下水主要为第四系松散层孔隙潜水，局部具微承压性。

扫码查看本节彩图

2.3.2　红黏土的膨胀性

针对柳南客专的红黏土土样开展了阳离子交换、蒙脱石含量、自由膨胀率试验，根据铁路规范膨胀土判别标准，综合判断大部分土样为弱膨胀土，详细指标见表 2.3-1。

表 2.3-1　柳南客专红黏土膨胀势判别指标

序号	取样地点	取样深度/m	阳离子交换量 CEC(NH_4^+)mmol/100g	蒙脱石含量 M/%	自由膨胀率 F_s/%	定名
1	DK598+962 中心	1.60~2.00	19.34	8.64	44	弱膨胀土
2	DK599+198 中心	5.60~6.00	17.82	7.95	44	弱膨胀土
3	DK600+005 中心	10.00~10.40	22.4	10.00	41	弱膨胀土
4	DK598+430	3.00~3.40	39.19	18.3	71	中膨胀土
5	DK598+430	5.15~5.55	40.72	18.75	66	中膨胀土
6	ZDK54+560 左 5 m	2.10~2.30	16.8	7.84	52	弱膨胀土
7	DK579+026.75 中心	7.00~7.20	16.8	8.18	42	弱膨胀土
8	DK548+676.25 左 2.75 m	1.50~1.80	30.54	13.64	48	弱膨胀土
9	DK547+664.40 右 3.30 m	1.00~1.20	25.45	11.59	50	弱膨胀土
10	DK547+435.07 右 3.00 m	1.20~1.40	25.45	11.82	43	弱膨胀土
11	DK548+746.15 右 0.95 m	1.47~1.77	20.87	9.09	40	弱膨胀土
12	DIK550+871.66 右 3.00 m	2.30~2.80	34.10	15.23	53	弱膨胀土
13	DIK550+804.62 左 0.8 m	1.30~1.80	25.45	11.36	44	弱膨胀土
14	DIK559+408.44 左 0.8 m	4.00~4.50	35.63	20.45	56	中膨胀土
15	DK567+442.88 右 2.30 m	3.50~3.90	20.36	8.86	46	弱膨胀土
16	DK602+330.13 右 47.9 m	7.10~7.30	34.61	15.91	61	中膨胀土
17	DK634+115.6 左 1.3 m	7.00~7.40	29.52	13.18	47	弱膨胀土
18	DK634+148.4 左 1.3 m	7.10~7.30	28.50	12.73	51	弱膨胀土
19	DK634+181.1 左 5.9 m	7.10~7.30	25.45	11.59	48	弱膨胀土
20	DK634+79.9 左 2.3 m	11.20~11.40	23.92	10.45	50	弱膨胀土
21	DK540+340.2 左 8 m	8.50~8.90	19.3	10.49	37	弱膨胀土
22	DK540+240 左 8 m	2.00~2.40	20.70	11.25	37	弱膨胀土
23	DK541+960 右 2 m	1.50~1.90	34.90	22.04	79	中膨胀土
24	DK541+120 中心	6.00~6.40	15.80	6.06	36	弱膨胀土
25	DK541+050 中心	2.00~2.40	24.60	12.55	42	弱膨胀土
26	DK541+050 中心	4.00~4.40	17.10	9.45	40	弱膨胀土
27	D1K548+287.62 右 6.84 m	2.00~2.40	20.50	13.74	47	弱膨胀土
28	D1K548+418.45 左 1.07 m	4.00~4.40	25.20	12.21	48	弱膨胀土
29	NGDK663+000.0 左 100 m	1.50~2.30	24	11.79	38	弱膨胀土

续表

序号	取样地点	取样深度/m	阳离子交换量 CEC(NH_4^+)mmol/100g	蒙脱石含量 M/%	自由膨胀率 F_s/%	定名
30	NGDK662+760.00 左 55 m	1.50~2.30	23.90	12.24	43	弱膨胀土
31	DK542+376.15 右 2.3 m	1.50~1.90	23.20	14.08	49	弱膨胀土
32	DK543+291.6 右 0.9 m	1.30~1.70	24.20	14.65	46	弱膨胀土
33	DK543+190.1 右 2.7 m	2.00~2.40	32.25	24.18	56	中膨胀土
34	DK542+219.05 右 2.3 m	1.50~1.90	21.05	13.68	40	弱膨胀土
35	D1K546+960 中心	1.60~2.00	21.80	14.35	37	弱膨胀土
36	D1K542+120.9	5.40~5.80	28.40	18.36	51	中膨胀土
37	D1K547+060 中心	2.00~2.40	17.80	9.37	36	弱膨胀土
38	DK540+140	4.00~4.40	15.00	6.03	37	弱膨胀土
39	D1K608+052 左 2.0 m	4.30~4.90	32.20	23.10	57	中膨胀土
40	D1K608+052 左 2.0 m	6.30~6.90	25.20	11.65	56	弱膨胀土
41	DK602+330.13 右 47.9 m	2.40~2.80	18.32	7.95	45	弱膨胀土
42	DK602+330.13 右 47.9 m	5.40~5.90	17.82	7.50	43	弱膨胀土
43	DK601+560	2.00~2.50	23.92	10.68	51	弱膨胀土
44	DK601+680 中心	2.70~3.20	22.40	10.00	43	弱膨胀土
45	DK600+150	10.30~10.70	31.05	14.32	60	中膨胀土
46	DK600+310	7.15~7.75	33.59	15.23	61	中膨胀土
47	DK600+893 中心	2.00~2.40	44.79	20.68	70	中膨胀土
48	DK600+893 中心	4.00~4.40	35.83	21.59	58	中膨胀土
49	DK600+500 左 7 m	1.60~2.00	32.58	14.77	46	弱膨胀土
50	DK600+803 中心	1.60~2.00	33.59	16.59	57	弱膨胀土
51	DK634+179.55 中心	12.00~12.40	173.1	7.84	46	弱膨胀土
52	DK633+721.75 中心	1.60~2.00	91.6	3.52	56	无膨胀性
53	DK633+721.75 中心	5.60~6.00	127.3	5.68	59	无膨胀性
54	DK610+270.1 中心	4.40~4.80	188.3	8.64	40	弱膨胀土
55	DK610+270.1 中心	8.00~8.40	208.7	10.23	47	弱膨胀土
56	DK610+710 右 8 m	4.00~4.40	207.0	1.36	52	弱膨胀土
57	DK611+041.2	12.20~12.80	249.4	12.27	57	弱膨胀土
58	DK613+300 中心	1.50~1.90	218.9	10.23	55	弱膨胀土

柳南客专土样天然孔隙比 0.8~1.4，含水量 25%~50%，和一般黏性土相比，土样孔隙比和天然含水量几乎大了 1 倍，液限 38.84%~49.52%，地基容许承载力接近，土样液限主要分布在 38.84%~49.52%，自由膨胀率分布在 10%~52%，土样中高岭石含量是蒙脱石含量的 5 倍以上。

2.3.3 红黏土物质组成

1. 颗粒分析试验

为了研究柳南客专地基土体砂粒、黏粒含量对其性质的影响，联合采用筛析法及密度计法对地基土颗粒大小进行分析。以 DK559+507 和 DK559+650 为例，试验结果如图 2.3-1 和表 2.3-2 所示，由表可知，红黏土黏粒含量较高，粒组中砂粒含量少，绝大部分试样级配满足不均匀系数 $C_u>5$，曲率系数 C_c 大多分布在 1~3，可知红黏土颗粒分布不均匀，粒径变化范围较大，颗粒级配良好。

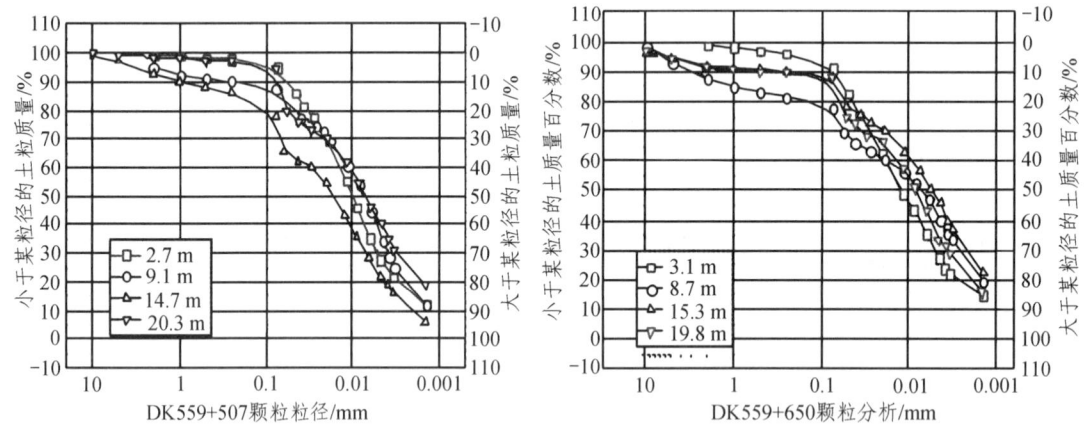

图 2.3-1 颗粒大小分布曲线

表 2.3-2 颗粒分布及级配指标统计表

试验断面	DK559+507				DK559+650			
深度/m	2.3	9.1	14.7	20.3	3.1	8.7	15.3	19.8
砾组含量/%	0.00	0.00	7.65	1.58	0.00	12.42	8.11	8.74
粗砂含量/%	1.85	9.11	4.55	0.87	2.98	4.85	1.44	1.43
中砂含量/%	0.43	0.92	1.97	0.33	0.99	1.37	0.40	0.40
细砂含量/%	2.78	2.66	7.82	2.95	4.62	3.47	1.65	1.64

续表

试验断面	DK559+507				DK559+650			
粉粒含量/%	65.37	48.47	56.03	52.48	61.03	34.51	39.75	42.04
黏粒含量/%	29.57	38.84	21.98	41.79	30.38	43.38	48.65	45.75
C_u	11.09	8.14	14.12	12.16	23.22	23.41	14.06	13.35
C_c	1.63	1.07	0.79	1.00	1.70	1.06	0.76	0.90

2. X 射线衍射试验

试验对象为柳南客专地基土的原状试样。在柳南客专 DK559+507.92、DK559+650 两个断面各取样 1 组，分别编号为 LN-X1（3.5～3.7 m，粉质黏土）、LN-X2（2.7～2.9 m，粉质黏土）。试验过程及方法严格按照《沉积岩黏土矿物相对含量 X 射线衍射分析方法》（SY/T5163）规定执行。

图 2.3-2 为黏土矿物 X 射线衍射图，所标的矿物符号表示该峰属于这个矿物。根据衍射图可知试样的主要黏土矿物成分为高岭石、绿泥石、蒙脱石。

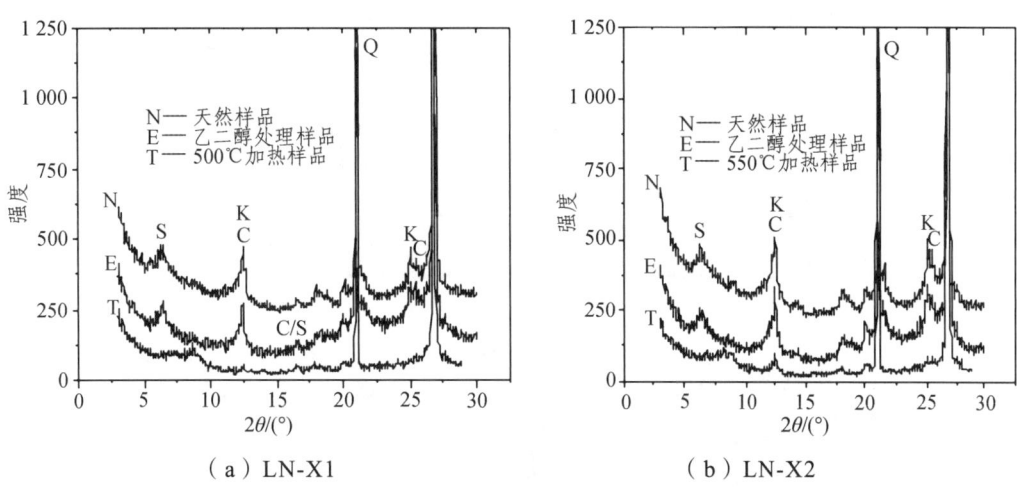

（a）LN-X1　　　　　　　　　（b）LN-X2

K—高岭石；C—绿泥石；S—蒙脱石；Q—石英。

图 2.3-2　黏土矿物 X 射线衍射图

各黏土矿物的相对百分含量见表 2.3-3，通过对粒径<2μm 百分含量可计算各黏土矿物的绝对含量。由表可知，柳南客专红黏土矿物成分以高岭石为主，约占总量的 54%，其次为绿泥石、蒙脱石，由黏土矿物的绝对含量可知有效蒙脱石含量较低，为 1.7%～2.0%。

表 2.3-3　柳南客专地基土黏土矿物定量测试结果

试样编号	XRD 法黏土矿物相对含量/%				<2 μm%	黏土矿物绝对含量/%			
	S	I	K	C		S	I	K	C
LN-X1	10	0	53	37	19.51	1.95	0.00	10.34	7.22
LN-X2	10	0	54	36	17.29	1.73	0.00	9.34	6.30

注：K—高岭石；C—绿泥石；S—蒙脱石；I—伊利石。

2.3.4　红黏土微结构特征

采用扫描电镜对柳南客专地基土的主要矿物成分进行定性分析，结果可为 X 射线衍射分析地基土矿物成分的参考依据。试验主要针对称柳南客专的原状土样。在 DK559＋507.92 和 DK559＋650 两个断面各取样一组，分别编号为 LN-DJ1（3.5～3.7 m，粉质黏土）和 LN-DJ2（2.7～2.9 m，粉质黏土）。

图 2.3-3、2.3-4 分别为土样的 SEM 图像和 X 射线能谱分析结果，黏土矿物成分结果见表 2.3-4。

（a）LN-DJ1 试样 1 000×　　（b）LN-DJ1 试样 5 000×

（c）LN-DJ2 试样 1 000×　　（d）LN-DJ2 试样 5 000×

图 2.3-3　柳南客专土样显微图像

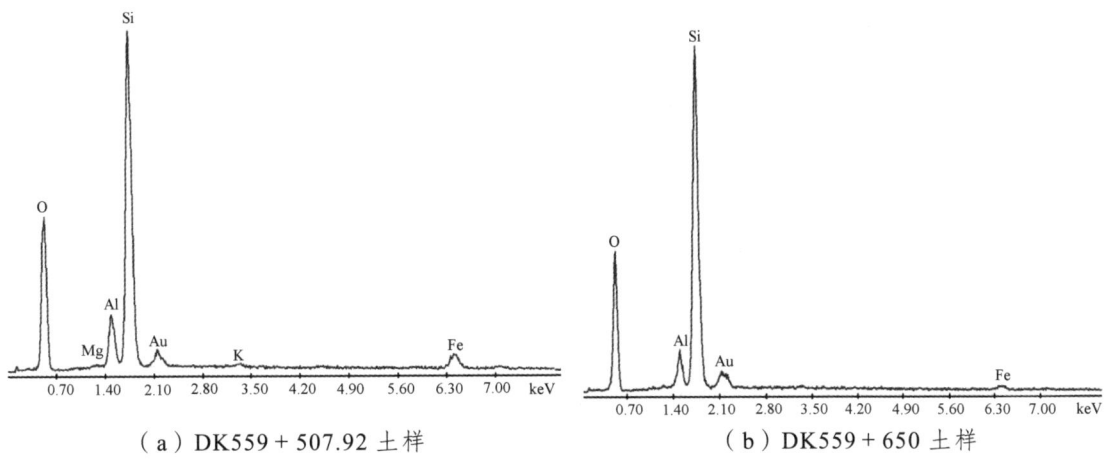

（a）DK559+507.92 土样　　　　　　　　（b）DK559+650 土样

图 2.3-4　柳南客专土样 X 射线能谱分析结果

表 2.3-4　地基土的化学成分与含量　　　　　　　　单位：%

化学成分断面	MgO	Al_2O_3	SiO_2	K_2O	Fe_2O_3
DK559+507.92	0.42	10.39	84.10	1.15	3.94
DK559+650	0	6.93	92.22	0	0.86

2.3.5　红黏土基本物理性质指标

根据原位勘察钻芯取样，对原状红黏土进行了基本物理性质试验，试验方法及过程严格按照《铁路工程土工试验规程》（JTJ057）规定执行。以 DK559+507 和 DK559+650 为例，由试验结果可知，红黏土土粒密度 $G_S=2.67\sim 2.72$，孔隙比 $e=0.59\sim 0.84$、液限 $w_L=30\%\sim 39\%$、塑限 $w_P=18.51\%\sim 32.82\%$、塑限指数 $I_P=5.98\sim 10.6$、液性指数 $I_L=-1.14\sim 1.26$。

2.3.6　红黏土压缩特性

1. 分级加载固结试验

DK559+507 和 DK559+650 原状土的分级加载固结试验结果如表 2.3-5 所示，由表可知：同一断面试样的初始孔隙比随深度的增加而减小，但由于地基土体的不均匀性，使得土体的压缩系数与压缩模量沿深度的变化规律不明显。不同深度土体的压缩系数为 $0.091\sim 0.152\ MPa^{-1}$，柳南客专地基土属于中等压缩性土。

表 2.3-5　原状土的固结试验结果

土体参数	DK559+507				DK559+650			
深度/m	2.3	9.1	14.7	20.3	3.1	8.7	15.3	19.8
初始孔隙比 e_0	0.663	0.652	0.601	0.588	0.840	0.781	0.698	0.621
压缩系数 $a_{1\text{-}2}$/MPa^{-1}	0.091	0.116	0.089	0.126	0.152	0.117	0.118	0.097
压缩模量 $E_{1\text{-}2}$/MPa	18.0	13.6	17.7	12.3	11.8	14.9	14.1	16.1

图 2.3-5 为荷载与孔隙比减少量关系曲线，在荷载应力作用下，初始阶段孔隙比的减少率比较大，随着荷载应力作用继续增加曲线斜率趋向平稳。

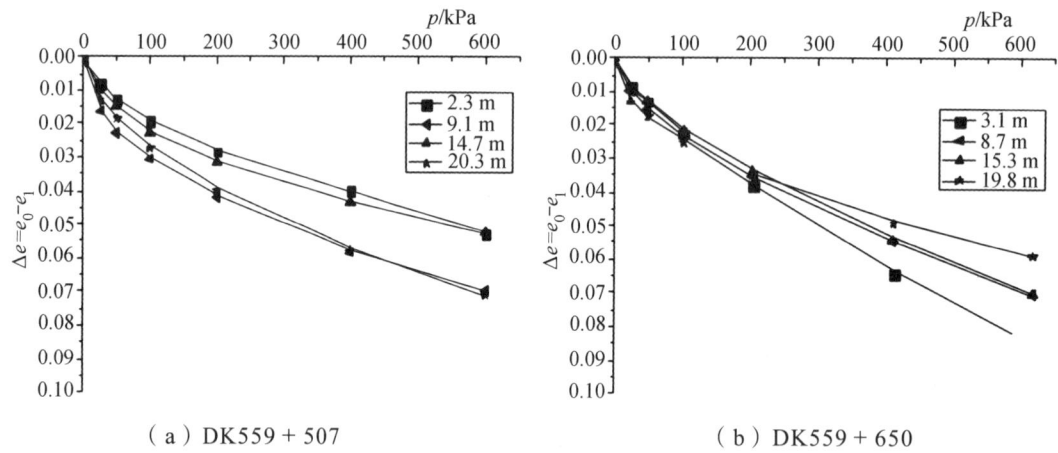

（a）DK559+507　　　　　　（b）DK559+650

图 2.3-5　不同深度地基土 $\Delta e\text{-}p$ 曲线

2. 高压 K_0 固结试验

K_0 固结共进行了 7 组，加载围压 0～500 kPa，每级 100 kPa 加载 11 h，加载速率 0.15 kPa/min，达到每级目标围压后稳压 13 h，每级需要 24 h，每组试验完成需要连续运行 5.5 天。

为了分析刚性、柔性侧向约束条件下压缩模量和压缩指数的异同，图 2.3-6 给出了 $\varepsilon\text{-}\sigma_1$、$E_s\text{-}\sigma_1$ 关系曲线，K_0 固结采用局部 LVDT 数据计算轴向应变。根据 Casagrande（1936 年）经验作图法，得到前期固结压力 P_c，见表 2.3-8，取样时原始上覆自重以 P_0 表示，施加轴压以 P_i 表示，P_c/P_i 值表示超固结比 OCR，土体在 $\sigma_1' < P_c$ 时处于超固结状态，$\sigma_1' > P_c$ 时进入正常固结状态。由表 2.3-6 知，9 m 深度处原位 OCR 为 1.3，属于轻度超固结土，15 m 深度处原位 OCR 均值为 1.05，属于正常固结土。

表 2.3-6　P_c-H 关系

H/m	2.7	3.3	3.7	8.5	8.9	14.5	14.9
P_0	57.4	65.3	73.3	168.3	176.2	287.1	295
P_c	291	295	301	220	—	289	321
OCR	5.07	4.52	4.12	1.31	—	1.01	1.09

由图 2.3-6 中 ε_1-σ_1 关系得到了割线压缩模量 E_s，K_0 固结与常规固结分别以 $E_s(s)$、$E_s(G)$ 表示，$E_s = \Delta p / \Delta \varepsilon_i = \sigma_{1i0} / \varepsilon_{1i0}$，$\varepsilon_i$ 为 σ_i 下轴向压缩应变。可知不同侧向约束条件下 E_s 具有相似的演化规律，随着固结应力增加，E_s 增大，初期变化较为明显，但后期增加逐渐趋于稳定。

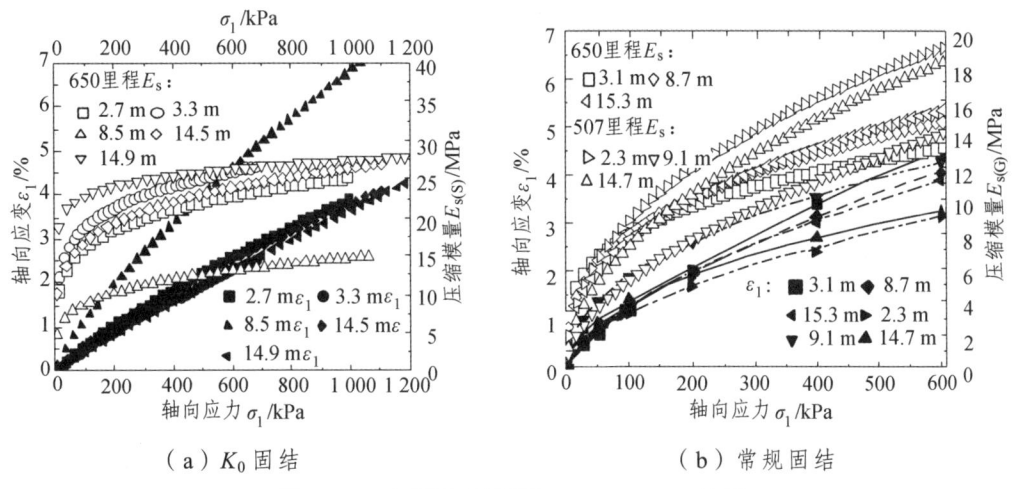

(a) K_0 固结　　　(b) 常规固结

图 2.3-6　两类固结试验 ε_1-σ_1、E_s-σ_1 关系

图 2.3-7 为 E_s-e 关系曲线，孔隙比按照 e/e_0 进行了归一化处理，由图可知，压缩模量随着孔隙比减小不断增大，但不同的 e/e_0 区间压缩模量增幅不同。对于 K_0 固结，第①阶段（$e/e_0 > 0.992$）E_s 快速增加，增幅明显，此时土体结构性保持完好；进入第②阶段（$0.992 > e/e_0 > 0.960$）后，E_s 增速逐渐减缓，多数土体已经达到前期固结压力，土体结构已接近完全破坏；到了第③阶段（$e/e_0 < 0.96$）曲线斜率基本保持恒定，E_s 增加也渐渐稳定。

图 2.3-8 给出了超固结状态下 E_s OCR 关系曲线，OCR=1~10 时试样多处于第②阶段。由图可知，随着轴向应力增加，超固结状态下 OCR 逐渐减小，应力对 E_s 的影响区间集中在 OCR=1~3。加载前期 OCR 对压缩性状影响不显著，E_s 随 OCR 减小而缓慢增加，主要是固结应力很小造成的，当 OCR<3，即轴向应力超过 $0.33P_c$ 后，E_s 增加趋势明

显，增速由慢变快。在考虑上部荷载对地基压缩模量影响时，可以认为超固结状态下压缩模量的大幅提升主要发生在 $0.33P_c \sim P_c$，此阶段压缩模量大幅提升。相比之下，正常固结状态下压缩模量的提高幅度有限。

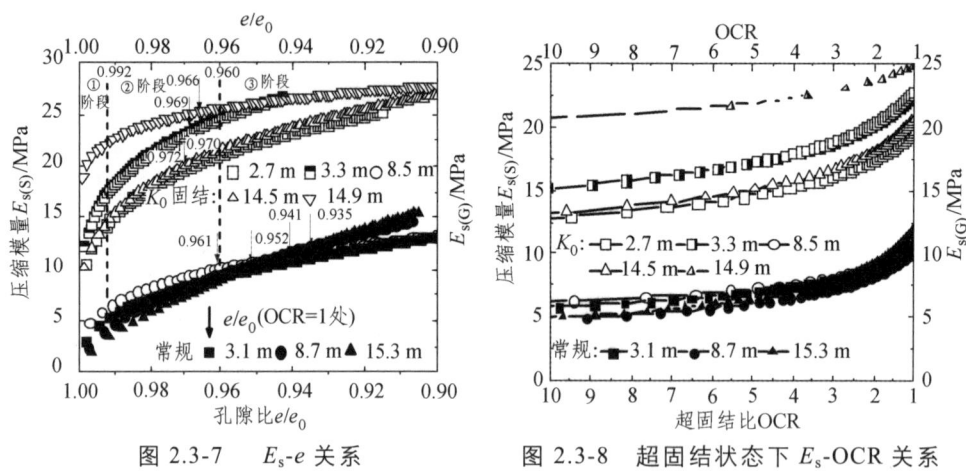

图 2.3-7　E_s-e 关系　　　　　图 2.3-8　超固结状态下 E_s-OCR 关系

2.3.7　红黏土抗剪强度特性

对柳南客专红黏土进行了多组直剪和三轴试验，得到的红黏土物理力学参数统计表见表 2.3-7，红黏土物理力学参数推荐值见表 2.3-8。

表 2.3-7　红黏土物理力学参数统计表

试验工点	柳南柳州（DK559+507～DK559+650）						
地层	红黏土						
统计项目	统计个数	最大值	最小值	平均值	标准差	变异系数	标准值
天然含水率 w/%	8	29.69	22.75	24.72	2.39	9.67	26.34
天然密度 ρ/(g/cm³)	8	2.01	1.92	1.97	0.03	1.45	1.99
颗粒密度 ρ_s/(g/cm³)	8	2.72	2.67	2.70	0.02	0.66	2.71
天然孔隙比 e	8	0.84	0.59	0.68	0.09	13.07	0.74
饱和度 S_r/%	8	100.00	93.39	97.40	2.22	2.28	98.90
液限 w_L/%	8	49.52	28.80	41.40	6.42	15.51	45.73
塑限 w_P/%	8	32.82	18.51	27.02	4.20	15.54	29.86

续表

试验工点			柳南柳州（DK559+507～DK559+650）					
塑性指数 I_p		8	19.87	10.29	14.37	3.11	21.63	16.47
液性指数 I_L		8	1.26	-1.14	-0.23	0.68	298.6	-0.23
固结快剪	C_{cu}/kPa	6	58.32	6.92	39.68	17.35	43.73	54.01
	Φ_{cu}/(°)	6	27.97	25.05	26.01	1.19	4.57	26.99
三轴慢剪	C_{cd}/kPa	3	45.87	30.22	37.25	7.95	21.33	25.30
	Φ_{cd}/(°)	3	32.47	29.40	31.19	1.60	5.13	28.79
三轴固结快剪	C_{cu}/kPa	3	33.32	14.99	22.60	9.55	42.28	8.23
	Φ_{cu}/(°)	3	37.15	30.19	34.43	3.72	10.80	28.84
压缩系数 $a_{0.1～0.2}$/MPa^{-1}		8	0.152	0.089	0.113	0.021	18.448	0.127
压缩模量 $E_{s0.1～0.2}$/MPa		8	18.0	11.8	14.8	2.3	15.6	16.4
压缩指数 C_c		11	0.089	0.040	0.071	0.019	26.269	0.081
回弹指数 C_s		11	0.023	0.005	0.009	0.005	60.875	0.011

表 2.3-8 试验工点地基土物理力学参数推荐值汇总表

试验工点	柳南柳州红黏土（DK559+507～DK559+650）		
天然含水率 w/%	26.34	固结快剪	C_{cu}/kPa 54.01
天然密度 ρ/(g/cm³)	1.99		Φ_{cu}/(°) 26.99
颗粒密度 ρ_s/(g/cm³)	2.71	三轴慢剪	C_{cd}/kPa 25.30
天然孔隙比 e	0.74		Φ_{cd}/(°) 28.79
饱和度 S_r/%	98.90	三轴固结快剪	C_{cu}/kPa 8.23
液限 w_L/%	45.73		Φ_{cu}/(°) 28.84
塑限 w_P/%	29.86	压缩系数 $a_{0.1～0.2}$/MPa^{-1}	0.127
塑性指数 I_p	16.47	压缩模量 $E_{s0.1～0.2}$/MPa	16.4
液性指数 I_L	-0.23		

2.4 云桂客专膨胀土物理力学性质

2.4.1 膨胀土物理力学性质

1. 弱-中膨胀土物理力学性质

根据云桂客专膨胀土的分布情况，选取 DK161+770～DK161+990 为弱膨胀土试验路段，DK205+380～DK205+618 为中膨胀土试验段，在两个试验段分别取膨胀土土样进行室内物理力学性质试验，试验结果详见表 2.4-1 和表 2.4-2。

表 2.4-1 试验工点膨胀土主要化学成分分析结果

胀缩性	SiO_2/%	Fe_2O_3/%	Al_2O_3/%	CaO/%	MgO/%	K_2O/%	Na_2O/%
中膨胀土	44.11	6.59	18.66	13.89	0.89	1.67	0.25
弱膨胀土	61.81	6.75	14.67	0.36	0.39	1.31	0.23

表 2.4-2 试验工点膨胀土常规物理力学参数

胀缩性	密度/(g/cm³)	含水率/%	孔隙比	塑性指数	自由膨胀率/%	黏聚力/kPa	内摩擦角/(°)
中膨胀土	1.60～1.96	13.0～26.9	0.74～0.8	22.0～38.3	65～87	33～73	11.0～16.7
弱膨胀土	1.53～1.87	14.1～22.0	0.69～0.9	15.1～23.4	42～60	28～83	9.3～29.0

2. 中-强膨胀土物理力学性质

云桂客专 DK619+410～DK620+300 弥勒盆地内为中—强膨胀土，针对该段采集的原状土样，开展了含水率试验、密度试验、颗粒分析、扫描电镜、X 射线衍射等一系列室内试验，典型室内试验数据如图 2.4-1～图 2.4-3 所示，通过综合分析表明：中—强膨胀土重度 $\gamma = 18.49～20.98$ kN/m³、土粒密度 $G_S = 2.646～2.745$ g/cm³，孔隙比 $e = 0.555～1.056$、液限 $w_L = 40.84\%～80.62\%$、塑限 $w_P = 24.20\%～44.83\%$、塑限指数 $I_P = 16.64～35.79$、液性指数 $I_L = -0.21～0.48$、高分散性（黏粒含量为 $43.12\%～57.04\%$）等工程特性；膨胀土黏土矿物以高岭石为主，伊利石和绿泥石次之，蒙脱石含量最少，土体微结构单元为片状聚集体，以面-面接触或边-面接触为主，呈絮凝结构，结

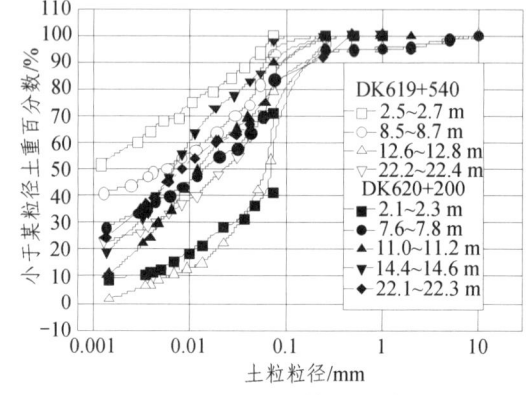

图 2.4-1 土层颗粒分布曲线

构单元呈半定向排列，整体结构密实，孔结构不明显。试验所得物理性质参数统计结果见表 2.4-3。

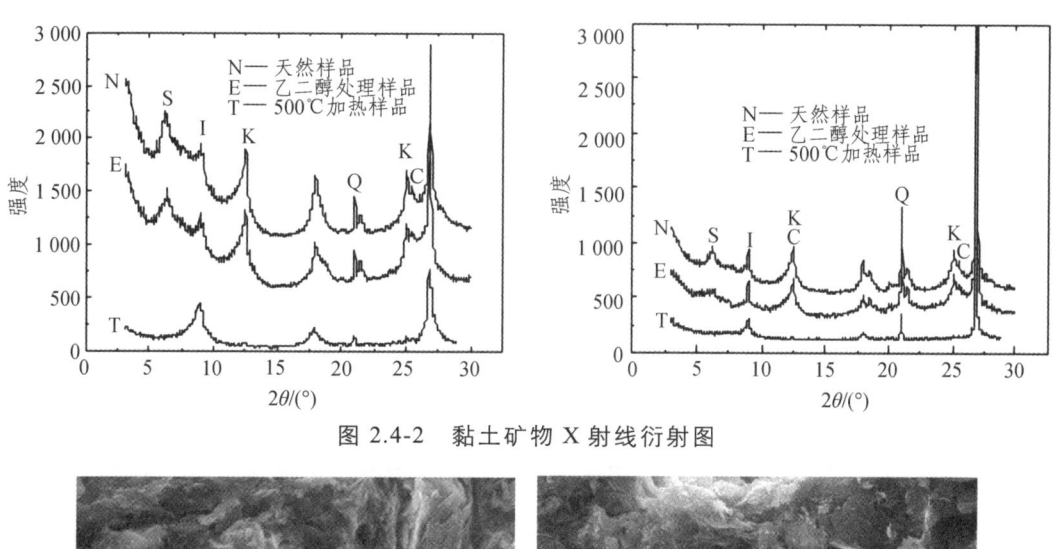

图 2.4-2 黏土矿物 X 射线衍射图

图 2.4-3 土样的 SEM 图

表 2.4-3 中-强膨胀土物理力学参数统计表

试验工点	云桂弥勒（DK619+410～DK620+300）						
地层	中—强膨胀土						
统计项目	统计个数	最大值	最小值	平均值	标准差	变异系数	标准值
天然含水率 w/%	9	39.9	20.6	28.6	7.0	24.4	32.9
天然密度 ρ/（g/cm³）	9	2.098	1.814	1.982	0.098	4.930	2.043
颗粒密度 ρ_s/（g/cm³）	9	2.745	2.646	2.706	0.030	1.102	2.725
天然孔隙比 e	9	1.056	0.555	0.763	0.186	24.331	0.880
饱和度 S_r/%	9	100	100	100	0	0	100
液限 w_L/%	9	80.62	26.66	46.04	15.75	34.20	55.90

续表

试验工点	云桂弥勒（DK619+410~DK620+300）					
地层	中—强膨胀土					
统计项目	统计个数	最大值	最小值	平均值	标准差	变异系数	标准值
塑限 w_P/%	9	44.83	19.13	27.70	7.76	28.02	32.56
塑性指数 I_P	9	35.79	7.53	18.34	8.19	44.65	23.47
液性指数 I_L	9	0.52	−0.21	0.13	0.33	253.51	0.33

2.4.2 膨胀土固结压缩变形特性

1. 常规压缩固结试验

对弥勒膨胀土进行了常规压缩固结试验，典型试验结果如图 2.4-4 所示。弥勒膨胀土的压缩模量 E_{1-2} 为 4.46~13.32 MPa，压缩系数 a_{1-2} 为 0.125~0.399 MPa^{-1}。

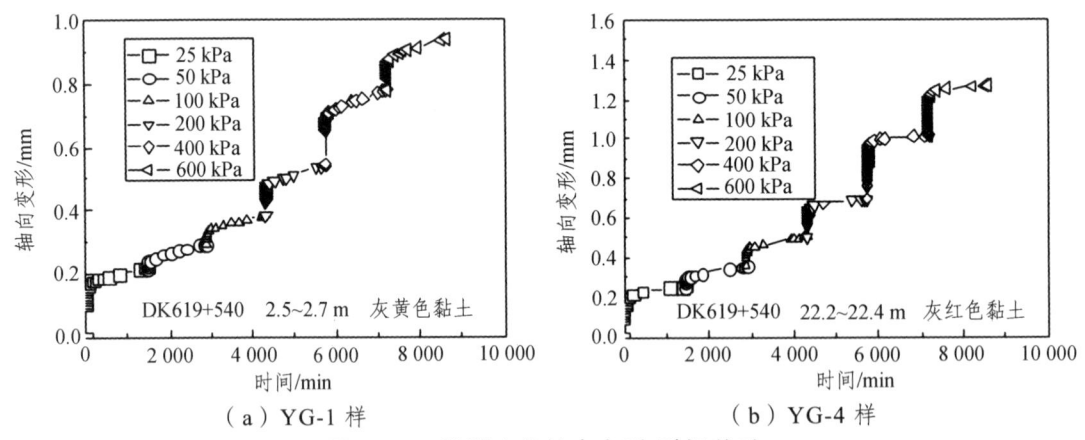

（a）YG-1 样　　　　　　　　　（b）YG-4 样

图 2.4-4　膨胀土的轴向变形-时间关系

2. 高围压 K_0 固结试验

同柳南客专一样，对云桂客运专线膨胀土也进行了高围压 K_0 固结试验，试验方案如表 2.4-4 所示。

表 2.4-4　分级连续加载 K_0 固结试验方案

土样编号	土样深度/m	土类	加载等级（围压）/kPa	加压时间/h	稳压时间/h
RX-1	2.5~2.7	黏土	100—200—300—400—500	11	13
RX-2	5.2~5.4	粉质黏土	100—200—300—400—500	11	13
RX-3	9.4~9.6	黏土	100—200—300—400—500	11	13
RX-4	14.4~14.6	黏土	100—200—300—400—500	11	13

由于 4 组土样沉降-时间关系基本类似，只取 RX-3 土样进行分析，如图 2.4-5 所示。由图可知，加载期沉降-时间关系呈折线式发展，前 150 min 沉降呈缓慢线性增加，随后沉降呈快速线性增加，这是由于土样经历反压饱和或稳压时段后的应力状态与加载期区别较大，土体结构需要一定时间调整以适应新的 K_0 加载。

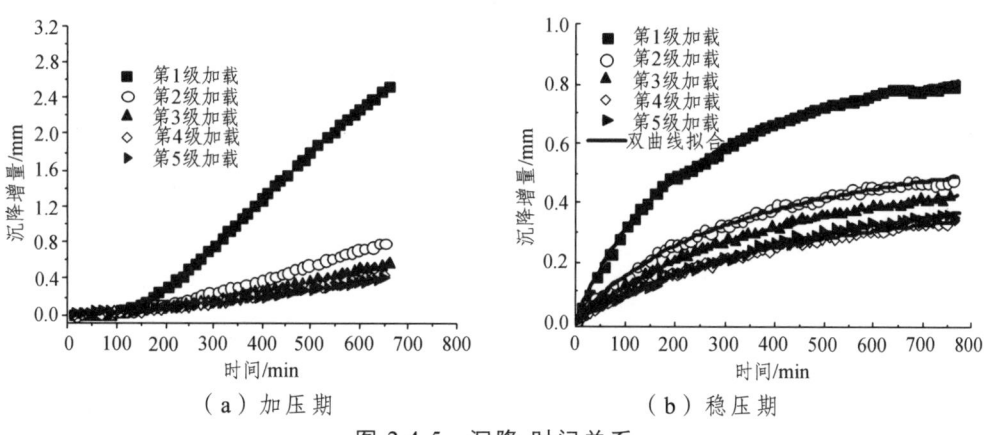

图 2.4-5　沉降-时间关系

图 2.4-6 所示为各试样在分级连续加载固结下的应力-应变关系曲线。由图可知：试样的轴向应变随有效应力增加呈阶梯状变化；但部分稳载期出现了由轴向荷载计算所得的有效应力降低的现象，这主要是因为当试验进入稳载期后，土中有效应力基本维持不变，而孔隙水压力逐渐消散甚至出现负值，外加荷载完全由土骨架承担，在骨架应力作用下，土体发生蠕变变形，骨架滑移错动、土颗粒重新排列，由此产生侧向变形略微增大，系统将根据局部位移传感器的反馈，适当减小轴向应力，确保试样处于 K_0 状态。随着荷载级次的增大，上述现象逐渐消失，这主要是由于土体密实度增大，稳载期孔隙水压力未能完全消散至出现负值。

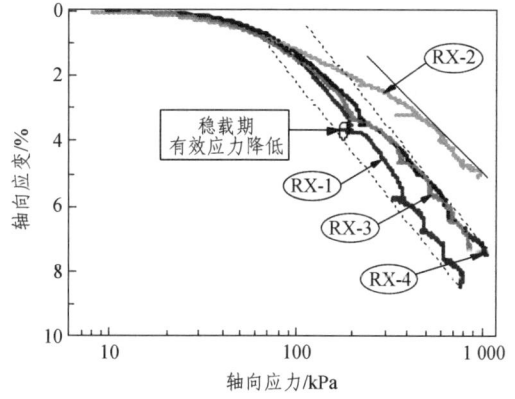

图 2.4-6　膨胀土的应力-应变曲线图

表 2.4-5 给出了膨胀土的压缩参数，云桂客专弥勒膨胀土地基 2.4~15.0 m 具有超固结性，前期固结压力为 201~298 kPa，超固结比 OCR 为 4.10~1.08，OCR 沿地基深度呈衰减变化。

表 2.4-5　膨胀土的压缩参数和应力历史

土样编号	C_{ce}	e_0	C_c	σ_c/kPa	σ_0/kPa	OCR
RX-1	0.081	1.056	0.167	201	49	4.10
RX-2	0.057	0.600	0.091	235	99	2.37
RX-3	0.071	0.832	0.130	277	178	1.56
RX-4	0.068	1.040	0.139	298	275	1.08

2.5　成绵乐客专成都黏土物理力学性质

采用类似方法分析得到成绵乐客专成都黏土的固结变形特性，结果为：成都黏土的压缩模量 $E_{1\text{-}2}$ 为 3.5~13.8 MPa，压缩系数 $a_{1\text{-}2}$ 为 0.14~0.42 MPa^{-1}，成都黏土地基 2.5~18.0 m 具有超固结性，其前期固结压力多为 210~460 kPa。

第 3 章 中等压缩性土地基原位试验

3.1 试验方案及试验点概况

3.1.1 试验方案

在工程设计和施工中,原位试验是评价地基土工程地质条件,获取基本设计参数的必要手段。原位试验范围广泛,能够全面客观地反映地基土层连续变化剖面。现场原位试验直接以现场地基土为测试对象,能够最大限度地保持地基土的原位特性和工程力学性质,从而弥补室内试验土样缺乏代表性以及由取土扰动所造成的试验数据不精确等缺点。

地基土的原位测试主要有平板载荷试验、旁压试验、标准贯入试验、静力触探试验和动力触探试验等。各种测试方法适用性不同,所提供的试验结果也有差异:

(1) 平板载荷试验,主要用于探测土的综合性能指标,通过获得 $p\text{-}s$ 曲线评定地基承载力,确定地基土变形模量,计算地基沉降量。

(2) 旁压试验,主要用于获得地基土力学参数,根据试验所得应力-应变曲线和体积压力曲线,对试验土体进行分类,评价其工程力学性质,确定土体强度参数、变形参数、地基承载能力等。

(3) 静力触探试验,主要用于划分土层界面,估计变形模量、压缩模量、贯入阻力和锥尖阻力等力学参数。

(4) 标准贯入试验,主要用于确定地基土的容许承载力,推断各类土的抗剪强度,估算黏性土的变形模量以及评价砂土的振动液化性质等。

3.1.2 试验点概况

采用现场原位测试方法对胶济客专非饱和粉质黏土和粉土、海南东环客专饱和花岗岩全风化层、柳南客专红黏土地基工程力学性质和沉降压缩特性开展系统研究,各试验点的情况如表 3.1-1 所示。

表 3.1-1 现场原位试验工点情况

试验类型	胶济客专	海南东环客专	柳南客专
平板荷载试验	DK218+950 天然地基 DK218+978 换填后地基 DK219+075、DK219+100 水泥搅拌桩加固地基 DK225+560 换填前地基 DK225+700 换填前地基 DK226+875 强夯前、强夯后 DK226+925 强夯后	DK67+650 天然地基 DK108+927 天然地基 DK108+955 天然地基	DK559+540 水泥搅拌桩加固地基 DK559+671 天然地基
旁压试验	DK218+975、DK218+978 DK225+560、DK225+700	DK67+650、DK108+927 DK108+955	DK559+511 DK559+654
标准贯入试验	DK218+950、DK218+978 DK219+075、DK219+100 DK225+560、DK225+700	DK67+650、DK108+927 DK108+955	DK559+507 DK559+650
静力触探试验	DK218+950、DK218+978 DK219+075、DK225+560 DK225+700、DK226+875	DK67+650 DK108+927 DK108+955	DK559+504 DK559+647

3.2 中等压缩性土地基平板荷载试验

3.2.1 胶济客专粉质黏土、粉土地基

胶济客专现场所做平板荷载试验绘制成 $p\text{-}s$ 曲线，如图 3.2-1～3.2-9 所示。

扫码查看本节彩图

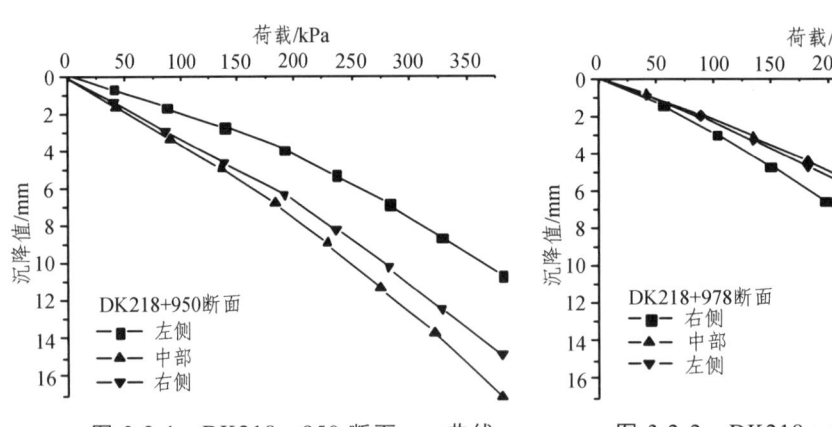

图 3.2-1 DK218+950 断面 $p\text{-}s$ 曲线　　图 3.2-2 DK218+978 断面 $p\text{-}s$ 曲线

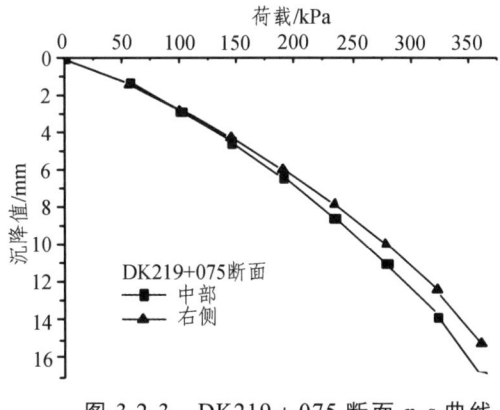

图 3.2-3　DK219+075 断面 p-s 曲线

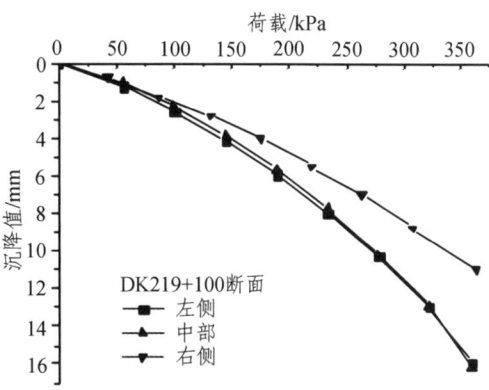

图 3.2-4　DK219+100 断面 p-s 曲线

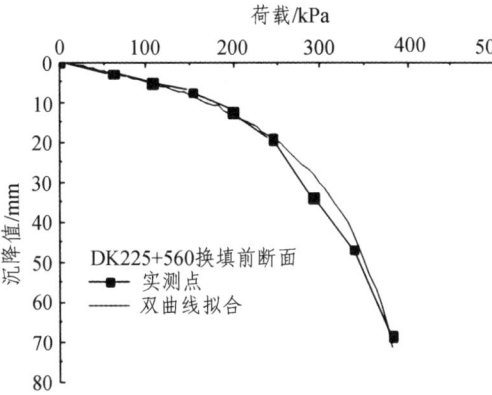

图 3.2-5　DK225+560 断面 p-s 曲线

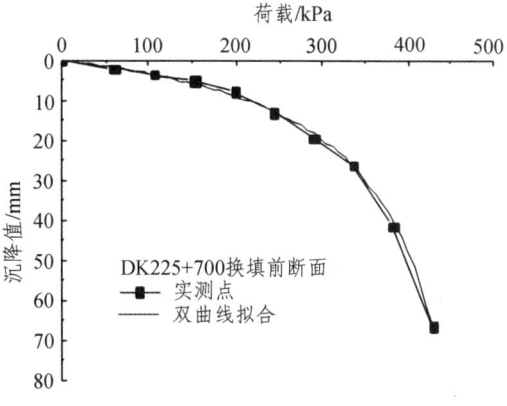

图 3.2-6　DK225+700 断面 p-s 曲线

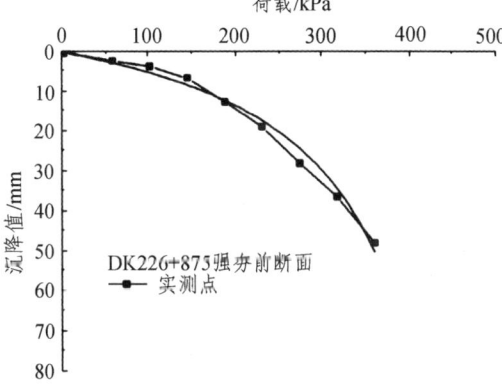

图 3.2-7　DK226+875 断面 p-s 曲线

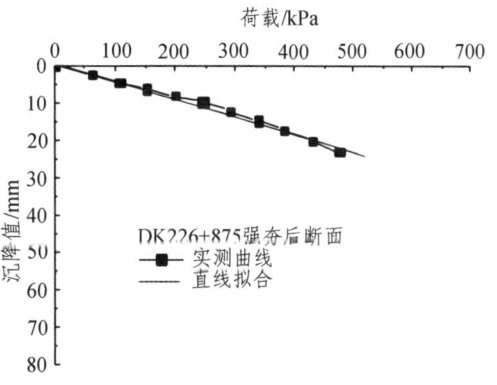

图 3.2-8　DK226+875 断面 p-s 曲线

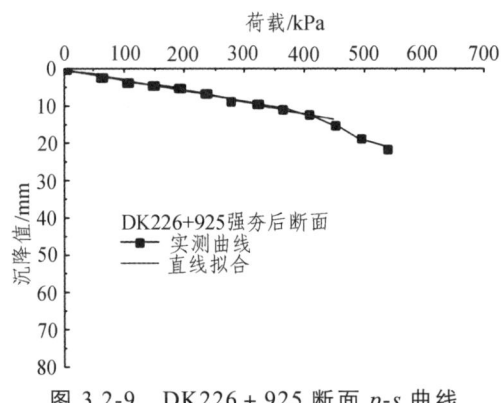

图 3.2-9 DK226+925 断面 p-s 曲线

由图 3.2-1～图 3.2-9 可知，DK218+950、DK218+978、DK219+075、DK219+100 断面的 p-s 曲线有两个明显特征点，DK225+560、DK225+700、DK226+875（强夯前）断面处理前的平板荷载试验 p-s 曲线没有明显的拐点，对于 DK226+875 和 DK226+925 强夯后的 p-s 曲线，基本为一直线，可知土体经过强夯后强度得到提高，土体的线弹性增强而非线性特征减少，加荷达到 400 kPa 时仍没有拐点出现，对于此类 p-s 曲线可以认为土体是线弹性的，平板荷载试验过程中难以提供足够的荷载能力而没有得出强夯后地基的极限承载力数据。最终平板荷载试验结果如表 3.2-1 所示。

表 3.2-1 平板荷载试验的结果

断面	地基形式	变形模量/MPa	基本承载力/kPa
DK218+950	未处理	32.9	182
DK218+978	换填后	28.2	181
DK219+075	加固后	26.4	190
DK219+100	加固后	30.7	186
DK225+560	换填前	18.7	157
DK225+700	换填前	16.4	152
DK226+875	强夯前	17.8	135
DK226+875	强夯后	27.2	338
DK226+925	强夯后	19.7	264

3.2.2 海南东环及柳南客专地基

海南东环客专平板荷载试验 3 个测试点的 p-s 曲线如图 3.2-10～图 3.2-12 所示，柳南客专红黏土试验点的荷载试验 p-s 曲线见图 3.2-13、图 3.2-14，平板荷载试验结果见表 3.2-2。

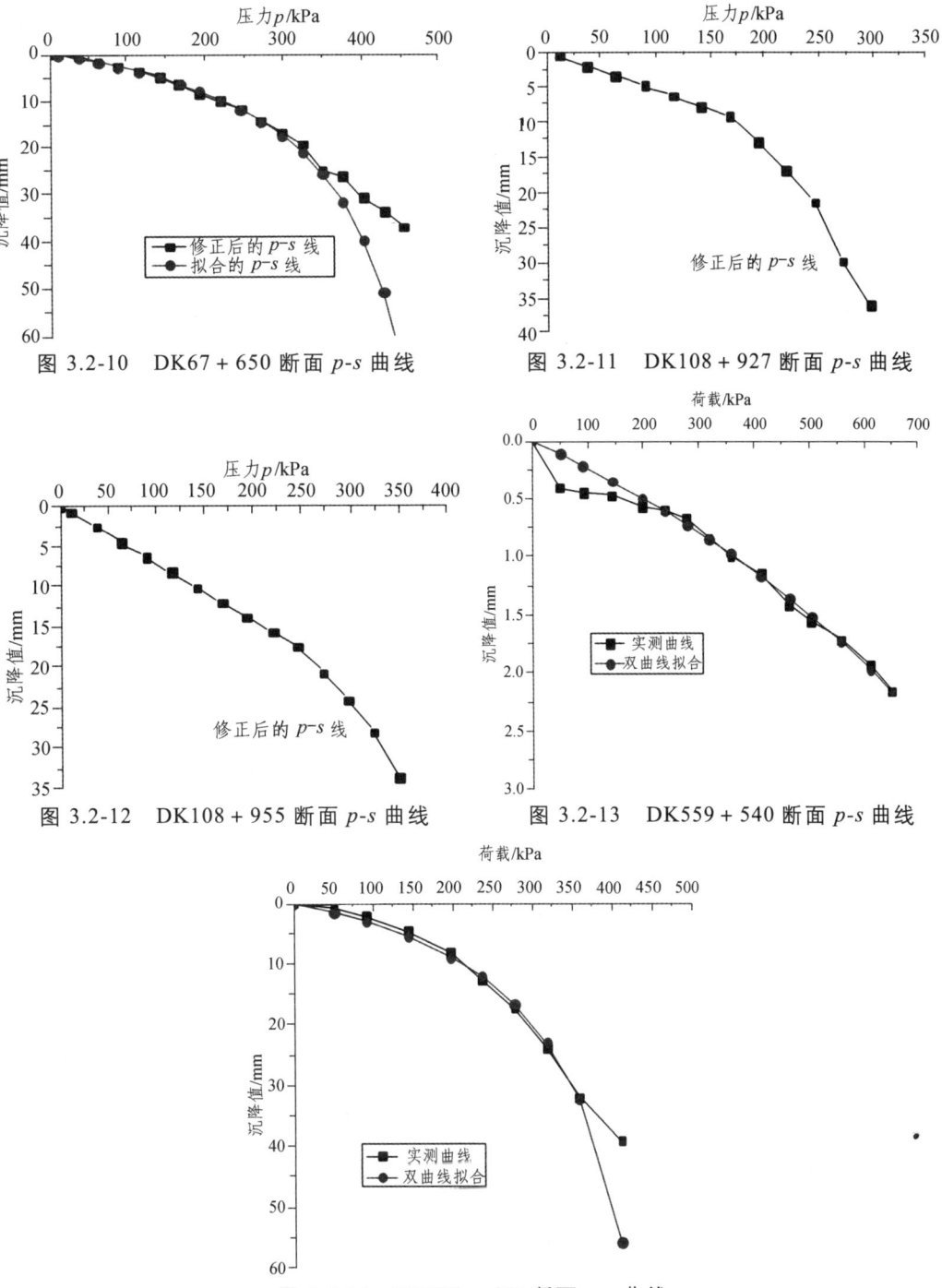

图 3.2-10　DK67+650 断面 p-s 曲线

图 3.2-11　DK108+927 断面 p-s 曲线

图 3.2-12　DK108+955 断面 p-s 曲线

图 3.2-13　DK559+540 断面 p-s 曲线

图 3.2-14　DK559+671 断面 p-s 曲线

表 3.2-2 平板荷载试验的结果

断面	地基形式	变形模量/MPa	基本承载力/kPa
海东 DK67+650	未处理	8.6	150
海东 DK108+927	未处理	6.8	125
海东 DK108+955	未处理	5.5	150
柳南 DK559+540	复合地基	—	325
柳南 DK559+671	未处理	11.2	144

3.3 中等压缩性土地基旁压试验

3.3.1 胶济客专粉质黏土、粉土地基

本次旁压试验是在 DK218+975、DK218+978、DK225+560、DK225+700 四个断面进行的，根据勘察结果，地层主要为粉土和粉质黏土。旁压试验测点布置在 6 m、8 m、10 m、12 m、14 m、16 m、18 m，旁压试验的 P-V 曲线如图 3.3-1～图 3.3-4 所示。

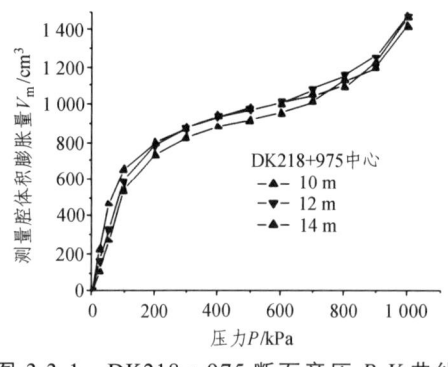

图 3.3-1　DK218+975 断面旁压 P-V 曲线　　图 3.3-2　DK218+978 断面旁压 P-V 曲线

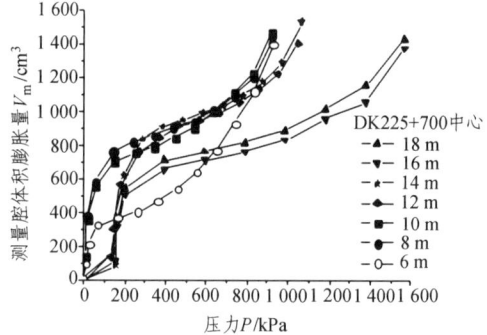

图 3.3-3　DK225+560 断面旁压 P-V 曲线　　图 3.3-4　DK225+700 断面旁压 P-V 曲线

各土层的承载力和变形参数结果见表3.3-1。

表3.3-1 胶济客专旁压试验的地基强度和变形参数

工点	深度/m	试验地层	旁压模量/MPa	旁压剪切模量/MPa	变形模量/MPa	压缩模量/MPa	地基容许承载力/kPa
DK218+975	10	黄土质粉质黏土	23.4	8.8	35.3	59.7	339.1
	12	黄土质粉质黏土	21.2	8.0	31.9	53.9	332.1
	14	粉土	23.1	8.9	35.9	54.8	485.7
DK218+978	6	粉土	17.2	6.6	26.5	40.5	477.6
	8	粉土	20.8	8.0	32.0	48.9	480.8
	10	黄土质粉质黏土	18.0	6.8	27.1	45.8	247.9
	12	黄土质粉质黏土	24.8	9.3	37.3	63.1	331.6
DK218+978	14	粉土	29.9	11.5	46.0	68.2	385.7
	16	粉土	19.7	7.6	30.3	44.9	412.0
	18	粉土	24.1	9.3	37.1	55.0	369.0
DK225+560	6	粉土	17.3	6.7	26.7	39.6	495.3
	8	粉土	19.7	7.6	30.3	44.9	403.8
	10	粉土	16.2	6.2	24.9	36.9	361.3
	12	粉土	18.6	7.2	28.6	42.4	361.6
	14	粉土	16.4	6.3	25.2	37.3	333.8
	16	粉质黏土	17.8	6.7	26.7	45.2	279.6
	18	粉质黏土	22.2	8.4	33.4	56.5	276.1
DK225+700	6	粉土	15.3	5.9	23.6	35.0	218.7
	8	粉土	13.3	5.1	20.4	30.2	377.6
	10	粉土	10.6	4.1	16.4	24.3	269.0
	12	粉土	15.9	6.1	24.4	36.2	347.5
	14	粉土	20.6	7.9	31.7	47.0	320.0
	16	粉质黏土	29.2	11.0	43.9	74.2	484.2
	18	粉质黏土	28.8	10.8	43.3	73.2	477.64

结果发现，对粉土地层，随着深度增大，土层的力学指标相应增大，粉土的变形模量为16.4~46.0 MPa，地基承载力为424~546 kPa，而深部的粉质黏土的变形模量平均为36.8 MPa。

在压缩模量的计算过程中，由于旁压试验是由水平方向的应力变形关系经过计算推导而得到的压缩模量值，首先是计算该土层的旁压模量，根据结构系数计算得到变形模量，而结构系数本身就是一个经验系数，其取值的大小直接影响到变形模量的大小，压缩模量又是根据泊松比由变形模量而得到，而泊松比的取值是单一的固定值。大量的研究表明土层的泊松比并不是一个常数，而是由土的非线性性质决定的，因此得到的压缩模量只能作为一种有益的参考，还需要同其他试验得到的变形参数进行比较分析。

旁压试验因为是在钻孔中的不同深度进行的原位测试，避免了室内试验取土过程中对原位地基土的扰动，只要结构系数和泊松比能够通过其他试验得到较准确的数值，得到的土性参数还是能够准确反映深埋土层的原位力学性质。

3.3.2　海南东环客专花岗岩全风化层地基

该试验工点为 DK67+650，DK108+927，DK108+955；每个试验工点都在 12 个试验深度做了 12 组试验，共计 36 组数据，试验得到的 P-V 曲线如图 3.3-5～3.3-7 所示。

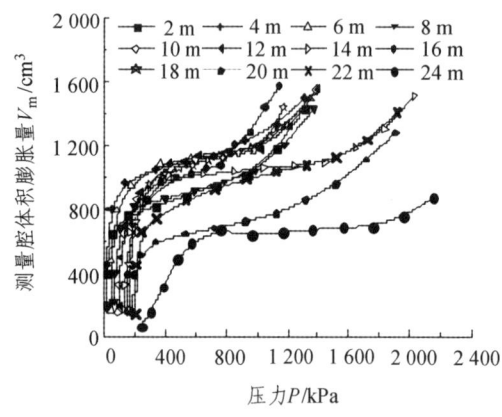

图 3.3-5　DK67+650 断面旁压 P-V 曲线

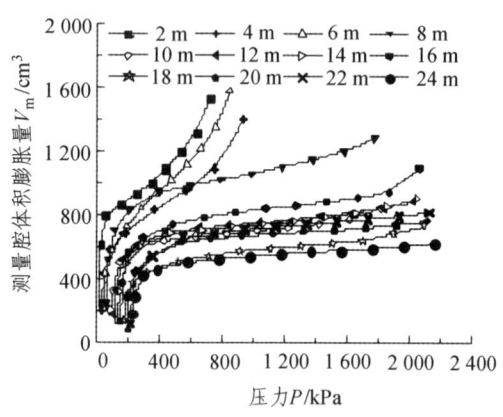

图 3.3-6　DK108+927 断面旁压 P-V 曲线

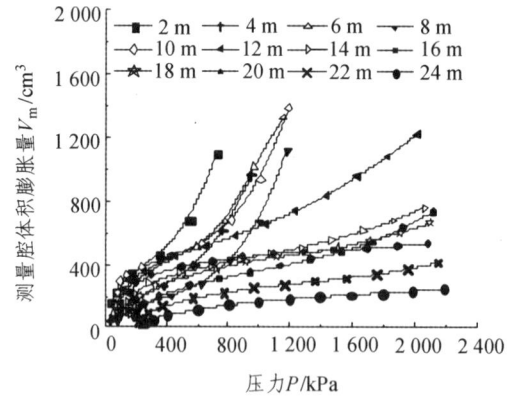

图 3.3-7　DK108+955 断面旁压 P-V 曲线

各土层的承载力和变形参数结果见表 3.3-2。

表 3.3-2 海南东环客专旁压试验的地基强度和变形参数

试验孔号	深度/m	旁压模量/MPa	旁压剪切模量/MPa	变形模量/MPa	压缩模量/MPa	地基容许承载力/kPa
DK67+650	2	7.9	21.4	31.6	42.5	828
	4	11.5	31.0	45.8	61.7	561
	6	14.1	38.1	56.3	75.8	698
	8	8.3	22.5	33.2	44.7	774
DK67+650	10	10.6	28.6	42.3	56.9	666
	12	16.5	44.6	65.9	88.7	623
	14	20.5	55.4	81.8	110.1	1 067
	16	7.2	19.4	28.6	38.5	488
	18	9.7	26.1	38.5	51.8	683
	20	17.0	45.9	67.8	91.3	1 541
	22	18.2	49.5	73.1	98.4	1 641
	24	40.2	10.8	160.2	215.7	1 370
DK108+927	2	3.7	10.0	14.8	19.9	343
	4	3.9	10.4	15.4	20.7	641
	6	2.7	7.2	10.7	14.4	575
	8	12.1	32.7	48.3	65.0	1 127
	10	21.7	58.7	86.8	116.8	1 370
	12	22.4	60.6	89.5	120.5	1 290
	14	21.5	58.0	85.7	115.4	1 264
	16	18.9	51.1	75.5	101.6	1 487
	18	22.8	61.5	90.9	122.4	1 229
	20	29.1	78.6	116.2	156.4	1 465
	22	22.8	61.6	91.0	122.5	1 432
	24	29.3	79.2	117.0	157.5	1 739

续表

试验孔号	深度/m	旁压模量/MPa	旁压剪切模量/MPa	变形模量/MPa	压缩模量/MPa	地基容许承载力/kPa
DK108+955	2	3.1	8.3	12.3	16.6	275
	4	3.8	10.3	15.1	20.3	466
	6	3.7	10.1	14.9	20.1	661
	8	6.1	16.5	24.4	32.8	523
	10	5.4	14.6	21.6	29.1	532
	12	6.5	17.6	26.0	35.0	1 064
	14	10.4	28.1	41.6	56.0	1 228
	16	29.3	79.2	117.1	157.6	1 121
	18	11.9	32.1	47.5	63.9	1 335
	20	8.9	24.0	35.4	47.7	1 278
	22	16.6	44.7	66.1	89.0	1 369
	24	23.9	64.6	95.5	128.6	1 478

3.3.3 柳南客专红黏土地基

测试地点选取测段内 DK559+511.92 和 DK559+654 断面路基中心,最大测试深度 22 m,试验得到的旁压 P-V 曲线如图 3.3-8 和图 3.3-9 所示。

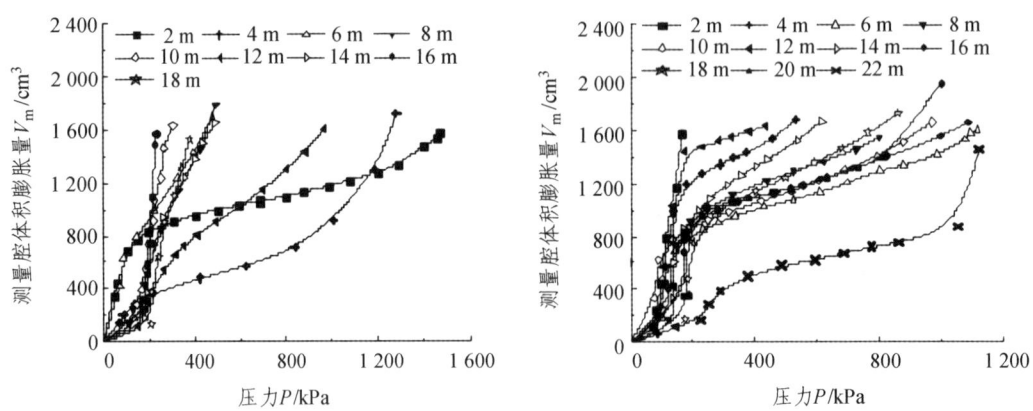

图 3.3-8 DK559+511.92 断面旁压 P-V 曲线   图 3.3-9 DK559+654 断面旁压 P-V 曲线

旁压试验的地基强度和变形参数见表 3.3-3。

表 3.3-3　柳南客专旁压试验的地基强度和变形参数

试验孔号	深度/m	旁压模量/MPa	旁压剪切模量/MPa	变形模量/MPa	压缩模量/MPa	地基容许承载力/kPa
DK559+512 路基中心	2	21.0	7.9	38.9	21.9	1 032.7
	4	13.1	4.99	24.8	14.5	756.7
	6	3.4	1.3	7.1	5.3	282.0
	8	2.6	1.0	5.7	4.5	279.7
	10	1.0	0.4	2.8	3.0	77.173
	12	6.7	2.54	13.1	8.4	495.8
	14	2.9	1.1	6.2	4.8	209.6
	16	1.9	0.71	4.5	3.9	83.9
	18	1.5	0.6	3.8	3.6	56.4
DK559+654 路基中心	2	0.7	0.3	2.3	2.7	102.2
	4	8.2	3.1	15.8	9.8	378.7
	6	12.1	4.6	23.0	13.6	873.0
	8	10.7	4.0	20.3	12.2	582.2
	10	10.2	3.8	19.5	11.8	516.8
	12	12.8	4.8	24.1	14.2	178.2
	14	6.0	2.2	11.8	7.7	308.6
	16	13.1	4.9	24.6	14.4	479.7
	18	7.9	3.0	15.4	9.6	398.3
	20	13.4	5.0	25.2	14.7	505.9
	22	14.3	5.4	26.8	15.6	526.1

3.4　中等压缩性土地基静力触探试验

3.4.1　胶济客专粉质黏土、粉土

在 DK218+950、DK218+978、DK219+075、DK225+560、DK225+700、DK226+875 六个断面都进行了静力触探试验，图 3.4-1～图 3.4-6 所示为静力触探试验结果。

扫码查看本节彩图

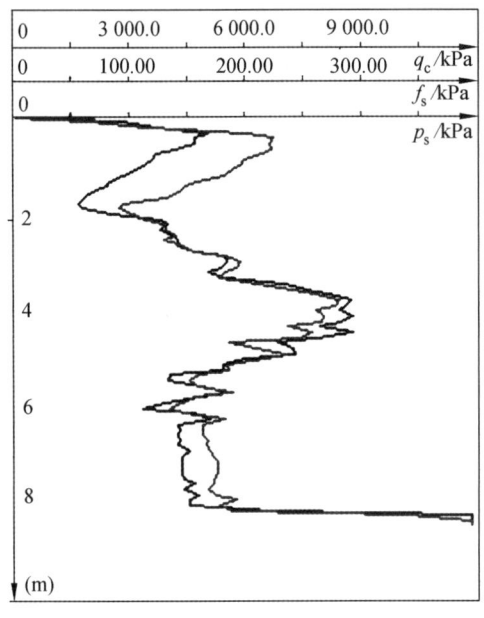

图 3.4-1　DK218+950 断面静力触探结果

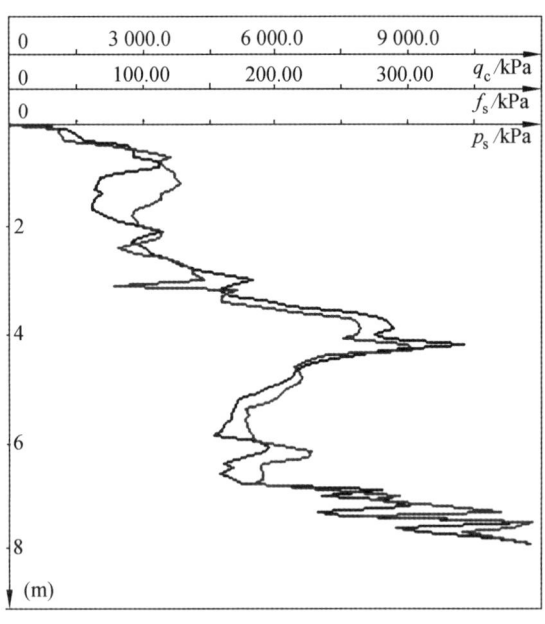

图 3.4-2　DK218+978 断面静力触探结果

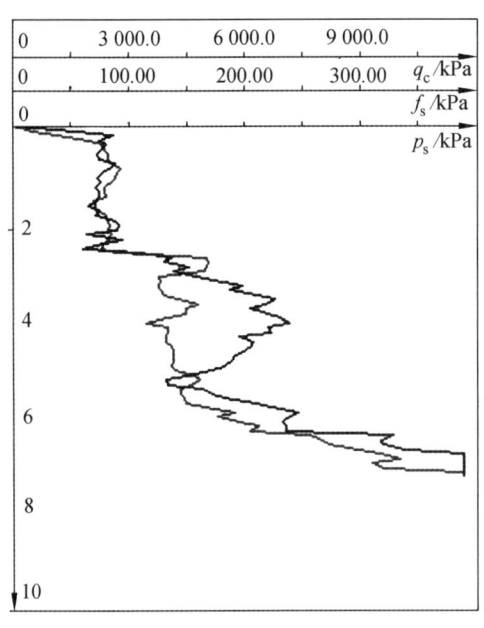

图 3.4-3　DK219+075 断面静力触探结果

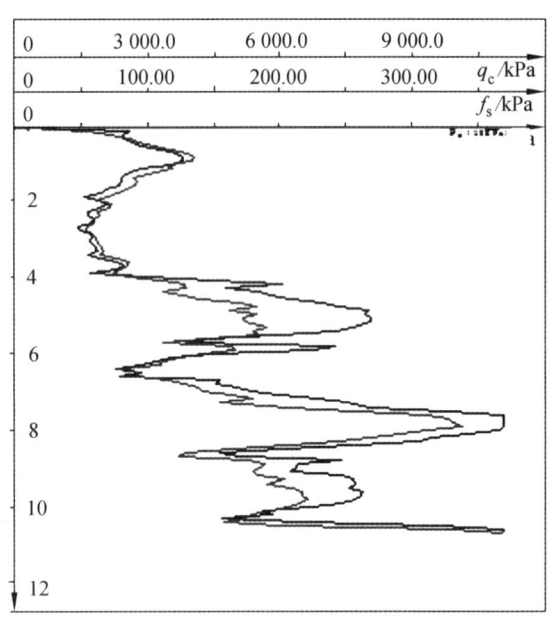

图 3.4-4　DK225+560 断面静力触探结果

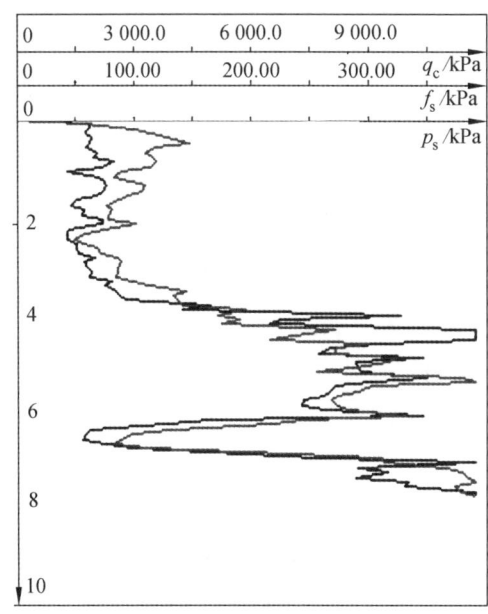 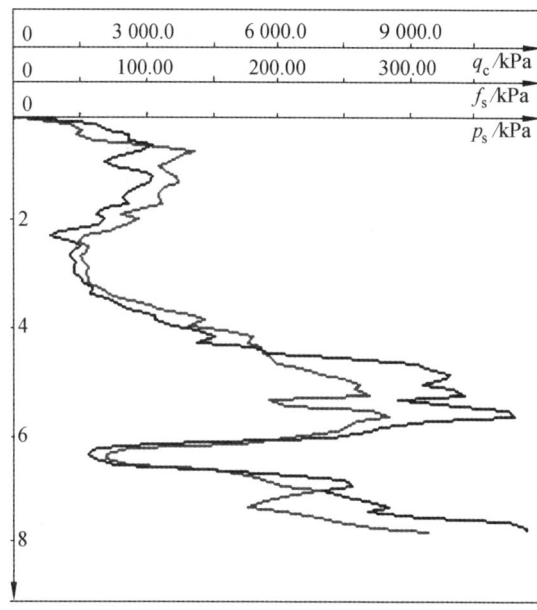

图 3.4-5　DK225+700 断面静力触探结果　　图 3.4-6　DK226+875 断面静力触探结果

根据这次静探试验结果将土层类别分为 3 种，分别为松软土、黄土质粉质黏土和粉土，详见表 3.4-1～3.4-3。

表 3.4-1　松软土静探试验成果统计分析表

断面	层深 /m	土名	锥尖阻力 /kPa	侧壁摩擦阻力 /kPa	摩阻比	地基承载力 /kPa	压缩模量 /MPa
DK218+978	1.8	松软土	2 073.1	93.1	4.5	179.0	6.6
DK219+075	2.6	松软土	1 445.6	72.2	5.0	144.5	4.5
DK219+075	3.5	松软土	2 958.6	136.4	4.6	227.7	9.9
DK225+560	1.7	松软土	2 616.0	140.6	5.4	208.9	8.6
DK225+700	2.2	松软土	1 684.7	100.4	6.0	157.7	5.4
DK226+875	2	松软土	2 327.2	138.2	5.9	193.0	7.4
DK226+875	2.3	松软土	835.0	72.6	8.7	110.9	4.3

表 3.4-2 黄土质粉质黏土静探试验成果统计分析表

断面	层深/m	土名	锥尖阻力/kPa	侧壁摩擦阻力/kPa	摩阻比	地基承载力/kPa	压缩模量/MPa
DK218+950	1.4	黄土质粉质黏土	3 250.8	169.2	5.2	243.8	11.1
DK218+950	1.7	黄土质粉质黏土	1 730.0	93.3	5.4	160.2	5.6
DK 218+950	3	黄土质粉质黏土	4 296.4	144.6	3.4	301.3	15.3
DK 218+950	5.1	黄土质粉质黏土	4 734.0	168.2	3.6	325.4	17.1
DK 218+950	7.7	黄土质粉质黏土	4 854.8	175.8	3.6	332.0	17.6
DK 218+978	3.2	黄土质粉质黏土	3 655.8	112.1	3.1	266.1	12.7
DK 218+978	6.7	黄土质粉质黏土	5 024.0	187.3	3.7	341.3	18.3
DK 219+075	6.5	黄土质粉质黏土	3 992.6	144.9	3.6	284.6	14.1
DK 219+075	6.9	黄土质粉质黏土	6 513.3	267.8	4.1	423.2	—
DK 225+560	3.9	黄土质粉质黏土	1 629.0	91.3	5.6	154.6	5.3
DK 225+560	6	黄土质粉质黏土	6 150.0	225.0	3.7	403.3	22.8
DK 225+560	6.5	黄土质粉质黏土	2 517.5	137.7	5.5	203.5	8.2
DK 225+560	6.9	黄土质粉质黏土	4 880.0	97.6	4.0	333.4	17.7
DK 225+560	10.3	黄土质粉质黏土	6 805.6	283.0	4.2	439.3	—
DK 225+700	2.7	黄土质粉质黏土	1 262.5	62.7	5.0	134.4	3.8
DK 225+700	3.8	黄土质粉质黏土	1 797.8	99.3	5.5	163.9	5.8
DK 225+700	6.4	黄土质粉质黏土	6 612.2	256.6	3.9	428.7	—
DK 225+700	6.7	黄土质粉质黏土	1 570.0	97.6	6.2	151.4	8.2
DK 225+700	7.1	黄土质粉质黏土	3 193.3	147.4	4.6	240.6	10.9
DK 225+700	7.7	黄土质粉质黏土	7 906.0	367.6	4.7	499.9	—
DK 226+875	2.9	黄土质粉质黏土	1 278.0	76.8	6.0	135.3	3.9
DK 226+875	3.3	黄土质粉质黏土	1 550.0	85.0	5.5	150.3	5.0
DK 226+875	4.3	黄土质粉质黏土	3 274.4	201.3	6.2	245.1	11.2
DK 226+875	6.5	黄土质粉质黏土	1 730.0	110.1	6.4	160.2	5.4
DK 226+875	7.5	黄土质粉质黏土	7 242.2	287.4	4.0	463.3	—

表 3.4-3　粉土静探试验成果统计分析表

断面	层深/m	土名	锥尖阻力/kPa	侧壁摩擦阻力/kPa	摩阻比	地基承载力/kPa	压缩模量/MPa
DK218+950	4.5	粉土	7 697.7	237.7	3.1	279.8	14.1
DK218+978	5	粉土	7 153.6	225.2	3.2	267.8	13.3
DK218+978	7.9	粉土	8 951.0	328.8	3.7	306.2	16.1
DK219+075	7.3	粉土	8 290.0	319.5	3.9	292.5	15.1
DK219+075	7.6	粉土	11 455.0	463.1	4.0	355.3	20.1
DK225+560	8.3	粉土	9 633.3	384.5	4.0	320.1	17.3
DK225+560	10.7	粉土	12 486.7	499.6	4.0	374.3	22.1
DK225+700	8	粉土	13 690.0	424.0	3.1	395.8	—
DK226+875	6.1	粉土	8 562.5	338.7	4.0	298.2	15.5
DK226+875	7.9	粉土	13 360.0	419.5	3.1	390.0	23.9

通过触探试验结果的统计分析，可以得到松软土、黄土质粉质黏土和粉土在原位状态下的物理力学特性，如表 3.4-4 所示，由于这次触探试验深度最大到地面以下 10 m，因此未能涉及下层的粉质黏土。

表 3.4-4　触探试验所得土的物理力学特性

土层	锥尖阻力/kPa	侧壁摩擦阻力/kPa	摩阻比	地基承载力/kPa	压缩模量/MPa
松软土	1 453.6	85.1	4.7	145.0	5.4
黄土质粉质黏土	3 166.2	136.0	4.3	239.1	8.7
粉土	8 791.6	313.8	3.4	302.0	15.3

3.4.2　海南东坏客专全风化花岗岩

在 DK67+650、DK108+927、DK108+955 断面都进行了静力触探试验，图 3.4-7～图 3.4-9 为静力触探试验结果。

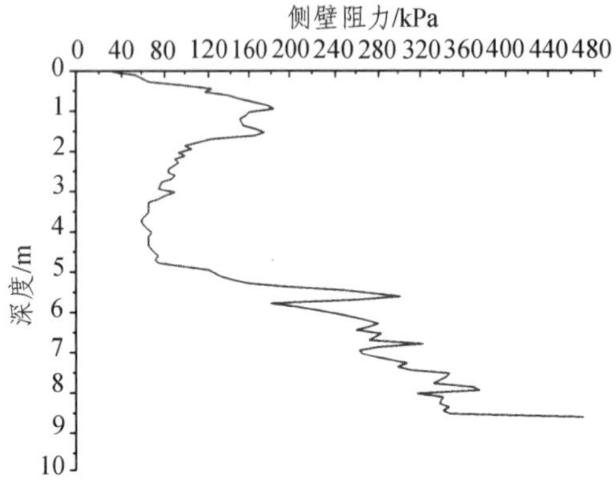

（a）侧壁阻力-深度

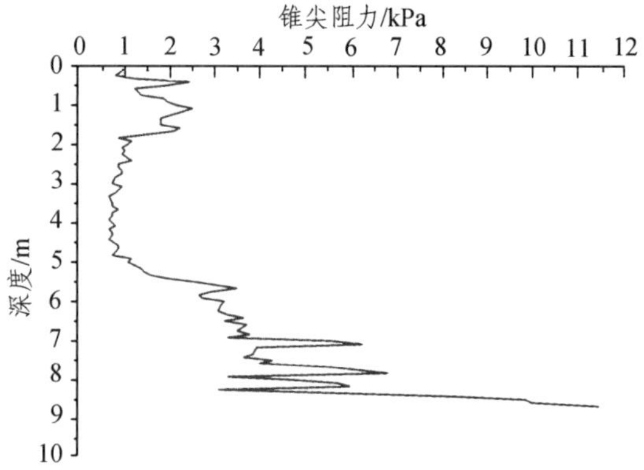

（b）锥尖阻力-深度

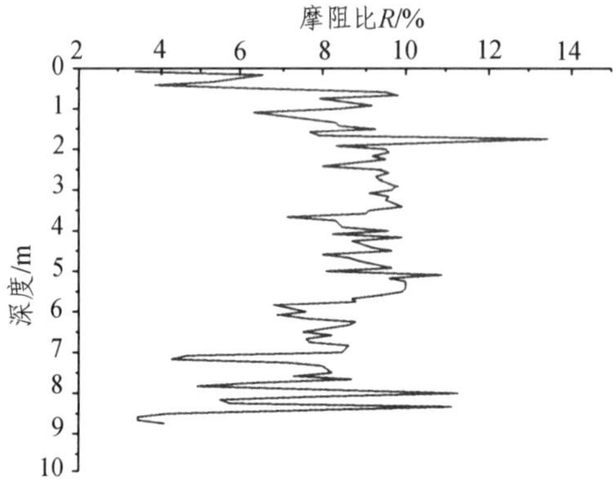

（c）摩阻比-深度

图 3.4-7　DK67+650 断面静力触探结果

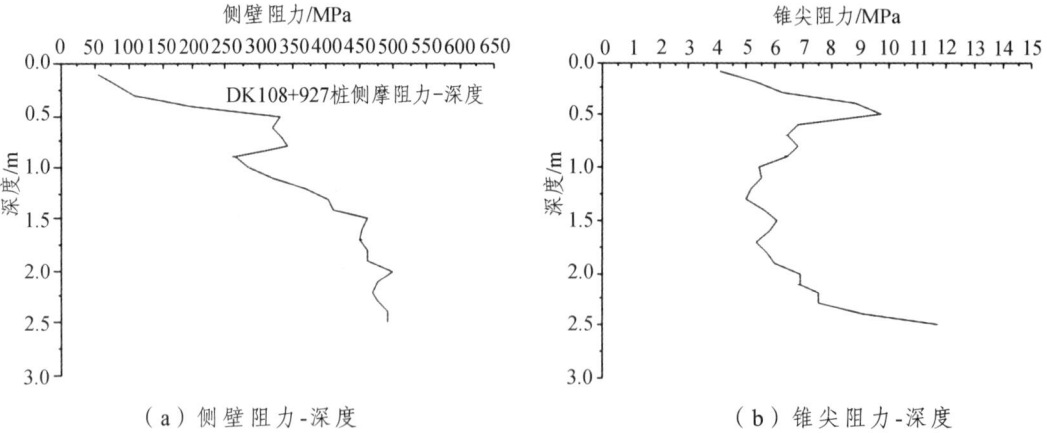

（a）侧壁阻力-深度

（b）锥尖阻力-深度

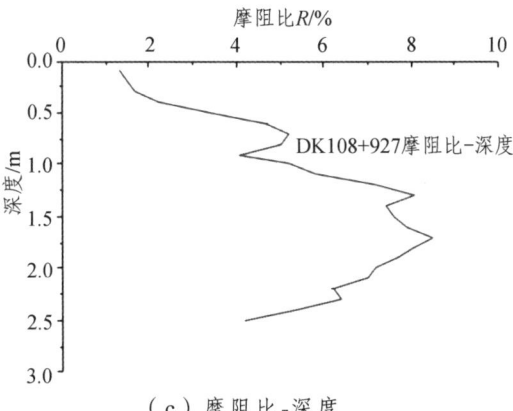

（c）摩阻比-深度

图 3.4-8　DK108＋927 断面静力触探结果

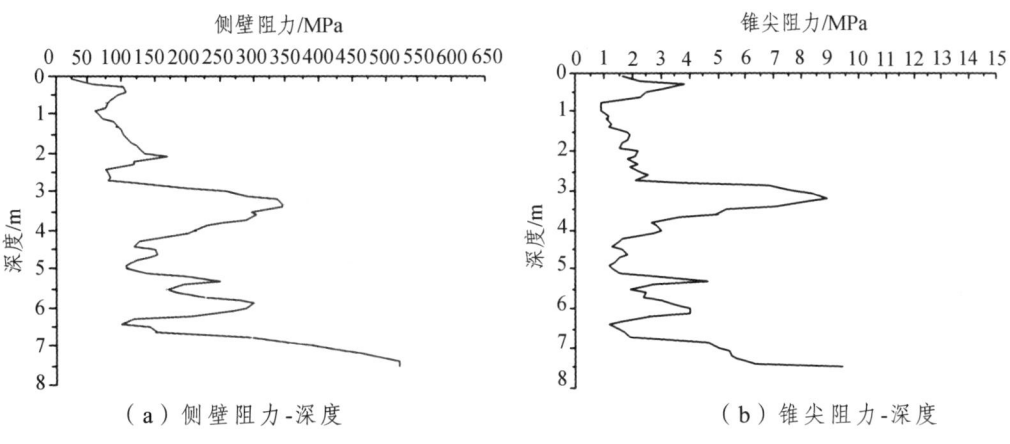

（a）侧壁阻力-深度　　　　　　　　　　（b）锥尖阻力-深度

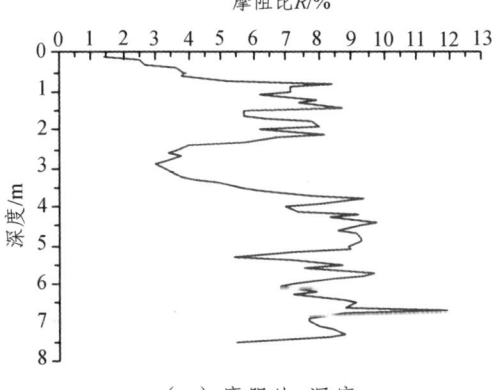

（c）摩阻比-深度

图 3.4-9　DK108＋955 断面静力触探结果

各测试点地基基本承载力、极限承载力、变形模量和压缩模量见表 3.4-5 所示。

表 3.4-5　海南东环客专静探试验成果统计分析表

断面	层深/m	基本承载力/kPa	极限承载力/kPa	变形模量/MPa	压缩模量/MPa
DK67+650	1	237	482	22.1	9.7
	2	158	287	9.0	5.3
	3	123	215	5.5	3.7
	4	109	189	4.5	3.3
	5	164	301	9.7	5.7
	6	270	570	29.9	12.1
	7	303	669	39.7	14.9
	8	302	665	39.4	14.5
DK108+927	1	227	456	12.2	11.2
	2	262	525	14.3	11.9
DK108+955	1	138	244	6.8	4.5
	2	239	487	22.5	10.1
	3	489	1 317	15.4	13.3
	4	289	628	35.5	13.7
	5	167	309	10.1	5.7
	6	338	779	52.3	17.7
	7	387	942	73.7	22.5

3.4.3　柳南客专红黏土

在 DK559+504、DK559+647 断面都进行了静力触探试验,图 3.4-10 为静力触探试验结果。

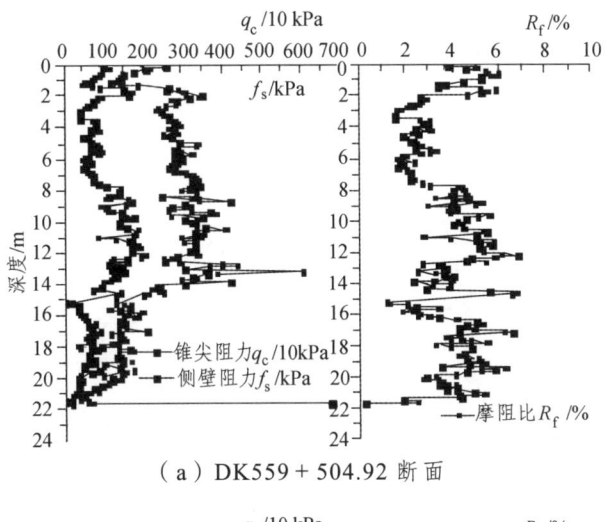

（a）DK559+504.92 断面

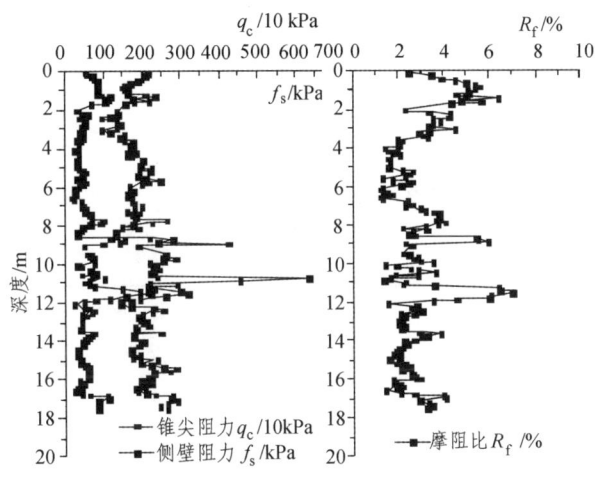

（b）DK559+647 断面

图 3.4-10 柳南客专静力触探成果曲线

各测试点地基基本承载力、极限承载力、变形模量和压缩模量见表 3.4-6 和 3.4-7 所示。

表 3.4-6 柳南客专 DK559+504 试验结果

层深/m	土名	锥尖阻力 q_c/MPa	侧壁阻力 f_s/kPa	摩阻比 R_f/%	基本承载力 σ_0/kPa	压缩模量 E_s/MPa
1.8	黏土	2.1	104.2	5.0	230.8	42.7
2.6	粉质黏土	2.9	74.3	2.6	279.5	35.0
3.4	粉土	2.6	40.0	1.6	146.7	36.4

续表

层深/m	土名	锥尖阻力 q_c/MPa	侧壁阻力 f_s/kPa	摩阻比 R_f/%	基本承载力 σ_0/kPa	压缩模量 E_s/Mpa
4.4	粉质黏土	2.8	77.0	2.7	277.0	34.0
5.1	粉土	2.9	62.5	2.1	158.9	45.2
5.7	粉质黏土	2.7	84.0	2.9	279.2	43.6
7.5	粉土	3.0	61.5	2.1	160.7	42.7
10.5	粉质黏土	3.2	136.9	4.2	302.1	54.4
12.6	黏土	3.2	168.7	5.2	300.3	37.5
14.4	粉质黏土	3.3	116.7	3.6	302.1	30.0
14.9	黏土	2.0	134.2	6.6	228.8	23.9
15.4	粉土	1.4	16.8	1.2	104.5	19.3
16.2	粉质黏土	1.8	42.4	2.4	208.2	16.6
19.8	黏土	1.4	68.7	4.8	183.8	8.1
20.2	粉质黏土	1.2	37.1	3.0	166.7	11.5
20.8	黏土	0.9	32.6	3.8	132.2	6.0
21.7	软土	0.5	18.4	3.5	69.4	3.8

注：表中压缩模量按照《铁路工程地质原位测试规程》表 10.5.18-1 内插计算得到。

表 3.4-7　柳南客专 DK559+647 试验结果

层深/m	土名	锥尖阻力 q_c/MPa	侧壁阻力 f_s/kPa	摩阻比 R_f/%	基本承载力 σ_0/kPa	压缩模量 E_s/Mpa
0.4	粉质黏土	2.1	68.0	3.3	230.4	39.1
2.6	黏土	1.6	73.1	4.6	197.7	17.7
3.4	粉质黏土	1.4	46.0	3.2	184.7	18.6
5.1	粉土	1.9	32.9	1.8	123.1	29.7
5.9	粉质黏土	2.0	48.4	2.5	222.4	21.8
6.6	粉土	1.7	22.4	1.3	115.5	22.3
11.1	粉质黏土	2.1	68.6	3.2	234.3	25.3
11.8	黏土	2.9	194.7	6.6	283.7	14.1
14.2	粉质黏土	2.0	48.5	2.5	222.6	14.7
15.1	粉土	1.8	34.6	1.9	120.6	15.7
15.9	粉质黏土	2.4	57.0	2.4	253.0	15.3
16.6	粉土	2.0	36.9	1.9	127.6	16.6
17.4	粉质黏土	2.7	91.0	3.4	269.7	26.6

3.5 中等压缩性土地基标准贯入试验

3.5.1 胶济客专粉质黏土、粉土

在 DK218+950、DK218+978、DK219+075、DK219+100、DK225+560、DK225+700 六个断面都进行了标准贯入试验，图 3.5-1 所示为标贯试验结果。

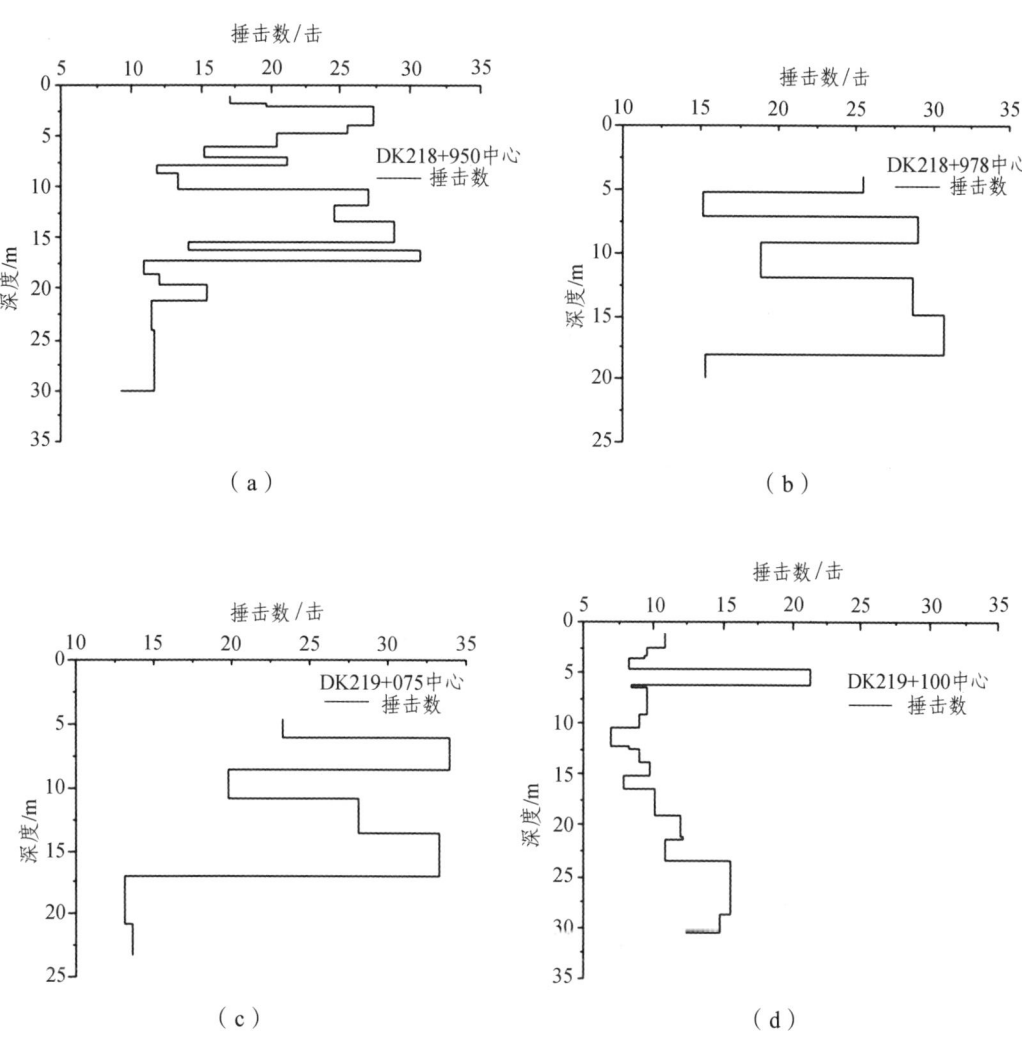

（a）　　　　　　　　　　　　（b）

（c）　　　　　　　　　　　　（d）

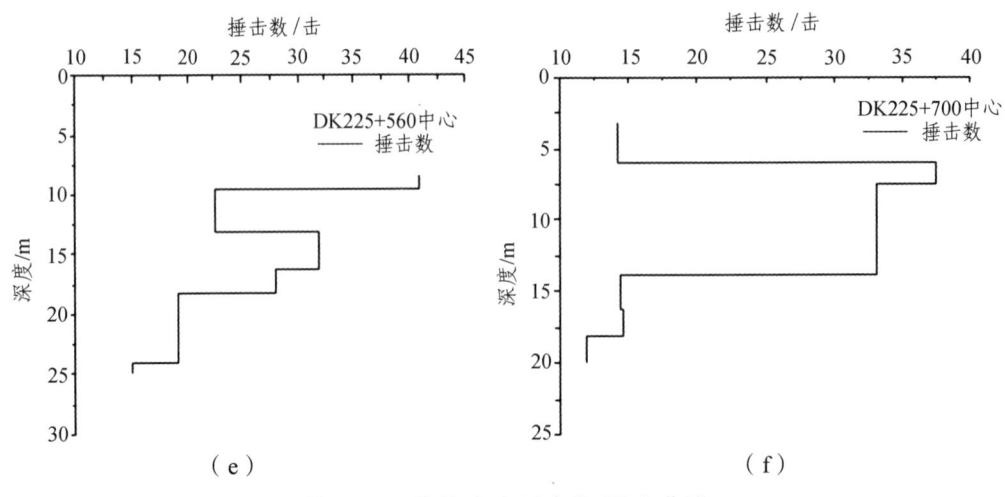

图 3.5-1 胶济客专捶击数-深度曲线

胶济客专非饱和土标贯试验捶击数与压缩（变形）模量的关系可采用《土工试验技术手册》来确定：

$$\text{非饱和粉质黏土：} E_s = 1.04N + 4.89 \quad (3.5\text{-}1)$$

$$\text{非饱和粉土：} E_0 = 1.066N + 7.43 \quad (3.5\text{-}2)$$

式中　E_s——地基土压缩模量；

　　　E_0——土的变形模量；

　　　N——标准贯入试验捶击数。

表 3.5-1　胶济客专标准贯入试验变形参数

断面	深度/m	修正捶击数/击	压缩模量/MPa
DK218+950	0~11.2	11	16.4
	11.2~18.2	8	13.3
	18.2~28.7	10	15.0
DK218+978	0~2.2	13	18.4
	2.2~19.1	13	18.1
DK219+075	0~5.4	23	29.2
	5.4~13.8	18	24.1
	13.8~21.8	13	19.0

续表

断面	深度/m	修正捶击数/击	压缩模量/MPa
DK219+100	0~6	8	13.3
	6~10.5	9	13.7
	10.5~12.7	7	12.0
	12.7~14	9	14.4
	14~16.5	8	13.4
	16.5~30	10	15.2
DK225+560	0~1.9	—	—
	1.9~4.2	—	—
	4.2~13.5	17	22.3
	13.5~25	11	16.3
DK225+700	0~2	14	19.8
	2~13.8	18	23.7
	13.8~16.2	14	20.0
	16.2~20	11	15.9

3.5.2 海南东环客专花岗岩全风化层

在 DK67+650、DK108+927、DK108+955 断面都进行了标准贯入试验，图 3.5-2 所示为标贯试验结果。

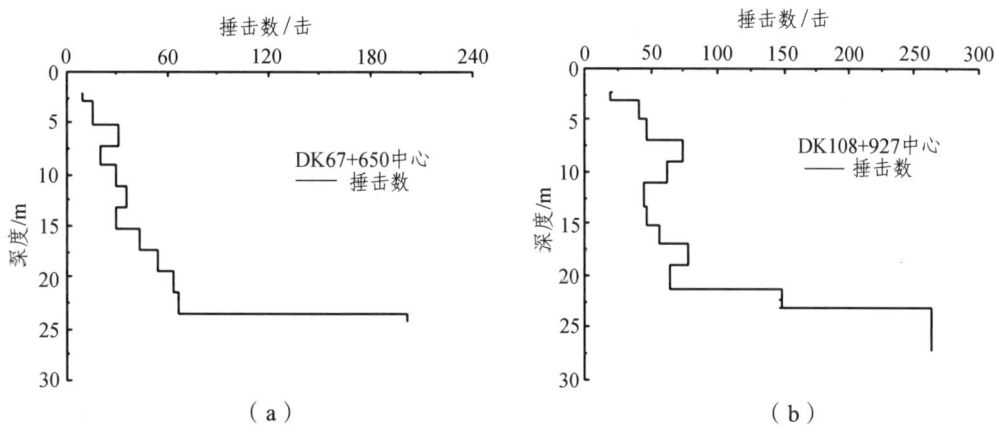

（a） （b）

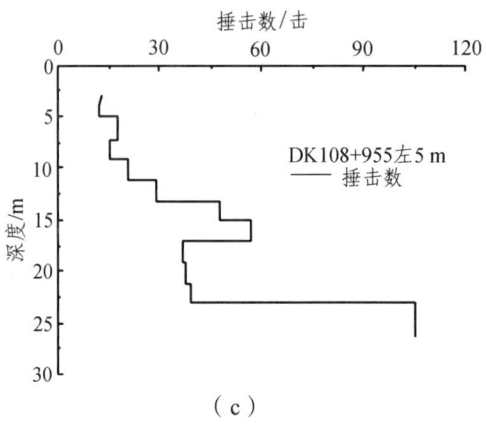

（c）

图 3.5-2 海南东环客专捶击数-深度曲线

采用日本地区花岗岩风化土的经验公式分析海南东环客专全风化花岗岩变形参数，与现场试验数据对比后发现，由标贯试验得出的试验结果与日本经验公式的相关性较好，并据此推出土的压缩模量经验公式：

$$E_s = 0.713N \tag{3.5-3}$$

式中 E_s——地基土压缩模量；

N——标准贯入试验捶击数，N 大于 50 击取 50。

表 3.5-2 海南东环客专标准贯入试验变形参数

\multicolumn{3}{c|}{DK67+650}	\multicolumn{3}{c|}{DK108+927}	\multicolumn{3}{c}{DK108+955}
深度/m	修正捶击数/击	压缩模量/MPa	深度/m	修正捶击数/击	压缩模量/MPa	深度/m	修正捶击数/击	压缩模量/MPa
2	10	7.1	2.2	20	14.3	2	13	9.3
4	16	11.4	3.9	41	29.2	4	12	8.6
6.4	31	22.1	6	47	33.5	6.1	18	12.8
8.2	21	15.0	8.1	50	35.7	8.3	15	10.7
10.1	30	21.4	9.8	50	35.7	10	21	15.0
12.2	36	25.7	12.3	44	31.4	12.2	29	20.7

续表

DK67+650			DK108+927			DK108+955		
深度/m	修正捶击数/击	压缩模量/MPa	深度/m	修正捶击数/击	压缩模量/MPa	深度/m	修正捶击数/击	压缩模量/MPa
14	30	21.4	14.4	46	32.8	14.3	48	34.2
16.3	44	31.4	16	50	35.7	16	50	35.7
18.5	50	35.7	17.8	50	35.7	18.1	37	26.4
20.2	50	35.7	20.4	50	35.7	20.2	38	27.1
22.5	50	35.7	22.1	50	35.7	22.3	39	27.8
24.3	50	35.7	24.3	50	35.7	24	50	35.7

3.5.3 柳南客专红黏土

在 DK559+504、DK559+650 断面都进行了标准贯入试验，图 3.5-3 所示为标贯试验结果。

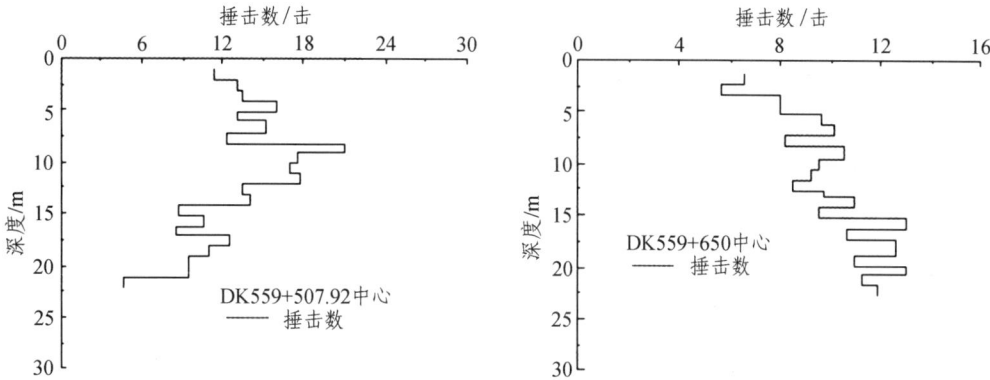

图 3.5-3 柳南客专捶击数-深度曲线

采用日本道桥设计规范提出的压缩模量与标准贯入试验捶击数的关系（见公式 3.5-4），计算结果具有较好的相关性，结果见表 3.5-3 所示。

$$E_s = 2.8N \quad (3.5\text{-}4)$$

表 3.5-3　柳南客专标准贯入试验变形参数

DK559+507			DK559+650		
深度 H/m	修正捶击数 /击	压缩模量 $E_s=2.8N$（MPa）	深度 H/m	修正捶击数 /击	压缩模量 $E_s=2.8N$（MPa）
1.15	11	31.9	1.25	7	18.3
2.15	13	36.7	2.25	6	15.7
3.15	14	37.8	3.25	8	22.4
4.15	16	44.5	4.25	8	22.4
5.15	13	36.5	5.25	10	26.8
6.05	15	42.8	6.25	10	28.2
7.15	12	34.5	7.25	8	23.0
8.25	21	58.8	8.25	11	29.4
9.15	17	48.9	9.55	10	26.7
10.15	17	47.4	10.55	9	25.9
11.15	18	49.6	11.55	8	23.7
12.15	13	37.5	12.55	10	27.1
13.15	14	39.6	13.25	11	30.6
14.15	9	24.4	14.25	10	26.5
15.15	11	29.8	15.25	13	36.4
16.15	9	23.9	16.25	11	29.9
17.15	12	34.8	17.25	13	35.3
18.15	11	31.0	18.75	11	30.5
19.15	9	26.6	19.75	13	36.3
21.15	5	13.0	20.75	11	31.5

3.6　中等压缩性土地基原位试验结果

胶济、海南东环、柳南客专各试验压缩模量对比见表 3.6-1～表 3.6-3。胶济客专非饱和土和饱和花岗岩全风化层原位试验及室内固结（压缩）试验确定的压缩模量由小到大的顺序大致为：室内固结（压缩）试验→静力触探试验→平板荷载试验（胶济客专平板荷载试验大于标贯）→标贯试验→旁压试验；柳南客专红黏土压缩模量由小到大的顺序大致为：室内固结（压缩）试验→平板荷载试验→静力触探试验、旁压试验→标贯试验。

表 3.6-1　胶济客专各试验压缩模量对比表

固结试验		静力触探试验		标准贯入试验		旁压试验		平板荷载试验	
深度/m	压缩模量/MPa	深度/m	压缩模量/MPa	深度/m	压缩模量/MPa	深度/m	压缩模量/MPa	断面	压缩模量/MPa
3~3.2	7.5	0~2.6	5.44	0~4	16.4	6	39.6	DK218+950	26.4
6.6~6.8	9.6	2.7~7.5	8.72	4~8	17.7	10	45.8	DK218+978	41.7 换填后
15.7~15.9	12.5	7.3~10.7	15.33	8~12	15.9	14	68.2	DK219+075	39.1 加固后
19.9~20.1	12.6			12~16	18.7	16	44.9	DK219+100	45.4 加固后
				16~20	15.5			DK225+560	27.6
								DK225+700	24.3

表 3.6-2　海南东环客专各试验压缩模量对比表

固结试验 DK67+650、DK108+927、DK108+955		静力触探试验 DK67+650、DK108+927、DK108+955		标准贯入试验 DK67+650、DK108+927、DK108+955		平板荷载试验		旁压试验		
深度/m	压缩模量/MPa	深度/m	压缩模量/MPa	深度/m	压缩模量/MPa	断面	压缩模量/MPa	深度/m	DK67+650 压缩模量/MPa	DK108+927 压缩模量/MPa	DK108+955 压缩模量/MPa
0~4	3.5	2	9.4	0~4	7.5	DK67+650	12.8	4	67.9	22.8	22.4
4~10	5.2	4	7.2	4~10	16	DK108+927	10.1	6	83.4	15.9	22.1
10~12	5.6	6	13.4	10~12	24	DK108+955	8.1	14	121.2	127.0	61.6
>12	6.8	8	10.8	12~16	26			20	100.5	172.2	52.5
				16~20	30			22	108.3	134.8	97.9
				>20	35.7			24	237.4	173.4	141.5

表 3.6-3　柳南客专各试验压缩模量对比表

固结试验		静力触探试验		标准贯入试验		平板荷载试验		旁压试验			
DK559+504 DK559+647		DK559+504 DK559+647		DK559+504 DK559+647		断面	压缩模量/MPa	深度/m	DK559+511	DK559+654	平均
深度/m	压缩模量/MPa	深度/m	压缩模量/MPa	深度/m	压缩模量/MPa				压缩模量/MPa		
2~3	15.1	2~4	28.3	2~4	28.7	DK559+540	16.6	4	14.5	9.8	12.2
8~9	14.3	5~8	34.2	5~8	35.0	DK559+671	11.2	6	5.3	13.6	9.5
14~15	15.9	11~15	21.8	9~12	35.8			8	4.5	12.2	8.4
19~20	14.2	16~20	23.7	13~16	30.1			10	3.0	11.8	7.4
				17~21	29.9			12	8.4	14.2	11.3
								14	4.8	7.7	6.3
								16	3.9	14.4	9.2
								18	3.6	9.6	6.6

第4章 中等压缩性土地基沉降特性

4.1 中等压缩性土地基沉降特性研究路基工点概况

选取海南东环客专饱和花岗岩全风化层、胶济客专非饱和粉质黏土和粉土、云桂客专膨胀土、柳南客专红黏土（弱膨胀土）、成绵乐客专成都黏土（膨胀土）路基，开展了地基沉降特性的离心模型试验、数值模拟分析及现场沉降监测研究，各断面情况见表4.1-1 所示。

表 4.1-1 地基沉降特性研究路基工点情况

工点	断面里程	填高/m	地层情况	地基处理措施
海南东环客专	DK67+620	5.0	表层硬塑状黏土 1~2 m，下卧花岗岩全风化层 20~30 m。	天然地基
	DK67+630			
	DK67+666	4.0	地基表层 3~4 m 松软土，下覆地基为 20~30 m 厚的硬塑状黏土花岗岩全风化层（W4），中部夹有 7 m 硬塑偏软塑状花岗岩全风化层（W4）	水泥土搅拌桩加固，桩间距 1.0 m，桩长 4.0~4.5 m
	DK67+680			
	DK79+065	7.7	地表 6 m 粉质黏土，下覆花岗岩全风化层（W4），厚 32 m	过渡段 CFG 桩加固，1.8 m 桩间距，桩长 6 m
	DK79+399.6	4.4	地表 3~4 m 粉质黏土，下覆花岗岩全风化层（W4），厚 36.5 m	天然地基
胶济客专	DK218+950	7.5	地表 11 m 黄土质粉质黏土，下部分别为 7 m 粉土、深厚粉质黏土	天然地基
	DK218+978	7.7	地表 2 m 松软土，下部分别为 10.5 m 黄土质粉质黏土、5 m 粉土、深厚粉质黏土	表层 2 m 换填
	DK219+075	7.7	表层松软土 5 m，下部分别为 8 m 黄土质粉质黏土、4 m 粉质黏土、2 m 粉土、厚层粉质黏土	水泥土搅拌桩加固，桩长 5.5 m，桩间距 1.1 m
	DK219+100	7.8	表层松软土 6 m，下部分别为黄土质粉质黏土 5 m、粉土 1 m、粉质黏土 3 m、深厚黄土质粉质黏土	水泥土搅拌桩加固，桩长 6.5 m，桩间距 1.1 m
	DK225+560	8.9	表层松软土 2 m，下卧粉质黏土 2 m、黄土质粉质黏土 9 m、深厚粉质黏土	表层 2 m 换填
	DK225+700	8.4	表层 0.5 m 松软土，下卧厚层粉质黏土	表层 0.5 m 换填

续表

工点	断面里程	填高/m	地层情况	地基处理措施
胶济客专	DK226+875	7.1	表层 1 m 松软土,其下分别为湿陷性黄土质粉质黏土 4.5 m、黄土质粉质黏土 8 m、厚层粉质黏土	强夯加固
	DK226+925	7.3	地表 5 m 湿陷性黄土质粉质黏土,其下为厚层粉质黏土	强夯加固
云桂客专	DK619+410	5.4	地基为深厚中—强膨胀土	CFG 桩加固,2.0 m 桩间距,桩长 10 m
	DK619+430	5.4	地基为深厚中—强膨胀土	天然地基
	DK619+450	5.4	地基为深厚中—强膨胀土	堆载预压
	DK620+230	11.4	地基为深厚中—强膨胀土	CFG 桩加固,1.8 m 桩间距,桩长 8 m
	DK620+250	10.6	地基为深厚中—强膨胀土	CFG 桩加固,1.8 m 桩间距,桩长 10 m
	DK620+300	10.0	地基为深厚中—强膨胀土	CFG 桩加固,1.8 m 桩间距,桩长 15 m
柳南客专	DK559+475	12.0	地基为深厚红黏土	CFG 桩加固,1.8 m 桩间距,桩长 8 m
	DK559+507	12.7	地基为深厚红黏土	CFG 桩加固,2.0 m 桩间距,桩长 12 m
	DK559+606	11.9	地基为深厚红黏土	CFG 桩加固,1.8 m 桩间距,桩长 6 m
	DK559+650	10.2	地基为深厚红黏土	CFG 桩加固,1.8 m 桩间距,桩长 6 m
	DK559+671	9.7	地基为深厚红黏土	天然地基
成绵乐客专	DK149+560	3.1	厚层地基为成都黏土	CFG 桩加固,1.6 m 桩间距,桩长 13 m
	DZ3DK1+860	5.9	厚层地基为成都黏土	天然地基
	DZ3DK1+870	5.0	厚层地基为成都黏土	天然地基

4.2 中等压缩性土地基沉降特性离心模型试验研究

4.2.1 离心模型试验概述

地基沉降变形主要包括路基自重作用产生的地基固结沉降变形,运营期内列车荷载作用下的累积残余变形。普通模型试验只满足模型的形状相似，不能模拟与原型构筑物的重力相似，离心模型试验却能同时满足上述两方面的相似，所以离心模型试验便成为研究路基地基变形的有效试验手段。

针对海南东环客专、胶济客专代表性路基断面和地基处理措施，共进行 8 组离心模型试验。离心模型试验模拟了分层填筑（模拟现场填筑过程，逐级制作模型，测试过程中模型形状与现场路基一致）和一次性填筑（模型一次填筑完成，采用加速度逐级增加的方式模拟现场路基填筑过程）两种情况，前者与现场实际情况更加吻合，但模型制作复杂，成本较高；后者模型制作简单，容易操作。离心模型试验分别采用以上两种方法模拟现场地基沉降，以此来研究地基的沉降特性，试验模拟情况见表 4.2-1 所示。

表 4.2-1 离心模型试验模拟情况

试验工点	模拟填筑情况	地基条件
海东 DK67+630	分层填筑	天然地基：深厚花岗岩全风化层
	一次性填筑	
	一次性填筑	强夯地基：深厚花岗岩全风化层
海东 DK67+666	一次性填筑	水泥搅拌桩加固地基：表层 4 m 厚松软土，下覆深厚花岗岩全风化层
胶济 DK218+950	分层填筑	天然地基：表层 11 m 厚黄土质粉质黏土，下部 7 m 厚粉土，下覆深厚粉质黏土
	一次性填筑	
胶济 DK226+875	一次性填筑	强夯地基：表层 5 m 湿陷性黄土质粉质黏土，下部 8 m 黄土质粉质黏土，下覆深厚粉质黏土
胶济 DK219+075	一次性填筑	水泥搅拌桩加固地基：表层 5 m 松软土，下部 8 m 黄土质粉质黏土，下覆深厚粉质黏土

4.2.2 离心模型试验方案

离心模型试验计算确定海东、胶济客专模型相似比分别为 $n=60$ 和 $n=80$。路堤和地基按现场土的含水量和密实度进行分层填筑形成；水泥搅拌桩采用 C25 水泥、水及细砂，增添速凝剂，按照设计相似比计算桩长、桩径和桩间距，在模型箱中采用改装钻头打孔，将模型地基中所需要的孔全部完成后，将拌好的水泥土灌入预先完成的小孔中并用钢钎压实，放置一段时间，按照要求强度达到 80%左右后再进行路基填筑。模型制作情况如图 4.2-1 所示。分别于路基表面和路基基底埋设位移计和沉降板。

（a）海南东环客专天然地基

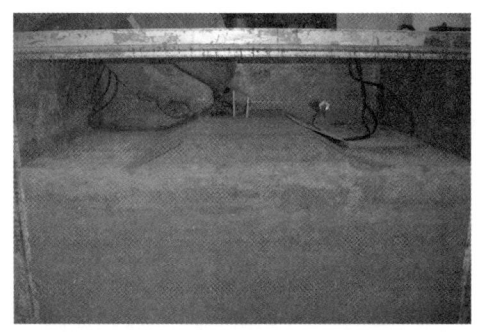
（b）胶济客专天然地基

（c）海南东环客专水泥搅拌桩地基

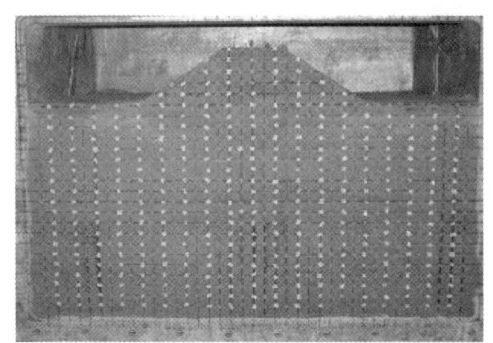
（d）胶济客专水泥搅拌桩地基

图 4.2-1　离心模型制作情况

4.2.3　试验结果及分析

4.2.3.1　天然地基（分层填筑）沉降测试结果

（1）海南东环客专 DK67+630 天然地基（分层填筑）沉降与时间关系如图 4.2-2～图 4.2-3 所示。

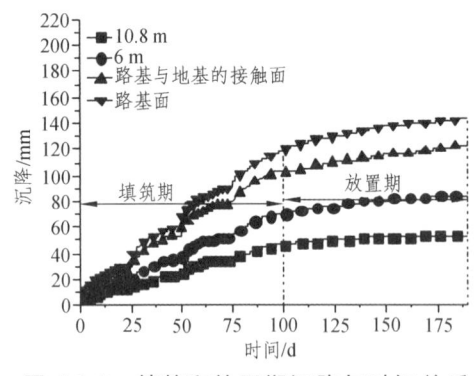

图 4.2-2　填筑和放置期沉降与时间关系

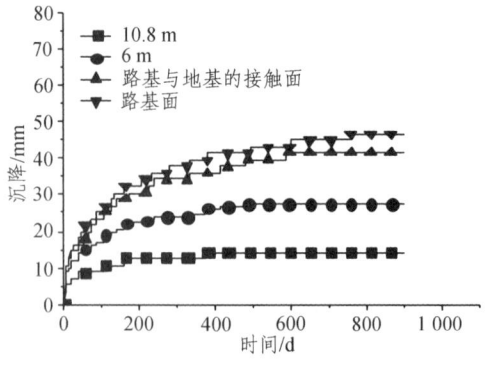

图 4.2-3　运营期沉降与时间关系

由图 4.2-2 可知，海南东环客专 DK67+630 天然地基（分层填筑）路基高度为 5 m，路基模拟填筑期为 100 d，填筑期间基底中心产生的沉降约为 102.4 mm；模拟放置期为 90 d，放置期内地基的沉降约为 25.2 mm，地基沉降随着时间增加逐渐稳定。图 4.2-3 所示为长期运营沉降与时间关系，铺轨后 3 年运营期内，地基的工后沉降为 41.3 mm，路基产生累积变形 5.4 mm。路基基底中心（填筑+放置期）沉降占总沉降的 75.5%。

（2）胶济客专 DK218+950 天然地基（分层填筑）沉降与时间关系如图 4.2-4～图 4.2-5 所示。

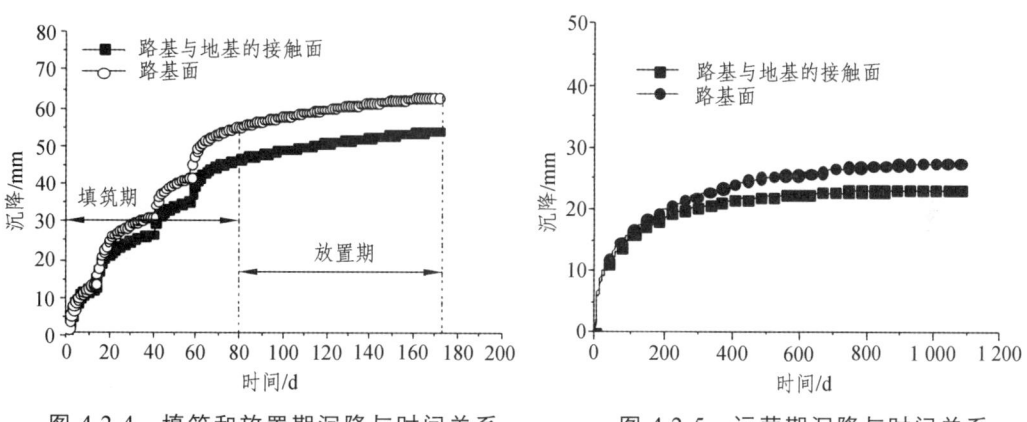

图 4.2-4 填筑和放置期沉降与时间关系　　图 4.2-5 运营期沉降与时间关系

图 4.2-4 表明，胶济客专 DK218+950 天然地基（分层填筑）路基高度 7.5 m，路基模拟填筑期为 80 d，填筑期内地基沉降 46.8 mm；路基模拟放置期为 90 d，放置期内地基沉降 7.1 mm，地基沉降随着时间增加逐渐稳定。图 4.2-5 所示为长期运营沉降与时间关系，铺轨后 3 年运营期内，地基产生工后沉降 23.2 mm，路基产生累积变形 4.3 mm。路基基底中心（填筑+放置期）沉降占总沉降的 69.9%。

4.2.3.2　天然地基（一次填筑）沉降测试结果

（1）海南东环客专 DK67+630 天然地基（一次填筑）路基沉降与时间关系如图 4.2-6～图 4.2-7 所示。

图 4.2-6 表明，海南东环客专 DK67+630 天然地基（一次填筑）路基高度为 5 m，路基模拟填筑期为 100 d，填筑期间内地基沉降 141.2 mm；模拟放置期为 90 d，放置期内地基沉降 17.4 mm，地基沉降随着时间增加逐渐稳定。图 4.2-7 所示为长期运营沉降与时间关系，铺轨后 3 年运营期内，地基产生工后沉降 48.7 mm，路基产生累积变形 6.4 mm。路基基底中心（填筑+放置期）沉降占总沉降的 76.5%。

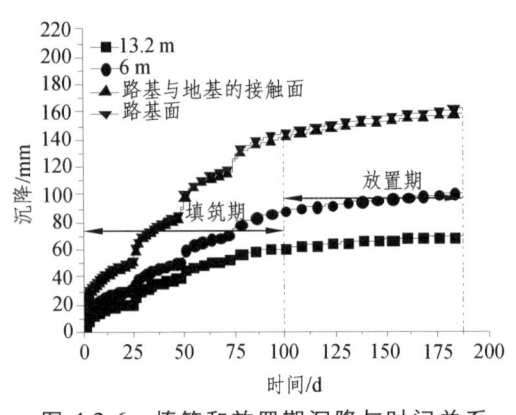

图 4.2-6 填筑和放置期沉降与时间关系　　图 4.2-7 运营期沉降与时间关系

（2）胶济客专 DK218+950 天然地基（一次填筑）路基沉降与时间关系如图 4.2-8～图 4.2-9 所示。

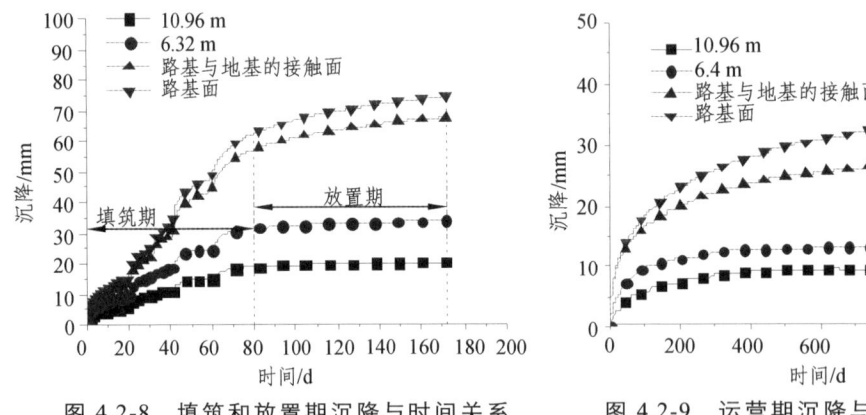

图 4.2-8 填筑和放置期沉降与时间关系　　图 4.2-9 运营期沉降与时间关系

图 4.2-8 表明，胶济客专 DK218+950 天然地基（一次填筑）路基高度 7.5 m，路基模拟填筑期为 80 d，填筑期内路基沉降 5.3 mm，地基所产生的沉降 57.3 mm，地基面以下 6.32 m 范围内沉降量 26.1 mm，占地基总沉降的 45%；路基模拟放置期为 90 d，放置期内地基所产生的沉降 9.9 mm，沉降主要发生在距离地基面以下约 6 m 范围内，沉降随着时间的增加沉降逐渐稳定。图 4.2-9 所示为长期运营沉降与时间关系，铺轨后 3 年运营期内，地基产生的工后沉降为 27.5 mm，路基产生沉降 7 mm。路基基底中心（填筑+放置期）沉降占总沉降的 71%。

4.2.3.3　强夯断面（一次填筑）沉降测试结果

（1）海南东环客专 DK67+630 强夯加固断面（一次填筑）沉降与时间的关系如图 4.2-10～图 4.2-11 所示。

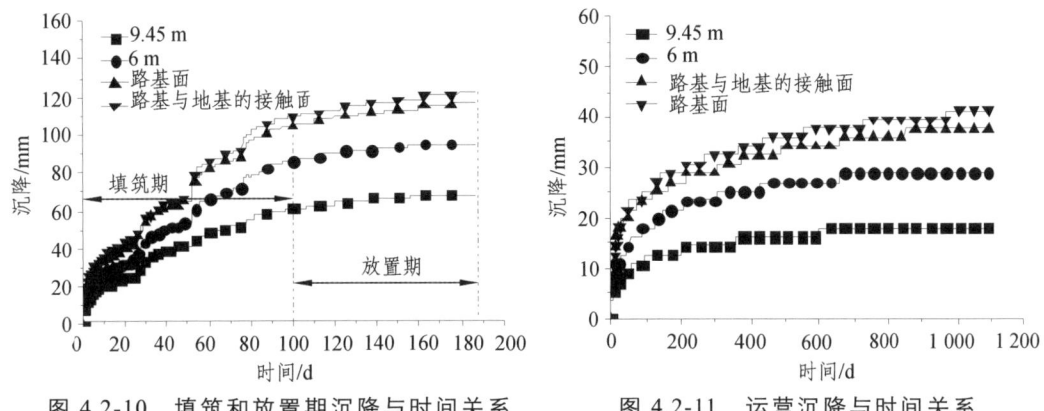

图 4.2-10　填筑和放置期沉降与时间关系　　图 4.2-11　运营沉降与时间关系

由图 4.2-10 可知，海南东环客专 DK67+630 强夯加固断面（一次填筑）路基高度 5 m，模拟路基填筑时间为 100 d，填筑期内地基沉降 104.2 mm；模拟放置时间为 90 d，放置期地基沉降 12.6 mm，地基沉降随着时间增加逐渐稳定。图 4.2-11 所示为长期运营沉降与时间关系，铺轨后 3 年运营期内，地基产生工后沉降 37.7 mm，路基产生累积变形 3.6 mm。路基基底中心（填筑+放置期）沉降占总沉降的 75.9%。

（2）胶济客专 DK226+875 强夯加固断面（一次填筑）沉降与时间的关系如图 4.2-12～图 4.2-13 所示。

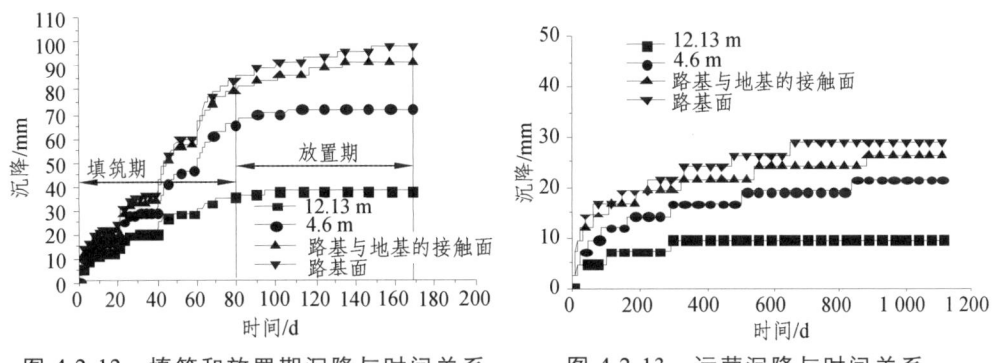

图 4.2-12　填筑和放置期沉降与时间关系　　图 4.2-13　运营沉降与时间关系

图 4.2-12 表明，胶济客专 DK226+875 强夯加固断面（一次填筑）路基高度 7 m，模拟路基填筑时间为 80 d，填筑期内地基沉降 79.2 mm，强夯区（地基面以下 4.6 m 范围内）地基沉降量 13.4 mm，仅占地基总沉降的 16.9%，说明地基土经强夯处理后承载力增加，模量增大，地基沉降减小；模拟放置期为 90 d，放置期内地基沉降 12.1 mm，沉降量明显小于填筑期沉降。图 4.2-13 所示为长期运营沉降与时间关系，铺轨后 3 年运营期内，路基表面产生的工后沉降约为 28.7 mm，地基产生的工后沉降约为 26.3 mm，路基累积变形 2.4 mm。路基基底中心（填筑+放置期）沉降占总沉降的 77.6%。

4.2.3.4 水泥搅拌桩断面（一次填筑）沉降测试结果

（1）海南东环客专 DK67+666 水泥搅拌桩加固断面（一次填筑）沉降与时间的关系如图 4.2-14～图 4.2-15 所示。

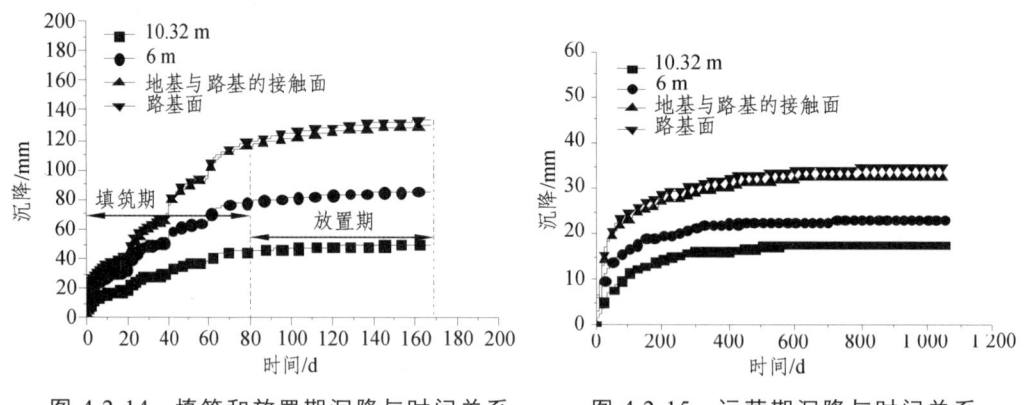

图 4.2-14　填筑和放置期沉降与时间关系　　图 4.2-15　运营期沉降与时间关系

图 4.2-14 表明，海南东环客专 DK67+666 水泥搅拌桩加固断面（一次填筑）路基高度为 4 m，模拟路基填筑时间为 80 d，填筑期内地基沉降 116.2 mm，水泥搅拌桩加固区（地基面以下 6.4 m 范围内）地基沉降量 37.8 mm，下卧层沉降量 78.4 mm，加固区沉降量和下卧层沉降量分别占地基总沉降的 32.5%和 67.5%；模拟放置期为 90 d，放置期内地基沉降 13.2 mm，加固区和下卧层沉降分别为 6.2 mm 和 7 mm；模拟路基长期运营期间沉降与时间的关系如图 4.2-15 所示，铺轨后 3 年运营期内，路基表面产生的工后沉降约为 34.5 mm，地基面产生的工后沉降约为 32.5 mm，路基累积变形 1 mm。路基基底中心（填筑＋放置期）沉降占总沉降的 80%。

（2）胶济客专 DK219+075 水泥搅拌桩加固断面（一次填筑）沉降与时间的关系如图 4.2-16～图 4.2-17 所示。

图 4.2-16 表明，胶济客专 DK219+075 水泥搅拌桩加固断面（一次填筑）路基高度为 8 m，模拟路基填筑时间为 80 d，填筑期内地基沉降 63.9 mm，距离地基面以下 6.4 m 范围内（水泥搅拌桩加固区）沉降量 8.7 mm，下卧层沉降量 55.8 mm，加固区和下卧层沉降量分别占地基总沉降的 13.5%和 86.5%；模拟放置期为 90 d，放置期内地基沉降 10.1 mm，加固区和下卧层沉降分别为 3.8 mm 和 5.7 mm；模拟路基长期运营期间沉降与时间的关系如图 4.2-17 所示，铺轨后 3 年运营期内，路基表面产生的工后沉降约为 38.3 mm，地基面产生的工后沉降约为 34 mm，路基累积变形 4.3 mm。路基基底中心（填筑＋放置期）沉降占总沉降的 68.5%。

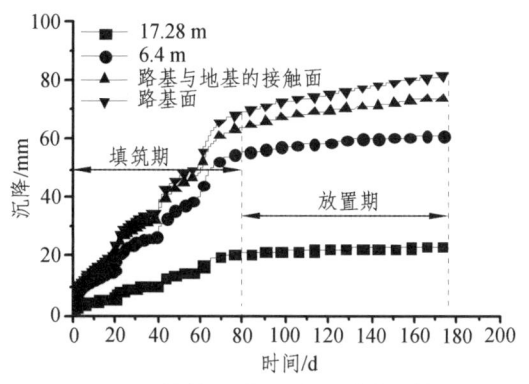

图 4.2-16 填筑和放置期沉降与时间关系   图 4.2-17 运营期沉降与时间关系

4.2.3.5 离心模型试验路基沉降特性

离心模型试验结果表明：海南东环客专路基填筑期 100 d，放置期 90 d（填筑＋放置期内），沉降天然地基和水泥搅拌桩加固地基分别占总沉降的 75.5%～80%。胶济客专填筑期为 80 d 的条件下，放置期 90 d（填筑＋放置期内），天然非饱和粉土粉质黏土地基、强夯处理地基、水泥搅拌桩处理地基沉降占总沉降的 68.5%～77.6%，试验结果汇总如表 4.2-2 所示。

另外，离心模型试验实测数据显示，胶济客专非饱和粉土、粉质黏土地基分层填筑的地基沉降比一次性填筑小 18.9%，海南东环客专饱和花岗岩全风化层地基分层填筑的地基沉降比一次性填筑小 5.4%，说明路基填筑速度适当放缓可减小地基特别是浅层地基的水平变形从而减小地基总沉降。

表 4.2-2 离心模型试验结果汇总

工点	处理方式	填筑方式	基底中心沉降/mm				填筑＋放置期沉降完成比例
			填筑期	放置期	运营期	总沉降	
海南东环客专	天然地基	分层填筑	102.4	25.2	41.3	168.9	75.5%
	天然地基	一次填筑	141.2	17.4	48.7	207.3	76.5%
	强夯地基	一次填筑	104.2	12.6	37.7	154.5	75.6%
	水泥搅拌桩地基	一次填筑	116.2	13.2	32.5	161.9	80%
胶济客专	天然地基	分层填筑	46.8	7.1	23.2	77.1	70%
	天然地基	一次填筑	57.3	10.5	27.5	95.3	71%
	强夯地基	一次填筑	79.2	12.1	26.3	117.6	77.6%
	水泥搅拌桩地基	一次填筑	63.9	10.1	34	108	68.5%

4.3 中等压缩性土地基沉降特性数值模拟研究

4.3.1 数值模拟情况概述

海南东环客专和柳南客专数值模拟采用 FLAC3D 软件，胶济客专数值模拟采用 Plaxis 软件。

1. 海南东环客专计算模型及参数设定

海南东环客专计算断面分别为 DK67+630（天然地基）、DK67+666（水泥搅拌桩加固）、DK67+680（水泥搅拌桩加固）、DK79+065（CFG 桩加固）、DK79+399.6（CFG 桩加固），模型断面如图 4.3-1 所示。计算采用平面应变模式，计算过程中将桩体视为各向同性的线弹性材料，地基和路基材料采用弹塑性模型（路基采用弹性本构模型，地基土体采用莫尔-库仑模型）。具体计算参数见表 4.3-1。

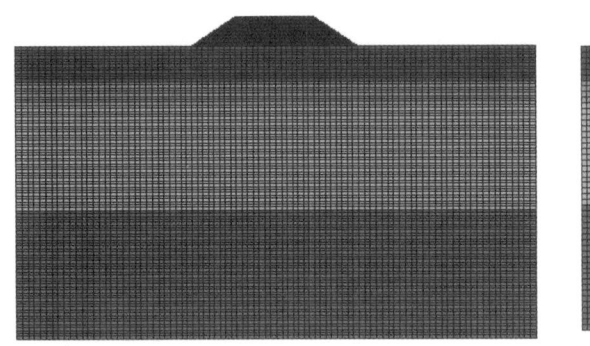
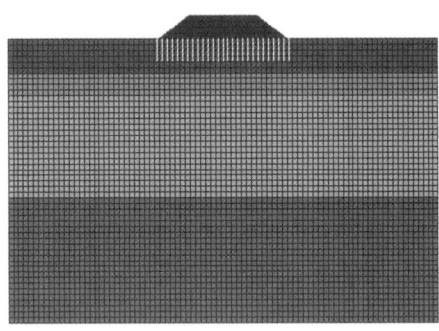

图 4.3-1　海南东环客专数值模拟模型图

表 4.3-1　数值模拟计算参数

计算参数	地基土分层 /m	密度 /(kg/m³)	压缩模量 /MPa	泊松比	黏聚力 /kPa	摩擦角 /(°)
填方路基		2 000	60	0.3	70	36
水泥搅拌桩		2 000	80	0.2	150	20
CFG 桩		2 200	100	0.2	540	45
地基	0~6	1 900	6.4	0.33	10	34.7
地基	6~10	1 900	11.15	0.33	18	29.0
地基	10~20	1 900	19.25	0.33	70	24
地基	20 m 以下	1 900	35.65	0.33	70	24

2. 胶济客专计算模型及参数设定

胶济客专计算断面分别为 DK215+950（天然地基）、DK225+700（换填加固）、DK226+875（强夯加固）、DK219+075（水泥搅拌桩加固），模型断面如图 4.3-2 所示。模型边界设置滚动支座，横向边界固定 X 方向位移，底部边界固定 X、Y 方向位移。路基土材料按照莫尔-库仑模型计算。地基土材料按照 Hardening soil 模型计算，地基各土层采用修正后的渗透系数计算，计算时间为 1 000 d，路基按照不透水材料考虑。具体计算参数见表 4.3-2。

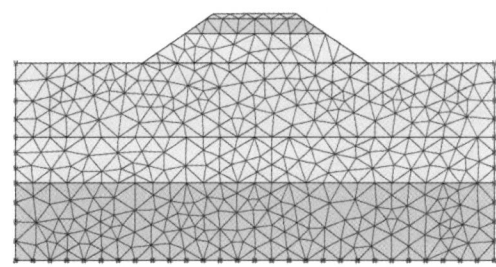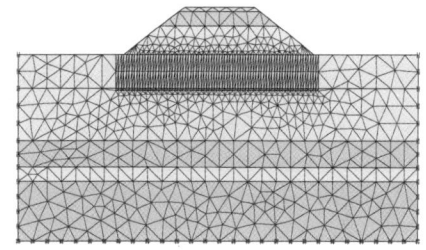

图 4.3-2　胶济客专数值模拟模型图

表 4.3-2　数值模拟计算参数

类别	容重 /（kN/m³）	压缩模量 /MPa	割线刚度 /MPa	切线刚度 /MPa	黏聚力 /kPa	摩擦角 /（°）	泊松比
级配碎石	22	120	—	—	5	40	0.3
基床底层	20	60	—	—	54	36	0.3
路堤本体	20	60	—	—	54	36	0.3
黄土质粉质黏土	19	—	10.3	30.9	35.2	20.4	0.34
粉土	18	—	15.2	45.6	8.53	18.7	0.3
粉质黏土	20	—	22	66	52	13.2	0.36

3. 柳南客专计算模型及参数设定

柳南客专计算断面分别为 CFG 桩加固处理的 DK559+475、DK559+507、DK559+540、DK559+606 和天然地基 DK559+671，模型断面如图 4.3-3 所示。计算采用平面应变模式，计算过程中将桩体视为各向同性的线弹性材料，地基和路基材料采用弹塑性模型（路基采用弹性本构模型，地基土体采用莫尔-库仑模型）。具体计算参数见表 4.3-3。

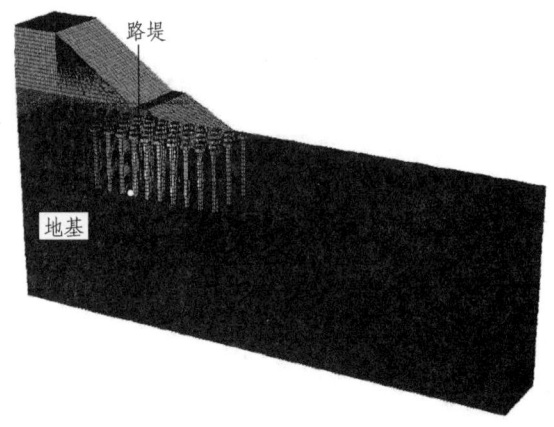

图 4.3-3　柳南客专数值模拟模型图

表 4.3-3　数值模拟计算参数

材料类型	深度/m	密度/(kg/m³)	弹性模量 E/MPa	泊松比	黏聚力 c/kPa	摩擦角 φ/(°)
路基	12.0	2 100	40	0.30	10	28
垫层	0.6	1 900	80	0.25	32	25
CFG 桩	6~15	2 200	8 000	0.2	—	—
桩帽	0.5	2 200	8 000	0.2	—	—
地基-1 层	0~7	1 600	31.9	0.33	40.0	29.8
地基-2 层	7~11	1 610	47.4	0.33	48.5	27.9
地基-3 层	11~13	1 610	37.5	0.33	48.5	27.9
地基-4 层	13~19	1 590	23.8	0.33	34.4	31.0
地基-5 层	19~25	1 670	13.0	0.35	34.4	31.0

4.3.2　海南东环客专沉降特性数值模拟结果

模拟了海南东环客专路堤逐级分层填筑和路堤放置过程地基的沉降变化趋势，模拟放置期期为 90 d，填筑时间为 64~154 d，计算时长 500 d，图 4.3-4 为模拟各个断面的沉降-时间关系曲线。结果表明，在填土荷载初期，沉降大致呈线性变化，随着时间的推移，填土荷载逐渐增加，路基基底中心的沉降量逐渐增大，但沉降曲线逐渐变得平缓，说明地基土在路基荷载作用下，逐渐被压缩，沉降变形速率逐渐减小，并逐渐趋于稳定。各断面各阶段完成沉降值见表 4.3-4 所示。

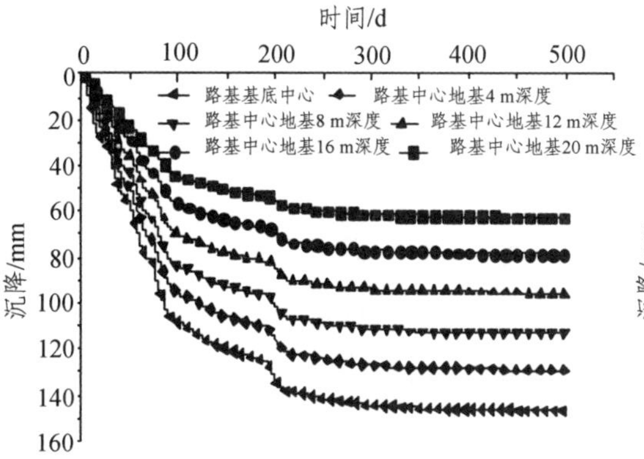

(a）DK67+630 断面

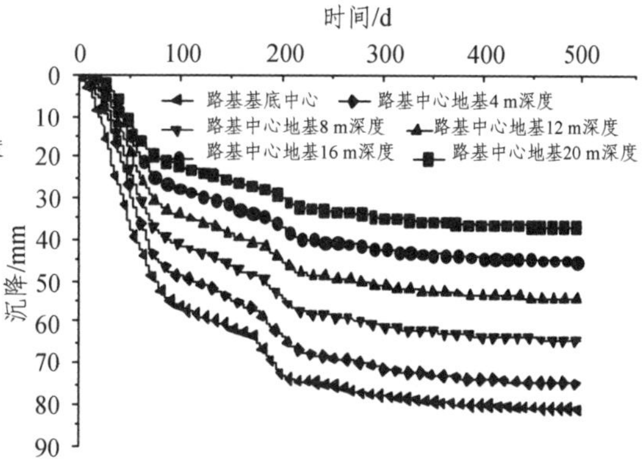

(b）DK67+666 断面

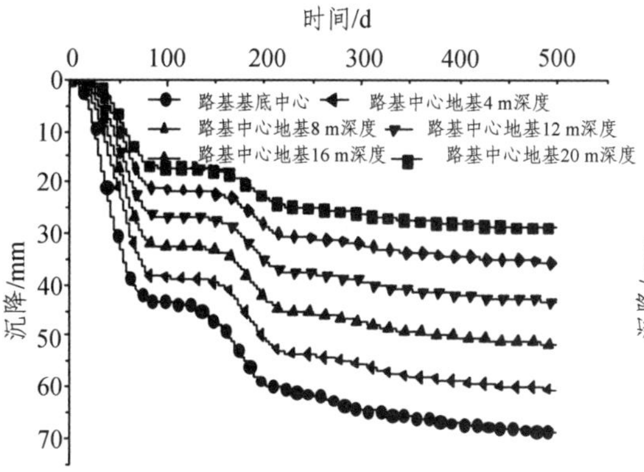

(c）DK767+680 断面

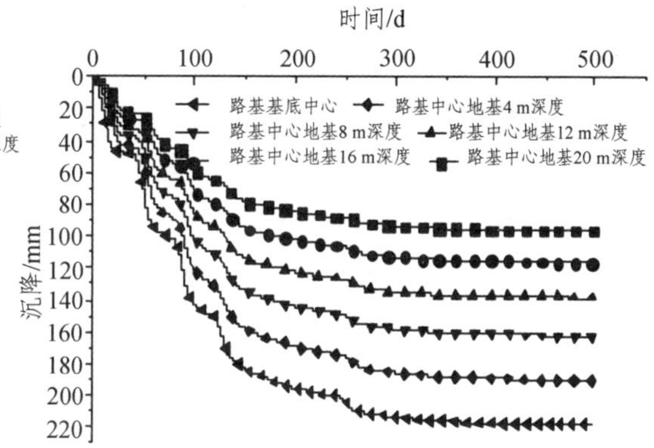

(d）DK79+065 断面

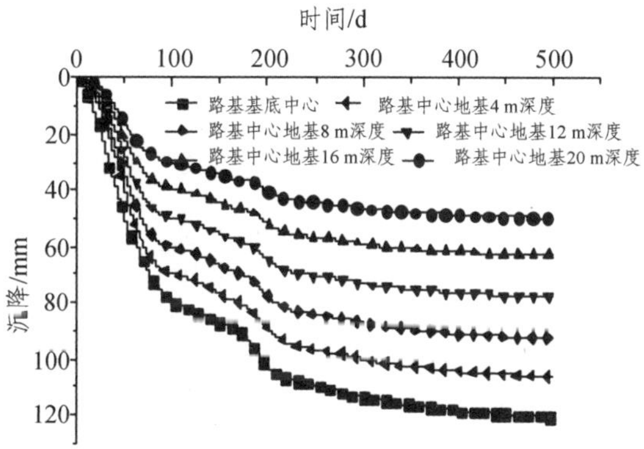

(e）Dk79+399.6 断面

图 4.3-4　海南东环客专各断面基底中心沉降与时间关系

表 4.3-4　海南东环客专路基沉降与时间关系

计算断面	填筑时间 /d	放置时间 /d	填筑期沉降 /mm	放置期沉降 /mm	工后沉降 /mm	填筑+放置期沉降完成比例
DK67+630	100	90	108	17	21.6	85.3%
DK67+666	80	90	51.9	11.5	17.7	78.2%
DK67+680	64	90	39.6	7.9	21.1	69.2%
DK79+065	154	90	184.2	16.4	17.2	92.1%
DK79+339.6	83	90	73.5	17.2	29.7	75.3%

4.3.3　胶济客专沉降特性数值模拟结果

模拟了胶济客专路堤逐级分层填筑和路堤放置过程地基的沉降变化趋势，模拟填筑期为 80 d，放置期为 135～230 d，图 4.3-5 为模拟各个断面的沉降-时间关系曲线，各断面各阶段完成沉降值见表 4.3-5 所示。

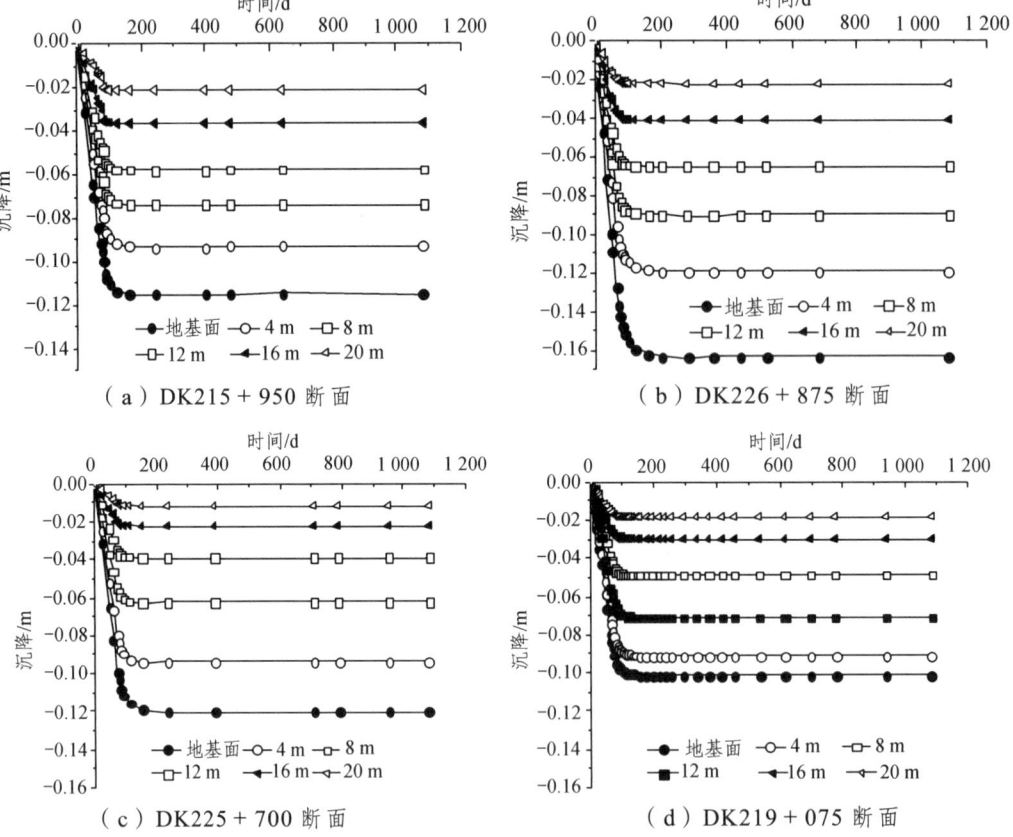

图 4.3-5　胶济客专各断面基底中心沉降与时间关系

表 4.3-5　胶济客专各断面基底中心沉降与时间关系

计算断面	填筑时间/d	放置时间/d	填筑期沉降/mm	放置期沉降/mm
D215+950	80	160	99.4	15.6
DK225+700	80	200	148.1	15.2
DK226+875	80	230	108.4	12.4
DK219+075	80	135	95	6.5

4.3.4　柳南客专沉降特性数值模拟结果

模拟了柳南客专路堤逐级分层填筑和路堤放置过程地基的沉降变化趋势，模拟填筑期为 90 d，放置期为 60–120 d，图 4.3-6 为模拟各个断面的沉降-时间关系曲线，各断面各阶段完成沉降值见表 4.3-6 所示。

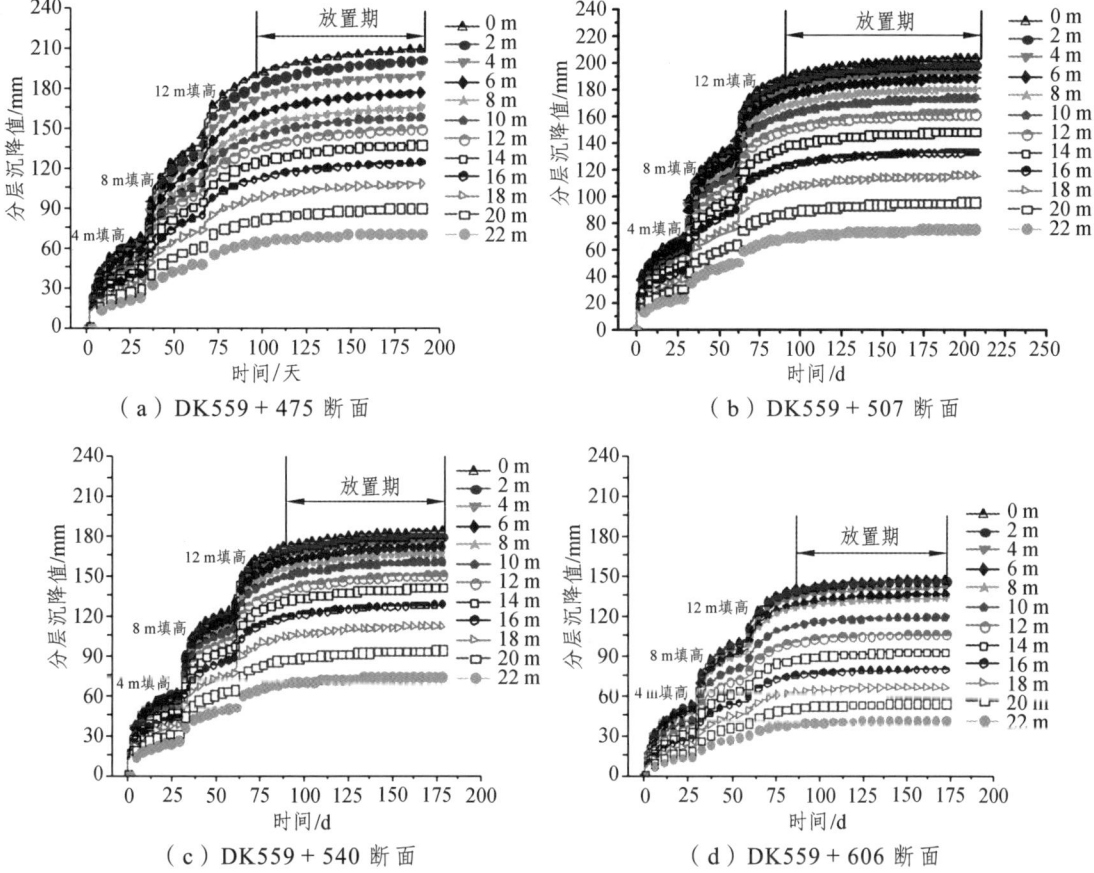

（a）DK559+475 断面　　（b）DK559+507 断面

（c）DK559+540 断面　　（d）DK559+606 断面

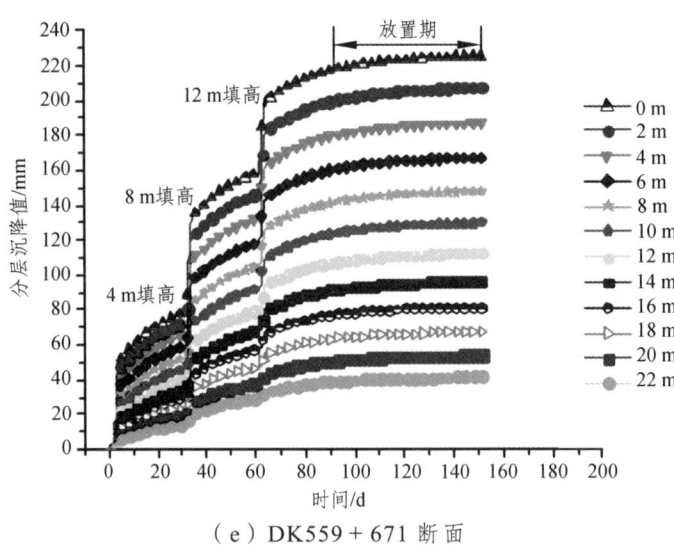

(e) DK559+671 断面

图 4.3-6 柳南客专各断面基底中心沉降与时间关系

表 4.3-6 柳南客专路基沉降与时间关系

计算断面	填筑时间 /d	放置时间 /d	填筑期沉降 /mm	总沉降量 /mm	加固区沉降量 /mm	填筑期完成沉降比例
DK559+475	90	90	192.2	211.3	44.0	90.9%
DK559+507	90	120	189.3	203.3	21.9	93.1%
DK559+540	90	90	172.0	183.8	33.1	93.6%
DK559+606	90	90	142.7	150.3	11.5	94.9%
DK559+671	90	60	215.3	222.9	—	96.6%

从模拟结果中可知，柳南客专填筑期沉降可完成总沉降的 90.9%~96.6%，加固区沉降分别占总沉降的 20.8%、10.7%、18.0%、7.6%，路基填筑完成后 80 d 左右沉降已接近完全稳定（DK559+671 断面在路基填筑完成后 40 d 左右沉降已接近完全稳定）。

4.3.5 相同工况下中等压缩性土数值模拟分析

前面研究了典型工点的地基沉降特性，由于现场各工点地基条件、路基断面形式、地基处理方式、填筑高度及填筑过程各不相同，在进行沉降变形特性对比分析时没有统一的参照系。我们采用相同的路基断面形式及地层条件（海南东环客专全风化花岗岩层、胶济客专非饱和粉质黏土和粉土），研究不同处理方法下地基的沉降特性。

计算工况分别为天然地基、地基换填、强夯加固、水泥搅拌桩加固和 CFG 桩加固。计算断面采用标准双线路基断面形式，路基高度 6 m，模型计算宽度约 76 m，地基计算深度 30 m。地层条件选取现场典型断面岩土参数。非饱和地基地下水位线设置距地基面 25 m。

强夯模型和换填模型加固深度分别为 6 m 和 2 m。水泥搅拌桩和 CFG 桩加固区深度 5.7 m，桩径 0.5 m，路肩宽度内桩间距为 1.1 m，两边坡下桩间距为 1.2 m。为了计算地基的工后沉降量，用一种极端条件下的工后沉降取值方法，即路基填筑完成后立即铺设轨道结构。

数值模拟计算沉降与时间关系如图 4.3-7 和图 4.3-8 所示（未考虑列车和轨道荷载），沉降模拟值如表 4.3-7 所示。从计算结果中可以看出，海南东环客专饱和花岗岩全风化层地基未处理地基、水泥搅拌桩加固地基和 CFG 桩加固地基路堤填筑后立即进行铺轨，填筑期间沉降分别为 131.4 mm、122.4 mm 和 120.2 mm，最终沉降量分别为 134.7 mm、124.4 mm 和 122.1 mm，填筑期间沉降分别占总沉降的 97.6%、98.4% 和 98.4%，填筑完成后放置 41 d、29 d 和 30 d 沉降完全稳定下来。

胶济客专非饱和土未处理地基、换填加固地基、强夯加固地基、水泥搅拌桩加固地基路堤填筑后立即进行铺轨，填筑期间沉降分别为 116 mm、101 mm、81.6 mm 和 78.4 mm，最终沉降量分别为 143 mm、126 mm、114 mm 和 87.8 mm，填筑期间沉降分别占总沉降的 81.1%、80.1%、71.5% 和 89.3%，路基填筑完成后放置 195 d、205 d、250 d 和 115 d 沉降完全稳定下来。

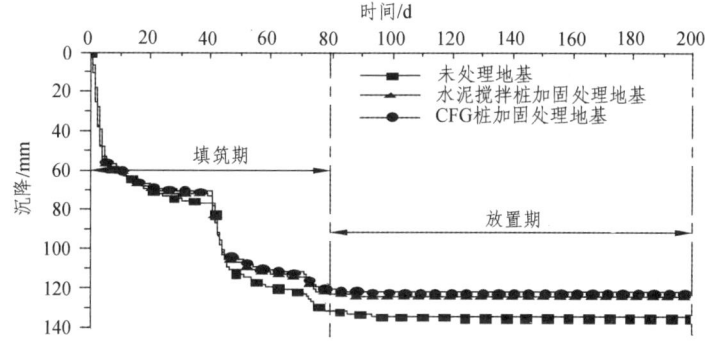

图 4.3-7　海南东环客专饱和花岗岩全风化层地基沉降-时间关系

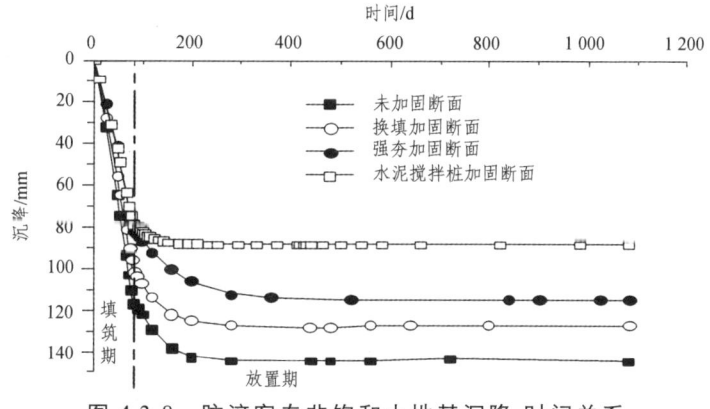

图 4.3-8　胶济客专非饱和土地基沉降-时间关系

表 4.3-7　地基沉降计算汇总（路堤填筑后立即铺轨）

工点	模型	填筑期沉降/mm	总沉降/mm	填筑期完成沉降比例/%
海南东环客专	未加固	131.4	134.7	97.6
	水泥搅拌桩	122.4	124.4	98.4
	CFG 桩	120.2	122.1	98.4
胶济客专	未加固	116.4	143	81.1
	换填	101.6	126	80.1
	强夯	81.6	114	71.5
	水泥搅拌桩	78.4	87.8	89.3

4.4　中等压缩性土地基沉降特性现场测试研究

分别在海南东环客专、胶济客专、云桂客专、柳南客专、成绵乐客专选取路基现场填筑试验段，开展了地基沉降特性现场测试。

扫码查看本节彩图

4.4.1　海南东环客专地基沉降观测结果

1. 地基沉降

海南东环客专各工点路基地基沉降观测结果如图 4.4-1 所示。结果表明，路基填筑初期，海南东环客专花岗岩全风化层地基沉降迅速，沉降量大，填筑后期沉降速率明显减缓。随着时间的增加，沉降曲线趋于稳定。海南东环客专路基填筑时间为 205～210 d，填筑期内，海南东环客专饱和花岗岩全风化层地基沉降为观测总沉降的 82.2%～96.7%。海南东环客专实测总沉降 53～164 mm，工后沉降 8～14 mm。

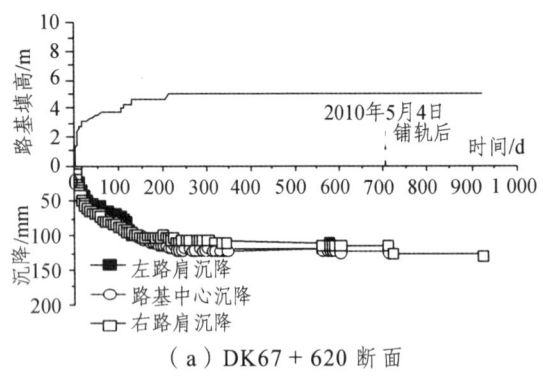

（a）DK67＋620 断面

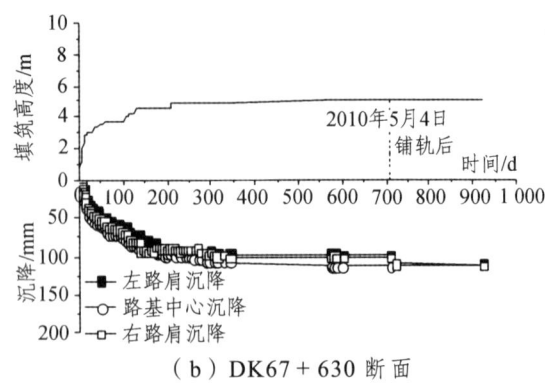

（b）DK67＋630 断面

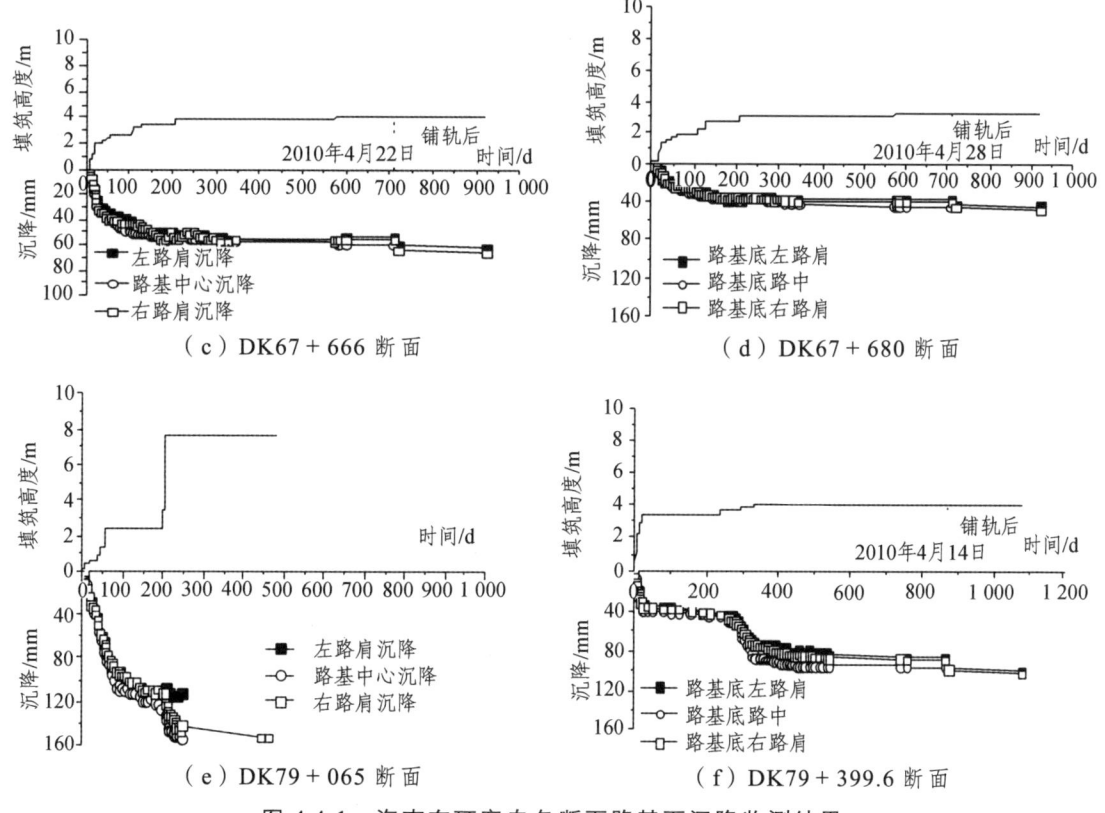

图 4.4-1 海南东环客专各断面路基面沉降监测结果

2. 地基分层沉降观测结果

海南东环客专全风化花岗岩地基土分层沉降观测结果如图 4.4-2 所示，可以发现，在加载期间，沉降曲线很陡，压缩发生很快。浅层的风化花岗岩沉降量比较大，随着地层深度的增加，其沉降逐步减少，而观测区以下地基层的压缩量占地基总沉降量的比例却相当大，因此观测区以下的总沉降量还应予以重视。对比地基分层沉降情况，发现地基表层沉降相对较大，而深层沉降依次呈现非线性降低。

由地基的分层沉降结果还可以看出：① 地基的土质是不均匀的；② 虽然沉降磁环埋设在 20 m 甚至更深，但是最后一个磁环下的沉降相对于总沉降来说仍比较大，而沉降磁环测试区的相对沉降较小，这个结果表明，在进行高速铁路设计时，其附加应力的影响深度的设定，决定了总沉降及工后沉降预测值的误差大小；③ 从分层沉降可以看出，尽管全风化花岗岩土质不均匀，在施工过程中完成了总沉降的大部分。

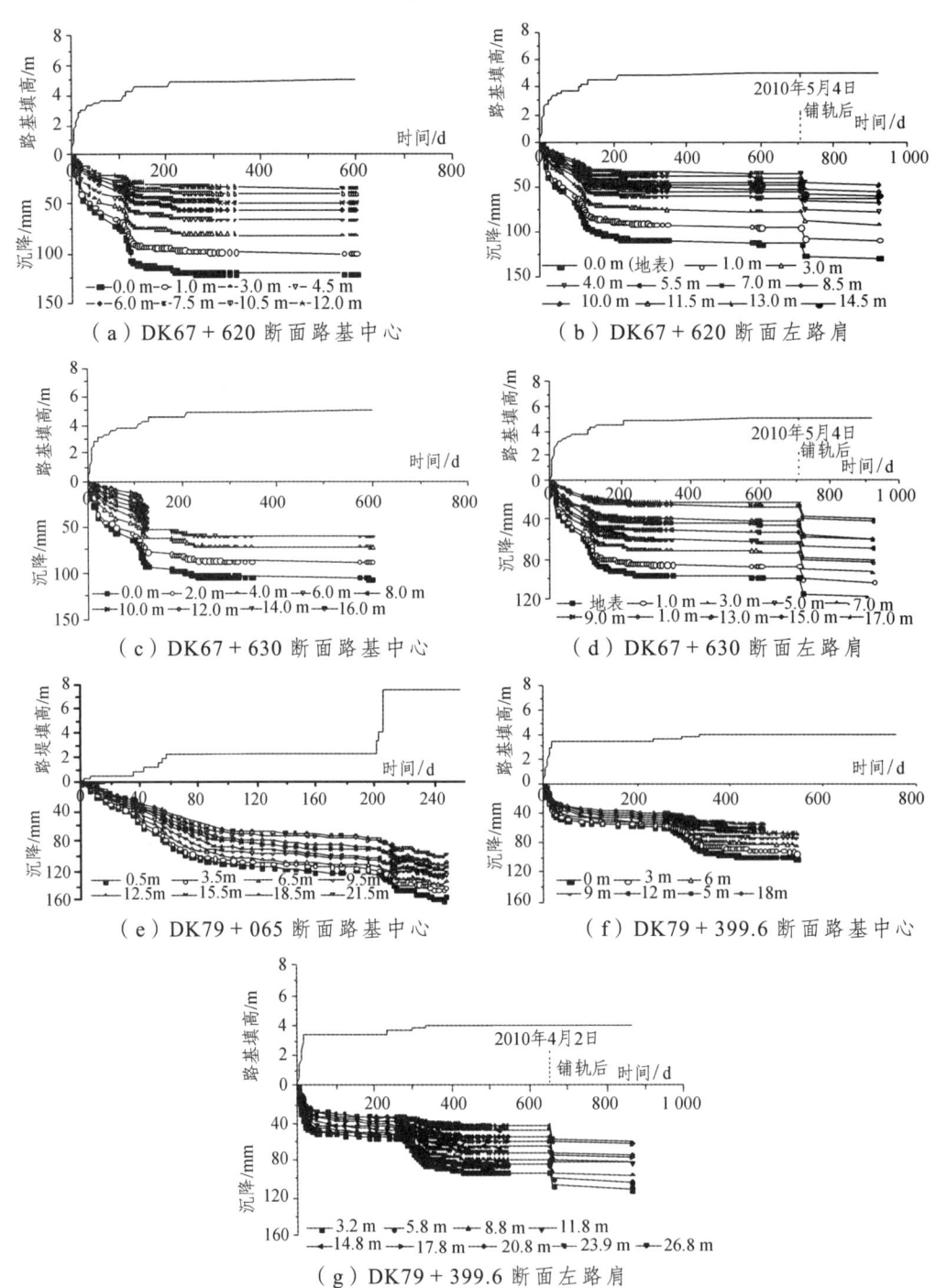

图 4.4-2 海南东环客专各断面地基分层沉降监测结果

4.4.2 胶济客专地基沉降观测结果

1. 地基沉降观测结果

胶济客专路基沉降观测结果如图 4.4-3 所示。结果表明，填筑初期，沉降以地基侧向变形引起的瞬间沉降为主，沉降随着路基高度的增加线性发展，沉降速度较快。填筑后期，沉降量进一步增加，沉降曲线较陡。路基填筑完成后，沉降速度开始减缓，沉降曲线趋于稳定。胶济客专天然非饱和粉土、粉质黏土未加固地基路基填筑时间为 70 d，填筑期沉降为观测总沉降的 90%；强夯断面的填筑期为 118 d，填筑期沉降约为观测总沉降的 80%；换填断面的填筑期约为 120 d，填筑期沉降为总沉降的 86.5%~89%；水泥搅拌桩填筑期为 99 d，填筑期沉降最大可达观测总沉降的 95.8%。现场沉降监测表明，地基面沉降由路基中心向路肩逐渐递减，路基面沉降变化趋势一致，路基沉降均匀。胶济客专实测总沉降 84~152 mm，工后沉降 6~10 mm。

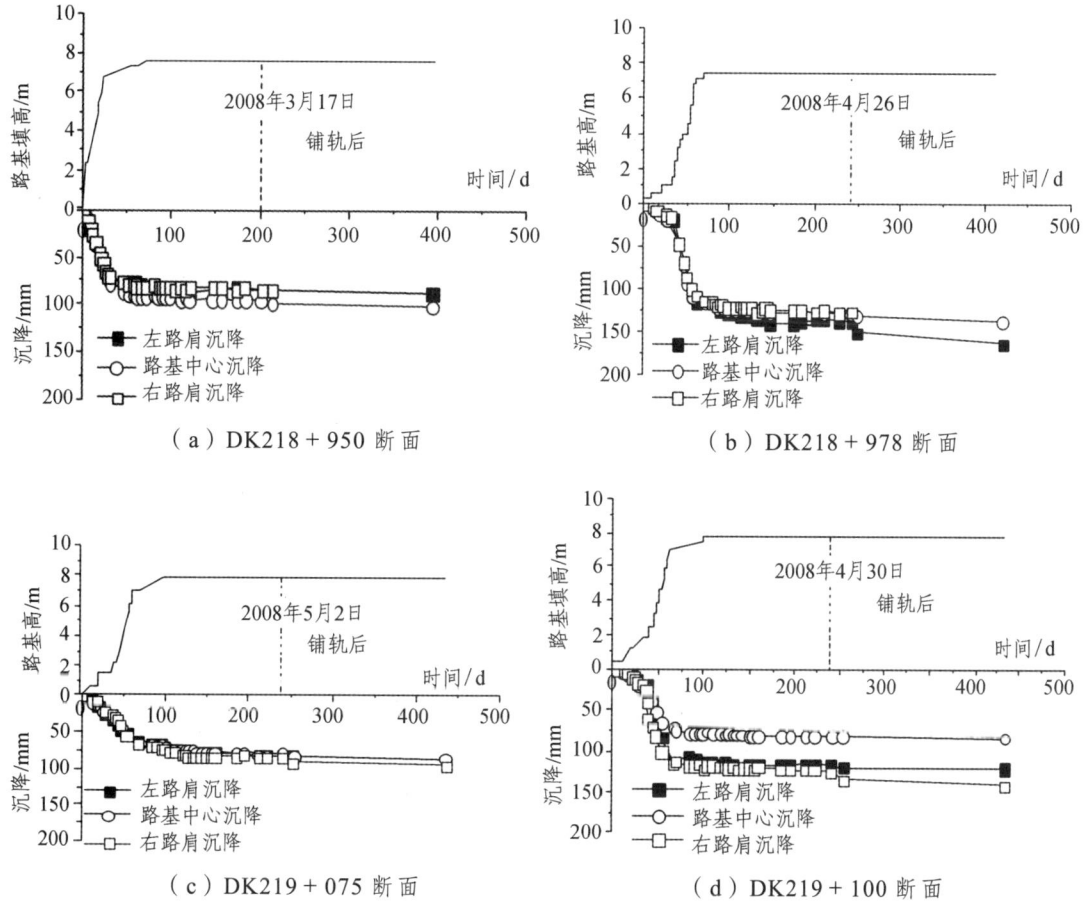

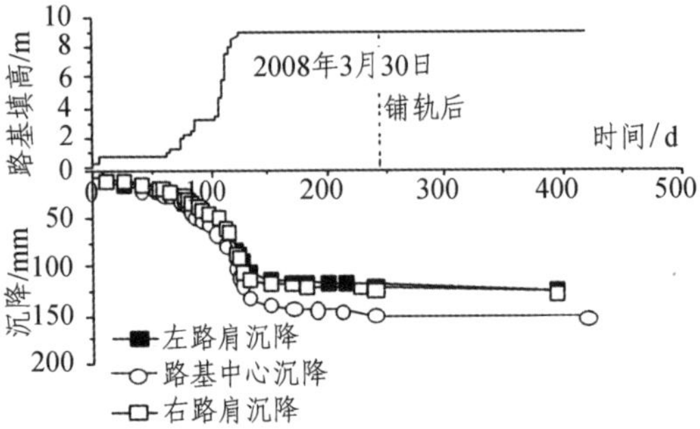

(e）DK225+560 断面 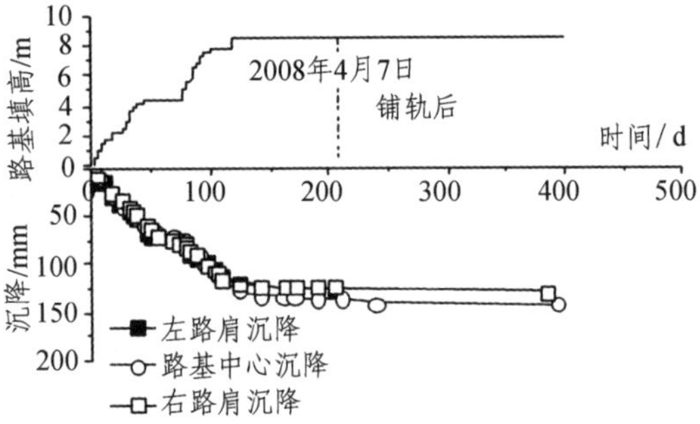　　　　　　（f）DK225+700 断面

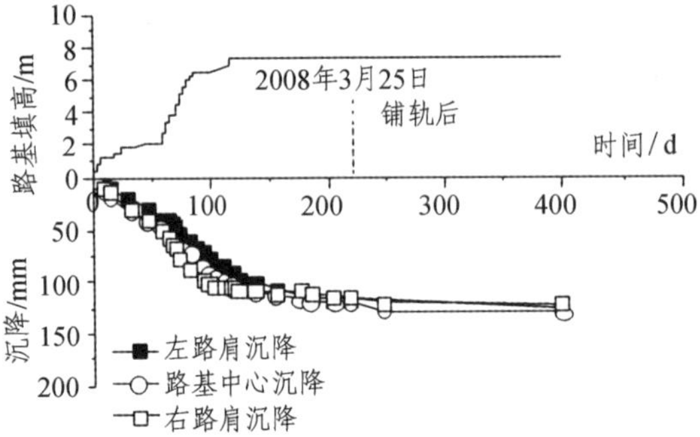

(g）DK226+875 断面 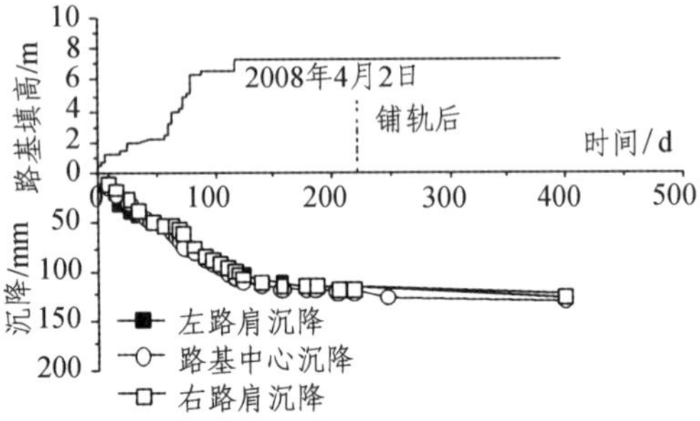　　　　　　（h）DK226+925 断面

图 4.4-3　胶济客专各断面路基面沉降监测结果

2. 地基分层沉降观测结果

胶济客专地基分层沉降观测结果如图 4.4-4 所示，结果表明浅层地基（5 m 以内）沉降量大，随着深度的增加，压缩沉降量明显变小。

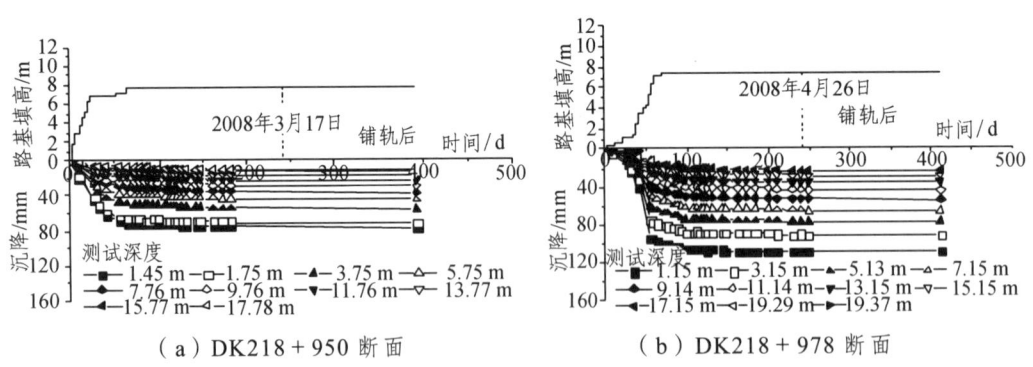

（a）DK218+950 断面　　　　　　（b）DK218+978 断面

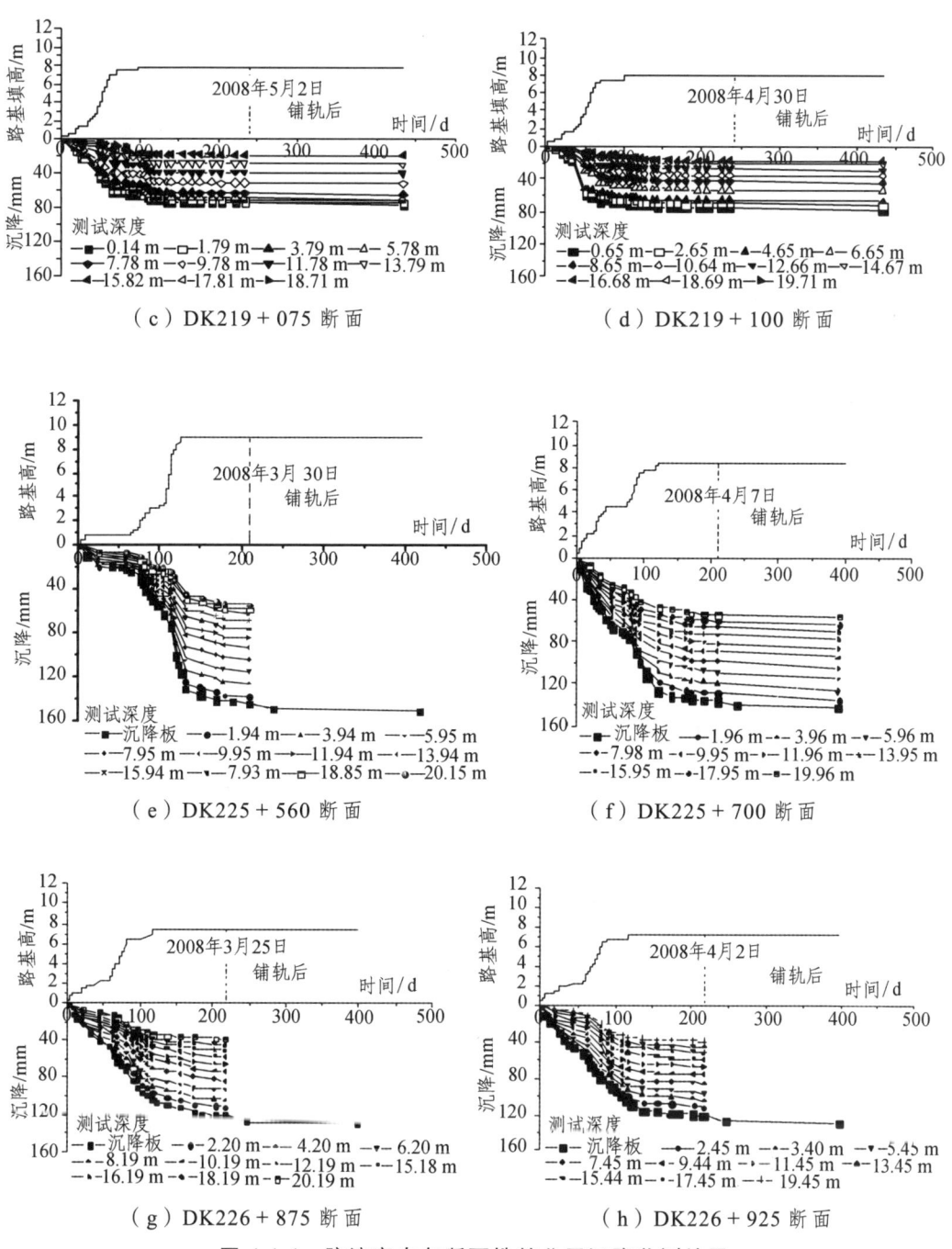

图 4.4-4 胶济客专各断面地基分层沉降监测结果

4.4.3 云桂客专地基沉降观测结果

1. 地表沉降观测结果

云桂客专地基沉降变形观测结果如图 4.4-5 所示,结果表明:路基填筑期完成的总沉降比例为 63.8%~89.0%,均值为 80.1%;经过短期放置(3 个月左右)可完成总沉降的比例为 89.3%~92.3%,均值为 90.8%,即工后沉降占总沉降的比例约为 9.2%;对云桂客专 CFG 桩复合地基而言,下卧层沉降占总沉降比例为 82.7%~86.9%,平均值 84.9%。

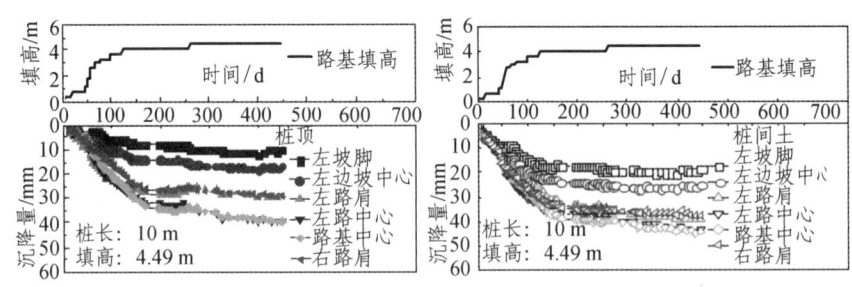

(a) DK619+410 断面

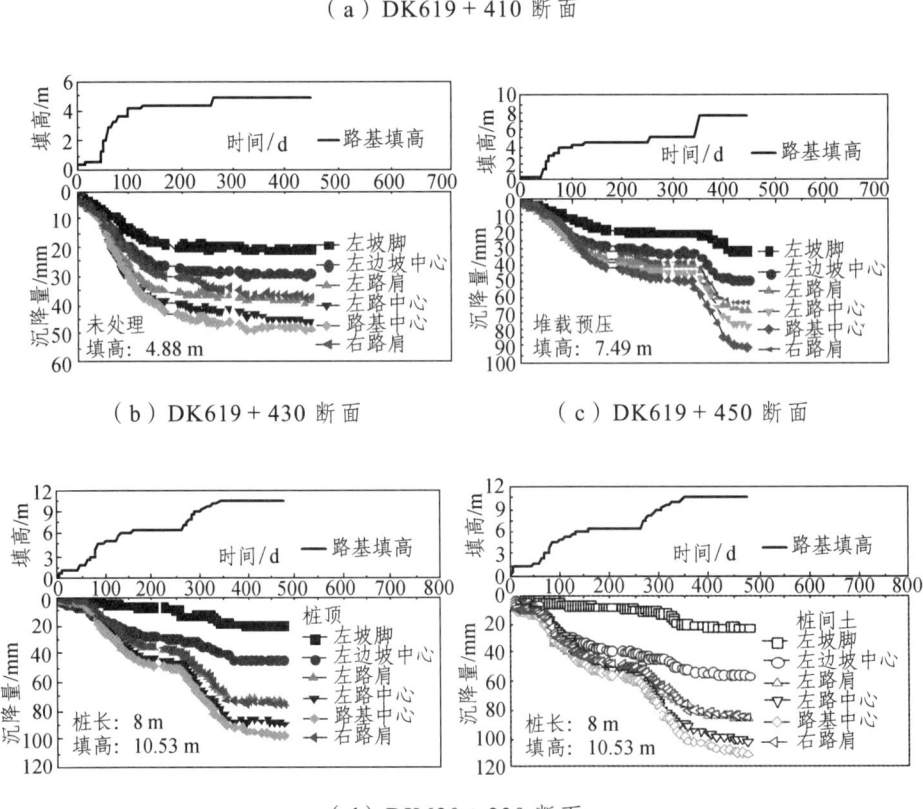

(b) DK619+430 断面 (c) DK619+450 断面

(d) DK620+230 断面

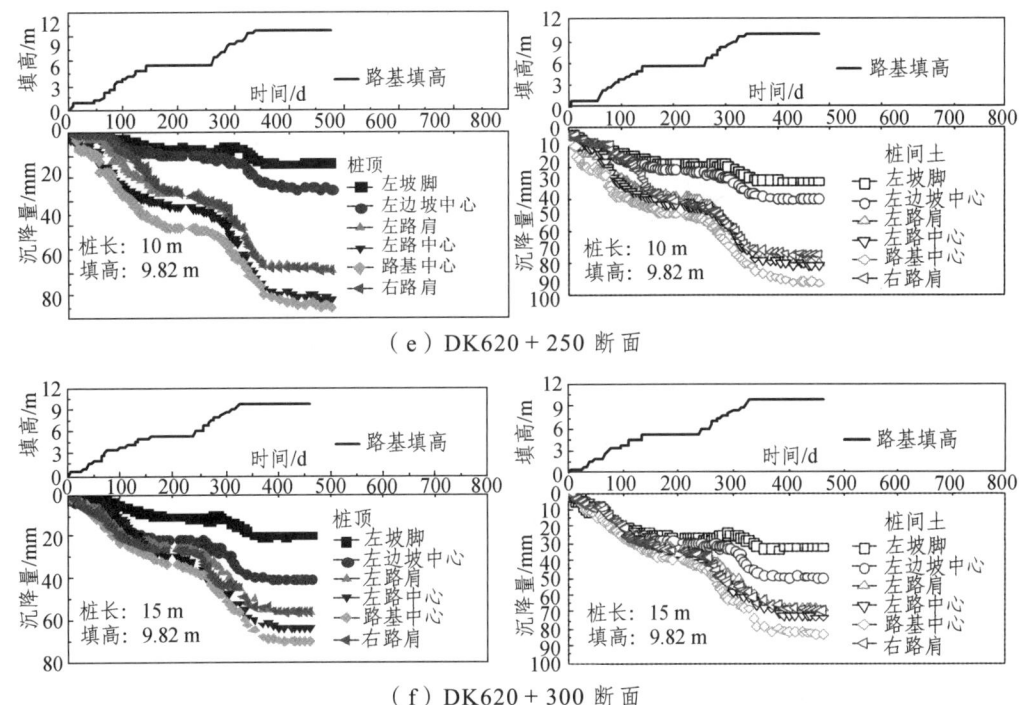

(e) DK620+250 断面

(f) DK620+300 断面

图 4.4-5 云桂客专各断面地基沉降监测结果

云桂客专 6 处试验工点现场实际填筑情况统计见表 4.4-1。

表 4.4-1 现场填筑试验各阶段沉降统计

断面	处理方式	设计填高/m	总沉降/mm	填筑期沉降占总沉降比例/%	放置期(3个月)沉降占总沉降比例/%
DK619+410	10 mCFG 桩	5.38	44.41	82.2	91.9
DK619+430	未处理	5.38	53.08	76.5	89.3
DK619+450	堆载预压	5.38	91.17	63.8	89.5
DK620+230	8 mCFG 桩	11.4	111.16	89.0	92.3
DK620+250	10 mCFG 桩	10.61	92.23	87.3	90.0
DK620+300	15 mCFG 桩	9.96	83.08	82.1	92.0

2. 地基分层沉降观测结果

云桂客专地基分层沉降观测结果如图 4.4-6 所示,各试验断面下卧层沉降占总沉降比例统计见表 4.4-2。

分析研究表明:对云桂铁路 CFG 桩复合地基而言,下卧层沉降占总沉降比例为 82.7%~86.9%。

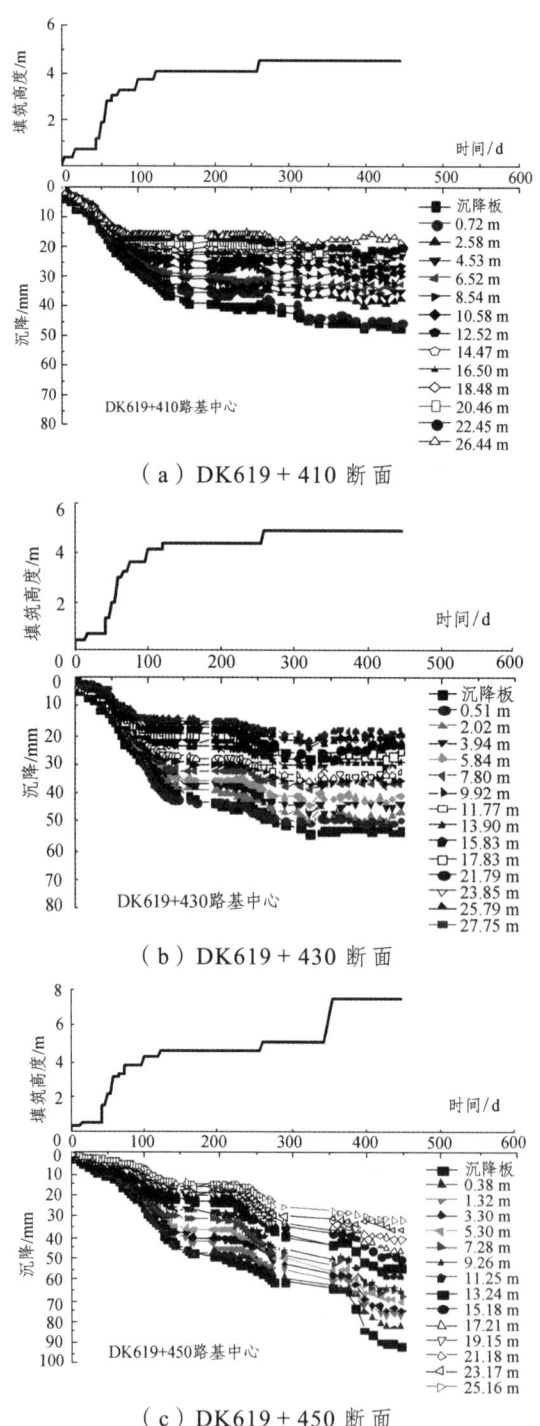

(a) DK619+410 断面

(b) DK619+430 断面

(c) DK619+450 断面

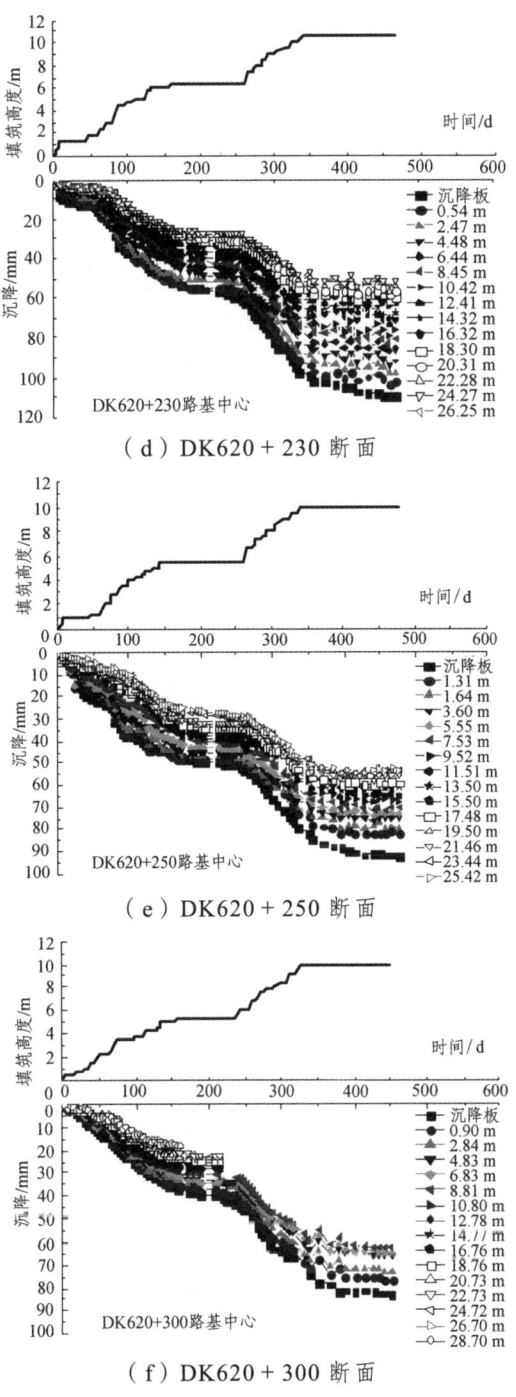

（d）DK620＋230 断面

（e）DK620＋250 断面

（f）DK620＋300 断面

图 4.4-6　云桂客专各断面地基分层沉降监测结果

表 4.4-2　CFG 桩复合地基下卧层沉降占总沉降比例统计

地基处理方式	断面	桩长/m	填高/m	下卧层沉降占总沉降比例/%
CFG 桩复合地基	DK619+410	10	5.38	85.2
	DK620+230	8	11.40	82.7
	DK620+250	10	10.61	86.9
	DK620+300	15	9.96	84.6

4.4.4　柳南客专地基沉降观测结果

1. 地基沉降观测结果

DK559+475、DK559+507、DK559+540、DK559+606、DK559+650 五个断面，在地基 CFG 桩桩顶和桩间土均设置了沉降板，其沉降观测结果如图 4.4-7～图 4.4-12 所示。

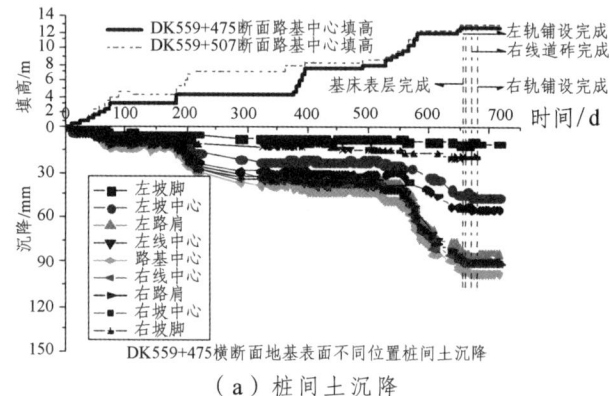

（a）桩间土沉降

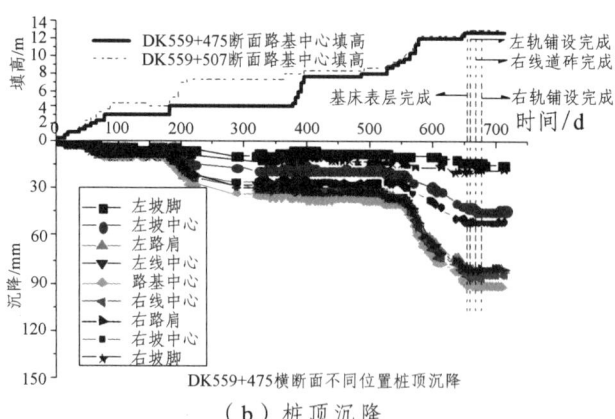

（b）桩顶沉降

图 4.4-7　DK559+475 断面沉降-时间关系

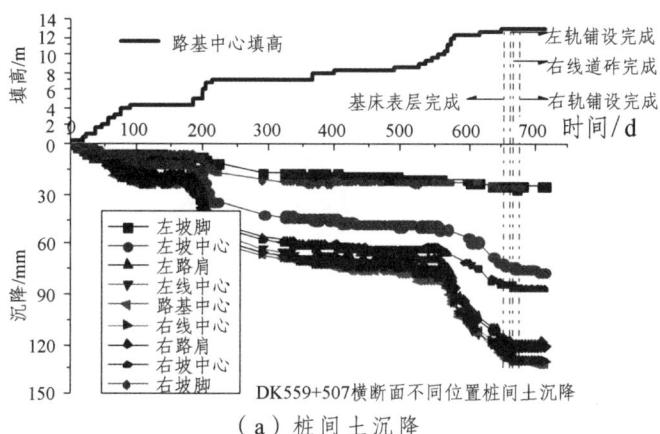

(a）桩间土沉降

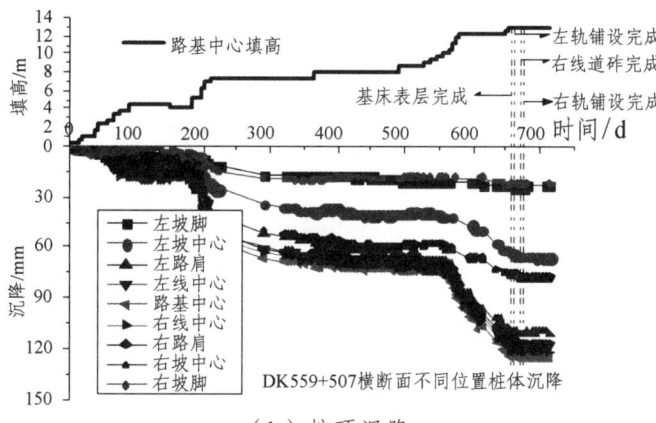

(b）桩顶沉降

图 4.4-8　DK559+507 断面沉降-时间关系

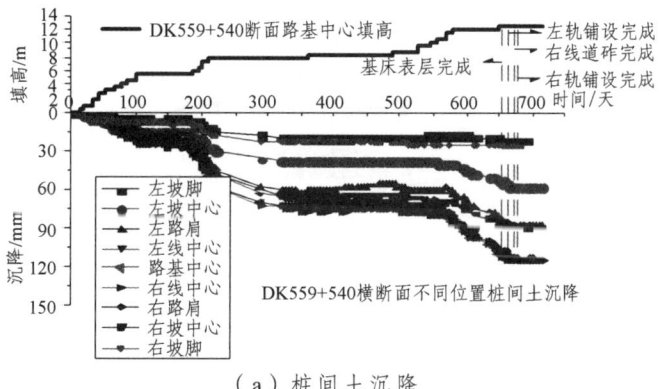

(a）桩间土沉降

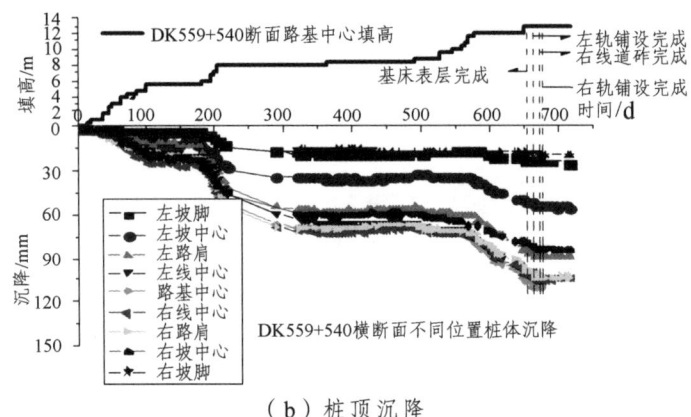

（b）桩顶沉降

图 4.4-9　DK559+540 断面沉降-时间关系

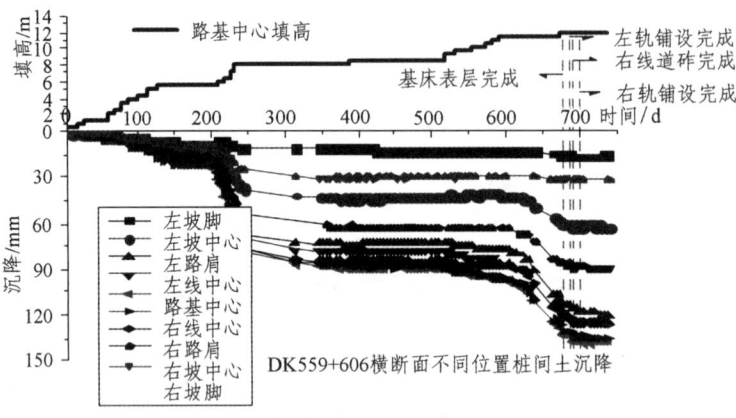

（a）桩间土沉降

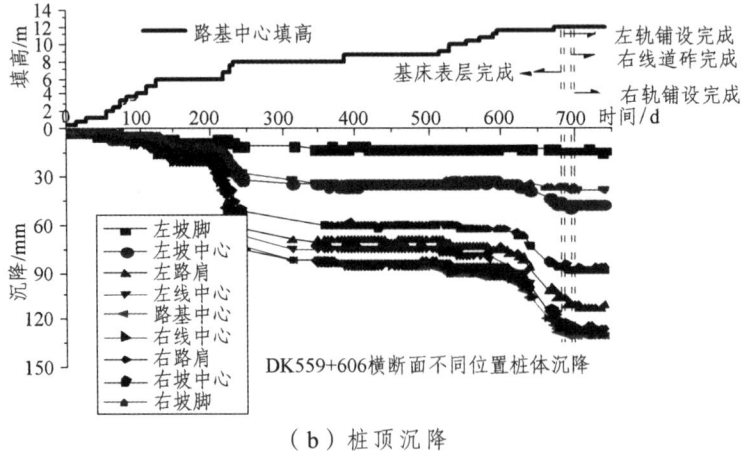

（b）桩顶沉降

图 4.4-10　DK559+606 断面沉降-时间关系

第4章 中等压缩性土地基沉降特性

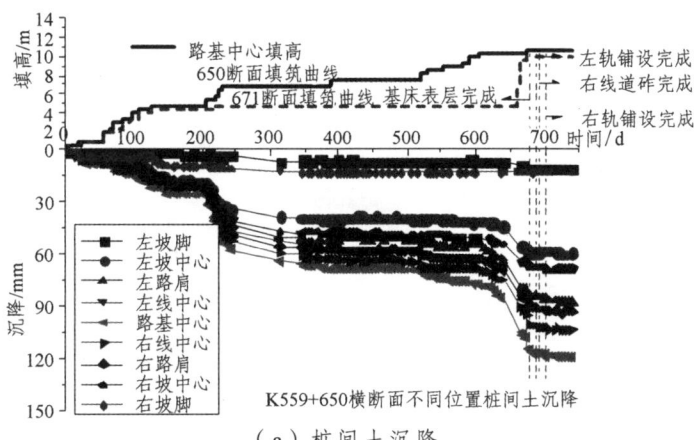

(a) 桩间土沉降

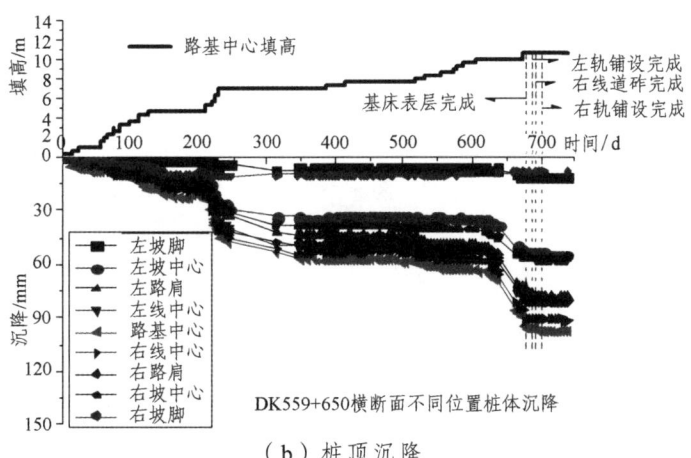

(b) 桩顶沉降

图 4.4-11 DK559+650 断面沉降-时间关系

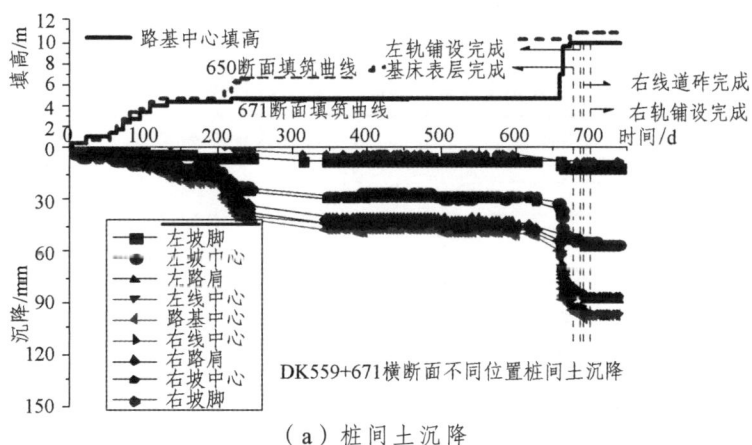

(a) 桩间土沉降

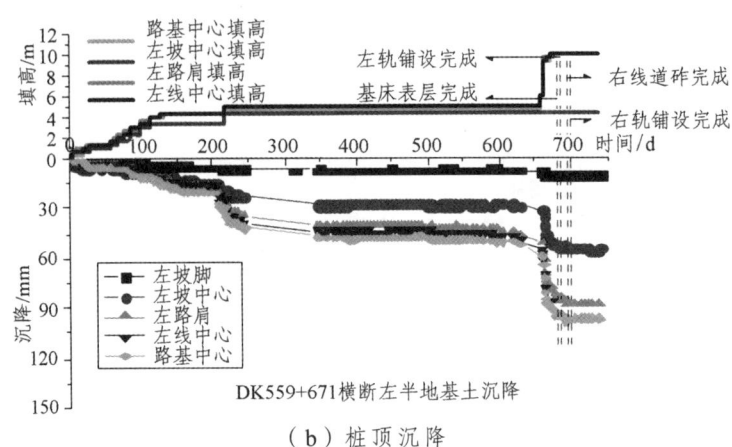

(b)桩顶沉降

图 4.4-12　DK559+671 断面沉降-时间关系

本线路基填筑由于受过渡段施工停滞影响，填筑和放置时间均较长。各断面地表沉降随填高、时间的发展规律大致相同，填筑初期，沉降随着路基高度的增加线性发展，沉降速度较快。填筑后期，沉降量进一步增加，沉降曲线较陡。路基填筑完成后，沉降速度开始减缓，沉降曲线趋于稳定。当填高小于 8 m 时，路基填筑期间沉降较大；路基放置较长时间后，路基超过一定填高时沉降速率突然增大。主要原因是路基放置期较长，土体固结导致地基有效应力提高，抗剪强度增大，当上覆荷载超过地基结构强度而未达其抗剪强度时，地基结构性破坏，沉降迅速增大。

CFG 桩加固处理断面桩间土沉降比 CFG 桩桩顶要大，桩土沉降差随着路基填高的增大而增大，DK559+650 断面未设桩帽，路基中心桩土差异沉降最大为 21.5 mm，其他设置桩帽断面一般在 10 mm 以内；桩土沉降差存在路基中心处较大，逐渐向两侧递减，坡脚处归零趋势。

统计柳南客专现场实际路基填筑情况发现，路基填筑期时间占总施工时间比例较小，主要是由于多次停工原因导致路基放置期时间普遍延长。

表 4.4-3　各阶段地表沉降统计情况

断面	处理方式	填筑+放置时间/d	总沉降/mm	填筑+放置期沉降完成比例/%
DK559+475	8 mCFG 桩	699	98	97.7
DK559+507	12 mCFG 桩	698	131	98.1
DK559+540	12 mCFG 桩	700	114.5	95.2
DK559+606	6 mCFG 桩	737	138.5	96.4
DK559+650	6 mCFG 桩	727	119	96.2
DK559+671	天然地基	729	97.5	98.8

2. 地基分层沉降观测结果

柳南客专地基分层沉降观测结果如图 4.4-13 所示，各试验断面下卧层沉降占总沉降比例统计见表 4.4-4。

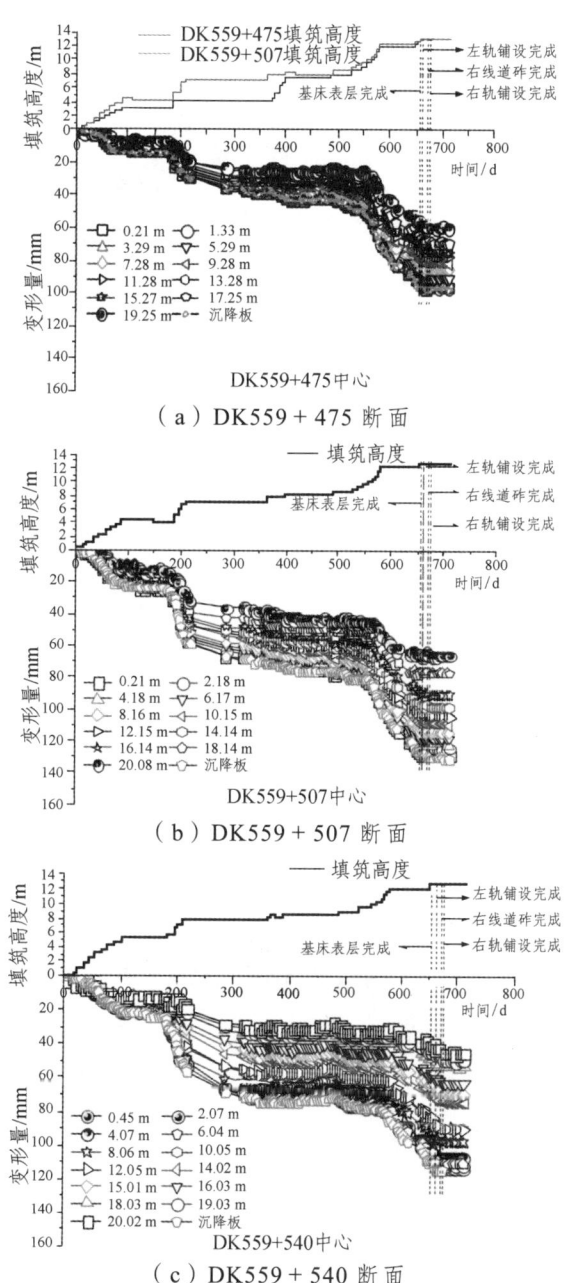

(a) DK559+475 断面

(b) DK559+507 断面

(c) DK559+540 断面

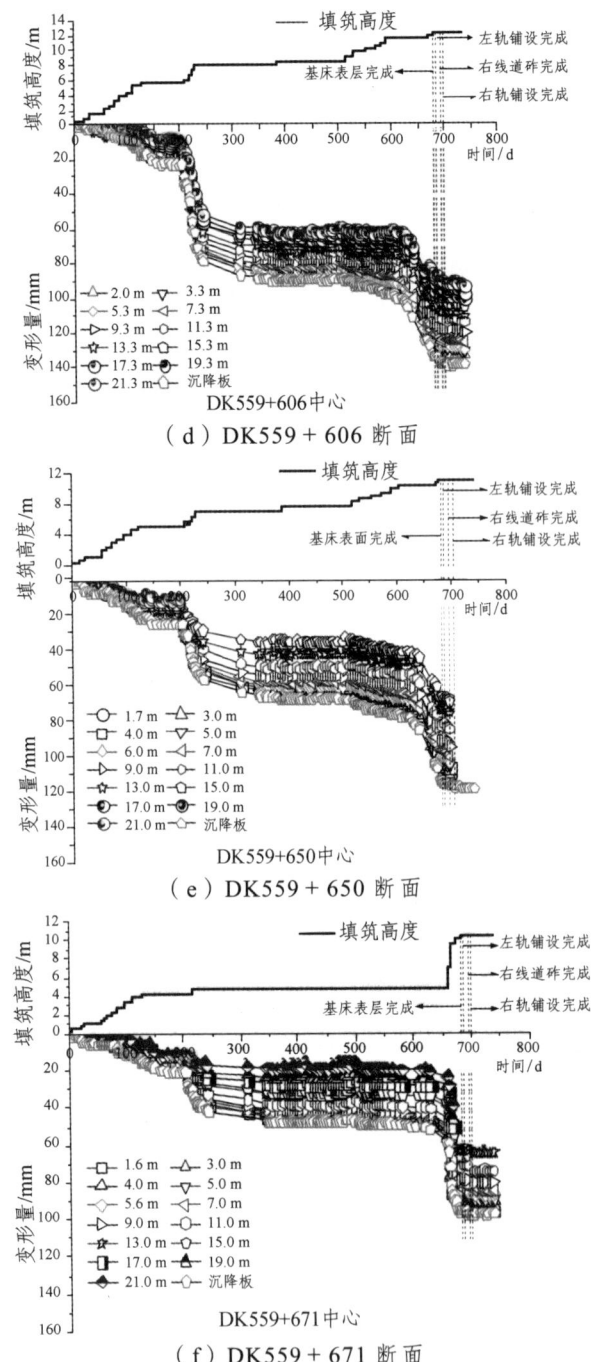

图 4.4-13 柳南客专路基中心分层沉降-时间关系

从各监测断面分层沉降-时间关系可知：路基填筑期与放置期前期地基沉降较大，并且各深度地基沉降随时间发展规律基本一致；地基分层沉降随深度增大逐渐减小，相同厚度的加固区分层压缩量较下卧层小；分层沉降监测区域分布在 0~21 m，21 m 以下沉降占地表总沉降比例很大，监测区域以下的沉降应予以重视；CFG 桩加固区地基沉降较小，在桩底附近地基沉降较加固区增大，而后随着深度增大沉降逐渐减小。这是由于路堤上部荷载通过 CFG 桩体传递到桩端持力层上，造成下卧层沉降增大，而加固区压缩量减小，此外下卧层附加应力衰减使得沉降随深度而减小。

表 4.4-4 给出了 6 处监测断面各阶段地基分层沉降统计情况。

表 4.4-4 加固区地基沉降统计情况

断面	处理方式	加固区沉降/mm	总沉降/mm	加固区占总沉降比例/%	监测区占总沉降比例/%
DK559+475	8 mCFG 桩	13.0	98	13.3	38.8
DK559+507	12 mCFG 桩	16.5	131	12.6	49.6
DK559+540	12 mCFG 桩	24.2	114.5	21.1	60.6
DK559+606	6 mCFG 桩	10.9	138.5	7.9	32.8
DK559+650	6 mCFG 桩	14.3	119	12.0	41.4
DK559+671	天然地基	—	97.5	—	68.8

4.4.5 成绵乐客专地基沉降观测结果

1. 地基沉降观测结果

DK149+560（CFG 桩加固）、DZ3DK1+860（天然地基）、DZ3DK1+870（天然地基）3 个断面，其沉降观测结果如图 4.4-14 所示。

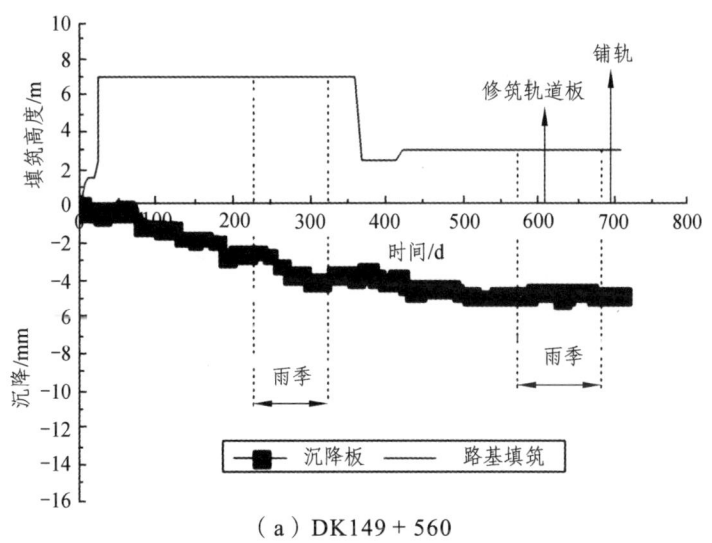

（a）DK149+560

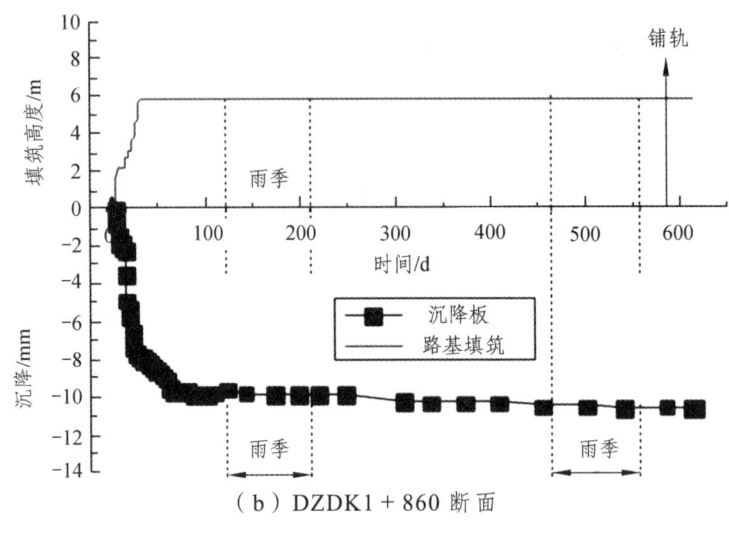

(b) DZDK1+860 断面

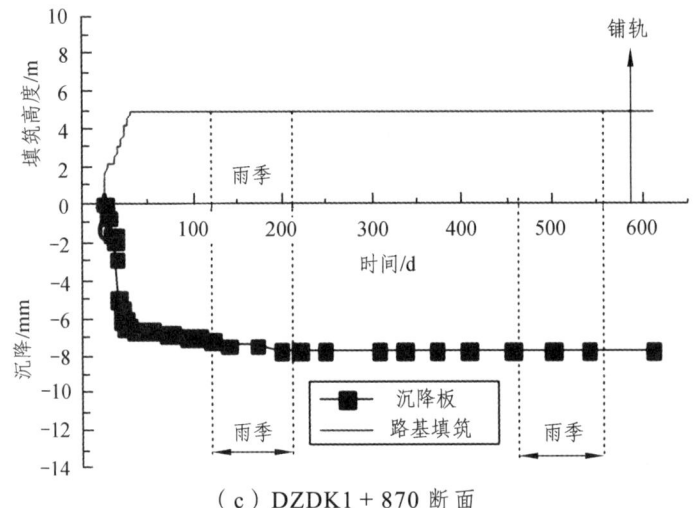

(c) DZDK1+870 断面

图 4.4-14 成绵乐客专地基面沉降-填高关系

通过分析研究表明，成都黏土地基总沉降为 5～10 mm，其中路基填筑期完成的总沉降比例为 74.2%～84.4%，均值为 79.3%；放置 3 个月后，地基沉降完成总沉降的比例为 94.1%～95.2%；工后沉降占总沉降的比例为 5.9%～4.8%，均值为 4.9%。

2. 分层沉降监测结果

各断面地基分层沉降量和填土高度随时间变化的关系曲线如图 4.4-15 所示。

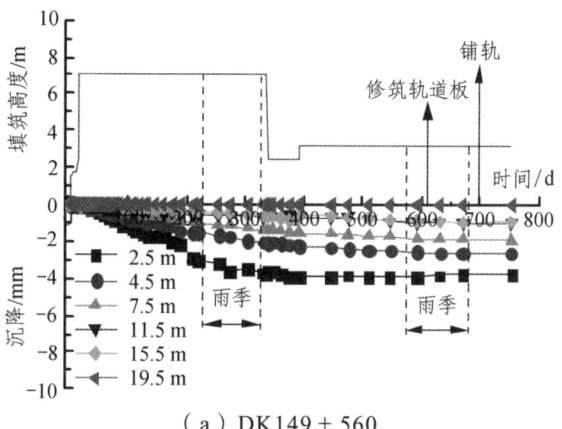

（a）DK149+560

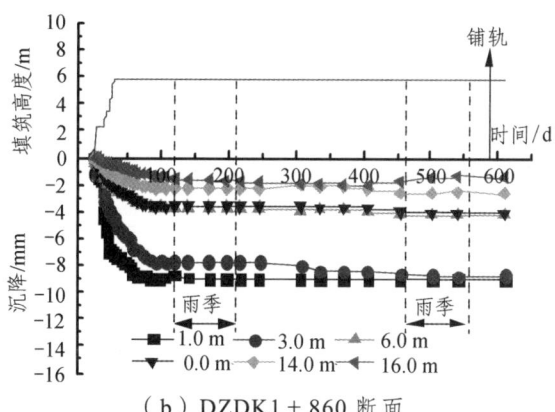

（b）DZDK1+860 断面

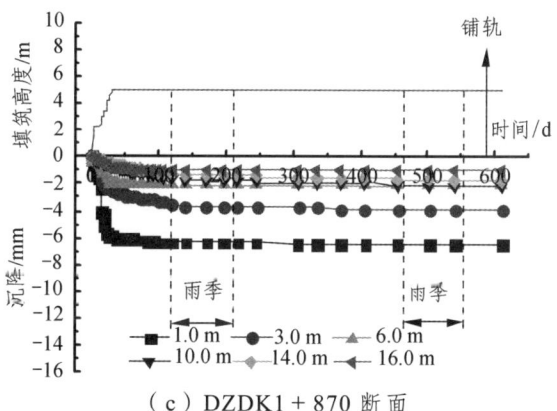

（c）DZDK1+870 断面

图 4.4-15　成绵乐客专地基面分层沉降-填高关系

研究表明，成绵乐客专成都黏土天然地基，14 m 深度以下沉降为监测总沉降的 26.9%～28.7%，均值为 27.8%，所占总沉降比例较小，0～14 m 深度范围沉降比例约为 72.2%。

4.5 中等压缩性土地基沉降特性综合分析

4.5.1 地基沉降与时间的关系

（1）中等压缩性土地基现场工点离心模型试验结果表明：海南东环客专花岗岩全风化层地基在路基填筑＋放置期可完成总沉降的 75.5%～80%，胶济客专粉质黏土和粉土地基在路基填筑＋放置期可完成总沉降的 68.5%～77.6%，填筑 10～20 个月后沉降稳定。

（2）中等压缩性土地基数值模拟结果表明：海南东环客专饱和花岗岩全风化层地基填筑期可完成总沉降的 97.6%～98.4%，填筑完成后放置 30～40 d 沉降稳定；胶济客专非饱和土地基填筑期可完成总沉降的 71.5%～89.3%，填筑完成后放置 115～250 d 沉降稳定；柳南客专红黏土地基填筑期可完成总沉降 90.9%～96.6%，填筑完成后放置 80 d 沉降稳定。

（3）中等压缩性土地基现场实测结果表明：海南东环客专花岗岩全风化层地基，填筑时间约为 205～210 d，填筑期可完成总沉降的 82.2%～96.7%；胶济客专天然非饱和粉土、粉质黏土地基，填筑时间为 70～120 d，填筑期可完成总沉降的 80%～95.8%；云桂客专弥勒膨胀土地基，路基填筑期可完成总沉降的 63.8%～89.0%，放置 3 个月左右可完成总沉降的比例为 89.3%～92.3%；柳南客专红黏土地基，路基填筑期可完成总沉降比例为 79.7%～87.6%；成绵乐客专成都黏土地基，路基填筑期完成的总沉降比例为 74.2%～84.4%，放置 3 个月，地基沉降可完成总沉降的 94.1%～95.2%。

（4）离心模型试验路堤填筑＋放置期完成总沉降的比例小于数值模拟和现场实测值，其原因是离心模型试验重塑地基土样破坏了原状土的结构性，导致中等压缩性土重塑地基在路基荷载作用下固结时间增加。

（5）综合离心模型试验、数值模拟和现场实测值成果，可以得出压缩系数为 0.1～0.3 MPa^{-1} 的中等压缩性土地基沉降以地基侧向变形引起的瞬间沉降为主，在控制速率、分层填筑的情况下路堤填筑期可完成总沉降的 80%左右，经过放置 3～6 个月可完成总沉降的 90%左右，地基施工期完成的沉降比例明显高于《建筑地基基础设计规范》（GB 50007—2002）的 20%～50%。

4.5.2 地基分层沉降规律

（1）在加载期间，沉降曲线很陡，压缩发生很快；天然地基浅层 5-8 m 的沉降量比较大，占总沉降的 50%以上，随着地层深度的增加，其沉降逐步减少。

（2）填方高度较大（5~12 m）的路基，浅—中层加固深度（6~15 m）的复合地基分层沉降观测结果表明，下卧层沉降占总沉降比例较大，为总沉降的 15%~30%。

（3）具有超固特性的膨胀土地基，填方高度较小（小于 5 m），填方荷载小于地基土的超固结压力时，地基沉降很小；填方高度增大，上覆荷载大于地基土的超固结压力时，地基沉降显著增大。

第5章 高速铁路中等压缩性土地基设计与工程技术

5.1 中等压缩性土地基处理原则及措施

5.1.1 高速铁路沉降控制标准

1. 无砟轨道

无砟轨道路基工后沉降应符合线路平顺性、结构稳定性和扣件调整能力的要求。工后沉降不宜超过 15 mm，沉降比较均匀并且调整轨面高程后的竖曲线半径符合式 5.1-1 的要求时，允许的工后沉降为 30 mm。

$$R_{sh} \geqslant 0.4v^2 \quad (5.1\text{-}1)$$

路基与桥梁、隧道或横向结构交界处的工后差异沉降不应大于 5 mm，不均匀沉降造成的折角不应大于 1/1000。

2. 有砟轨道

有砟轨道正线路基工后沉降要求如表 5.1-1 所示。

表 5.1-1 有砟轨道高速铁路工后沉降控制标准

设计速度/(km/h)	一般地段工后沉降/cm	过渡段工后沉降/cm	沉降速率/(cm/a)
250	≤10	≤5	≤3
300、350	≤5	≤3	≤2

5.1.2 中等压缩性土地基处理原则及措施

海南东环客专饱和花岗岩全风化层地基压缩系数（$a_{1\text{-}2}$）为 0.141~0.284 MPa^{-1}，胶济客专非饱和粉土、粉质黏土地基压缩系数为 0.117~0.217 MPa^{-1}，柳南客专红黏土地基压缩系数为 0.091~0.152 MPa^{-1}，云桂客专膨胀土地基压缩系数为 0.125~0.399 MPa^{-1}，成绵乐客专成都黏土地基压缩系数为 0.14~0.42 MPa^{-1}，除地基表层受大气影响及不均匀性影响外，其余地基压缩系数大多为 0.12~0.3 MPa^{-1}，是中等压缩性土中压缩性较低的地基土，定义为中低压缩性土。

离心模型试验、数值模拟及现场沉降观测结果综合分析表明控制速率分层均匀填筑，路堤填筑期中低压缩性土地基可完成总沉降的 80%左右，经过放置 3~6 个月可完成总沉降的 90%左右；同时鉴于中等压缩性厚层土层地基浅层沉降量大、地基浅层受降雨等因素影响大及浅层地基不均匀性等特点，地基处理可按以下原则进行。

1. 有砟轨道

由于中低压缩性土地基承载力一般较高，当沉降满足表 5.1-1 要求时，可以采用重型碾压、冲击碾压对地表处理后即可填筑有砟轨道路基；当高填方及过渡段的沉降计算不满足要求时，一般可采用 CFG 桩等进行地基加固处理；当中低压缩性土地基表层有软土、松软土时，原则上只对地基表层存在的软土、松软土采取挖除换填、水泥搅拌桩、CFG 桩等复合地基进行加固，中低压缩性土地基处理原则见表 5.1-2。

表 5.1-2 有砟轨道中低压缩性土地基处理原则

速度目标值	一般地段	过渡段
250 km/h	重型碾压、冲击碾压	$h>7$ m 进行处理
300、350 km/h	$h>7$ m 进行处理	$h>5$ m 进行处理

注：h 为填方高度；地基条件为厚层中低压缩性土，地基承力大于 150 kPa。

2. 无砟轨道

一般中低压缩性土地基不进行处理时，在路基控制速率分层填筑后放置不少于 6 个月后进行铺轨，工后沉降基本满足无砟轨道要求，考虑到地基浅层 5~8 m 沉降量大、浅层地基土的不均匀性、降雨等因素对地基浅层的影响及无砟轨道沉降控制的严格性，建议修建无砟轨道地段对中低压缩性土地基浅层 5~8 m 采用 CFG 桩、强夯、堆载预压等措施进行地基加固，过渡段或地表存在软土、松软土时则地基处理深度加大，宜联合堆载预压措施。

膨胀土通常具有超固结特性，当填方荷载小于地基土的超固结压力时，地基沉降很小；当上覆填方荷载大于地基土的超固结压力时，地基沉降显著增大。故填方荷载小于地基土的超固结压力时（填方高度通常小于 5 m），对地基浅层 4~6 m 采用 CFG 桩进行处理；当填方荷载大于地基土的超固结压力时，根据沉降计算对地基采用 CFG 桩等进行处理；对于膨胀土路堑，为避免大气影响范围内膨胀土地基弱化及吸水产生向上的膨胀变形，路基基床范围进行全部换填，并对地基采用小桩径、小间距的 CFG 桩进行加固处理。

5.2 中等压缩性土地基沉降计算参数获取

实际工程应用中，不同的原位测试方法适用条件和范围有很大差异。平板荷载试验通过分析 *p-s* 曲线确定地基承载力和变形模量，采用强度和变形双重安全度控制，但是仅适用于地表以下 2 倍荷载板直径或宽度的范围。标准贯入试验操作简单、地层适应性广、成本低廉，对不易钻探取样的砂土和砂质粉土尤为适用，试验获得的数据虽存在着一定的离散性，但不同孔位所得的试验值相关性较好。静力触探试验虽然受到反力装置的限制，通常用于工程设计施工所重点关注的表层土体勘测研究，但是对现场地基土扰动小，测量精度高，能够最大限度减小试验过程中地基变形所引起的土层结构性变化和吸力波动，满足中等压缩性土特性测试要求。旁压试验的优势主要表现在深层地基土中，通过量测孔壁土体发生径向变形，确定压力和径向变形的关系获得旁压模量、变形模量和地基承载力等参数，但其最大的缺点是预先钻孔、孔壁土层中的天然应力卸除，加之钻孔孔径与旁压器外径难以有效配合，土层的扰动在所难免，使测试效果不甚理想。

室内固结压缩试验的土层适应性广，可获得各类土层变形模量，还可测得黏性土的固结系数、土体前期固结压力等，为地基沉降-时间计算与固结特征判定提供依据；然而，基于室内固结压缩试验的沉降计算值往往偏大，这与其一维单向固结压缩有关，而且室内固结压缩试验对原状土样的采集要求高，试验周期长，费时费力。

根据各试验方法的适应性和优缺点，并结合第 2 章和第 3 章中等压缩性土的室内试验和现场原位试验结果进行了综合分析整理，结合表 3.6-1～表 3.6-3 结果，建议结合室内固结试验、静力触探试验及标准贯入试验综合确定非饱和粉土、粉质黏土地基岩土参数，采用标贯试验确定花岗岩全风化层岩土参数，采用静力触探试验及标贯试验确定膨胀土岩土参数。

当采用标贯试验确定中等压缩性土岩土参数时，标贯试验与压缩模量的建议经验公式如下：

（1）胶济客专非饱和土压缩模量确定。

非饱和粉质黏土：

$$E_\mathrm{s} = 1.04N + 4.89 \tag{5.2-1}$$

非饱和粉土：

$$E_0 = 1.066N + 7.43 \tag{5.2-2}$$

(2) 海南东环客专饱和花岗岩全风化层压缩模量确定。

$$E_s = 0.713N \quad (5.2\text{-}3)$$

(3) 柳南客专红黏土压缩模量确定。

$$E_s = 2.8N \quad (5.2\text{-}4)$$

式中　N——标准贯入试验捶击数，当 N 大于 50 取 50；

　　　E_s——地基土压缩模量；

　　　E_0——地基土变形模量。

5.3 中等压缩性土地基沉降计算方法

5.3.1 天然地基沉降计算

天然地基土一般都是不均匀的，即使均一土层，随着深度的变化，土的某些物理力学指标也在改变。因此，计算地基沉降，一般把土层分成许多层，分别计算每一分层的压缩变形量，最后叠加而成总沉降，即采用分层总和法进行计算。

对于中等压缩性土地基沉降计算可忽略次固结沉降，天然地基的总沉降量可按下式计算：

$$S = S_d + S_c \quad (5.3\text{-}1)$$

式中　S——地基总沉降量；

　　　S_d——瞬时沉降；

　　　S_c——主固结沉降。

1. 瞬时沉降

瞬时沉降可按弹性理论公式计算，即

$$S_d = \frac{PB}{E}F \quad (5.3\text{-}2)$$

式中　P——路堤底面垂直荷载（kPa）；

　　　B——基础宽度（m）；

　　　E——弹性模量，可由无侧限抗压试验得到，取分层厚度的加权平均值（MPa）；

　　　F——中线沉降系数，由图 5.3-1 查得。

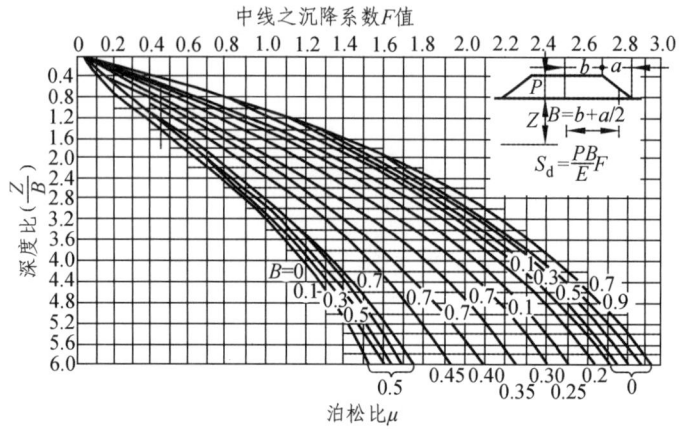

图 5.3-1 中线沉降系数

2. 主固结沉降

主固结沉降采用分层总和法计算，压缩试验资料可用 e-p 曲线、e-$\lg p$ 曲线或地基压缩模量。

（1）采用 e-p 曲线计算。

$$S_c = \sum_{i=1}^{n} \frac{e_{0i} - e_{1i}}{1 + e_{0i}} \Delta h_i \tag{5.3-3}$$

式中 n——地基变形计算深度范围内所划分的土层数；

Δh_i——第 i 层土的厚度（m）；

e_{0i}——第 i 层土中点自重应力所对应的孔隙比；

e_{1i}——第 i 层土中点自重应力与附加应力之和所对应的孔隙比。

（2）采用 e-$\lg p$ 曲线计算。

正常固结土层：

$$S_c = \sum_{i=1}^{n} \frac{\Delta h_i}{1 + e_{0i}} C_{ci} \lg\left(\frac{P_{0i} + \Delta P_i}{P_{ci}}\right) \tag{5.3-4}$$

式中 C_{ci}——土层的压缩指数；

P_{0i}——第 i 层土中点的自重应力（kPa）；

e_{0i}——第 i 层土中点对应于 P_{ci} 时的初始孔隙比；

P_{ci}——第 i 层土中点的前期固结压力（kPa），正常固结时 $P_{ci} = P_{0i}$；

ΔP_i——路堤荷载对第 i 层土中点的附加应力（kPa）。

超固结土层：

$$S_c = S_c' + S_c'' \tag{5.3-5}$$

对于有效附加应力 $\Delta P > P_c - P_0$ 的土层，其沉降量 S_c' 按下式计算：

$$S_c'' = \sum_{i=1}^{n} \frac{\Delta h_i}{1+e_{0i}} \left[C_{si} \lg\left(\frac{P_{ci}}{P_{0i}}\right) + C_{ci} \lg\left(\frac{P_{0i} + \Delta P_i}{P_{ci}}\right) \right] \tag{5.3-6}$$

对于 $\Delta P \leqslant P_c - P_0$ 的土层，其沉降量 S_c'' 按下式计算：

$$S_c'' = \sum_{i=1}^{n} \frac{\Delta h_i}{1+e_{0i}} \left[C_{si} \lg\left(\frac{P_{0i} + \Delta P_i}{P_{ci}}\right) \right] \tag{5.3-7}$$

式中　C_{si}——土层的回弹指数。

（3）对较均质土，主固结沉降也可按压缩模量计算。

$$S_c = \sum_{i=1}^{n} \frac{\Delta P_i}{E_{si}} \Delta h_i \tag{5.3-8}$$

式中　E_{si}——第 i 层土的压缩模量（MPa）。

5.3.2　复合地基沉降计算

5.3.2.1　总沉降量计算

1. 传统方法

在进行复合地基沉降计算时，通常把复合地基沉降量分为加固区的沉降量 S_1 和下卧层的沉降量 S_2 两部分。复合地基的总沉降量 S 可表示为：

$$S = m_s S_c = m_s (S_1 + S_2) \tag{5.3-9}$$

式中　S_c——主固结沉降（m）；
　　　S_1——加固区沉降量（m）；
　　　S_2——下卧层沉降量（m）；
　　　m_s——沉降经验修正系数，与地基条件、荷载强度等因素有关，根据地区沉降观测资料及经验确定。

2. $L/3$ 法

$L/3$ 法将上部荷载直接传递到计算起始面，然后荷载从计算起始面以 30° 从两端向下扩散，通过总应力相同换算每一层的附加应力，从而可利用分层总和法计算每一层的沉降及总沉降。摩擦型桩考虑桩的刺入作用，将复合地基沉降量的计算起始面选在离桩端 $L/3$ 处，如图 5.3-2（a）所示；端承型桩不考虑桩的刺入作用，当持力层为低压缩土时，应将持力层顶面处作为复合地基沉降量的计算起始面，如图 5.3-2（b）所示。

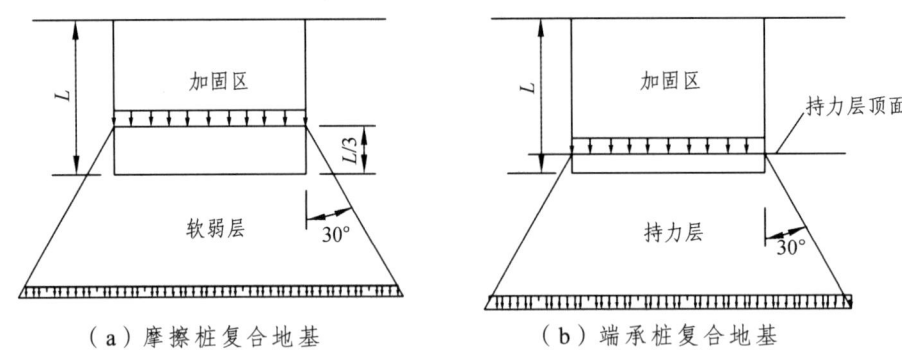

（a）摩擦桩复合地基　　　　　　（b）端承桩复合地基

图 5.3-2　$L/3$ 法

5.3.2.2　加固区沉降量计算

加固区的沉降计算一般有复合模量法、应力修正法、桩身压缩量法和应变修正法等。应力修正法假定桩体和桩间土体压缩量相等，通过计算桩间土的压缩量得到复合地基的压缩量。根据桩间土分担的荷载，忽略增强体的存在，采用分层总和法计算加固区的压缩量。由于桩土应力比难以准确确定，采用该法计算加固区压缩量往往偏大。桩身压缩量法是通过计算桩身的压缩量和桩身刺入下卧层的量得到地基加固区整体的压缩量，该计算方法中桩土应力、桩体的下刺量也难以准确确定，应用难度较大。应变修正法是把加固区分成若干层，计算未加固时每层土的竖向应变，及加固区按塑性和弹性分析法下的应变折减系数值，取其中大值得到复合地基竖向应变值，由每层的应变值计算出每层的压缩量，累加各层的压缩量可以得到整个加固区的压缩量。该方法计算参数难以确定且计算烦琐，实际中也较少采用。综上所述，建议中等压缩性土复合地基加固区的沉降量采用常用的复合模量法、承载力比法来计算。

1. 复合模量法（E_c 法）

复合模量法将复合地基加固区视为一种复合土体，采用复合压缩模量 E_{cs} 评价其压缩性，并采用分层总和法计算加固区的压缩量。复合地基加固区压缩量可采用下式进行计算：

$$S_1 = \sum_{i=1}^{n} \frac{\Delta p_i}{E_{csi}} h_i \qquad (5.3\text{-}10)$$

式中　Δp_i——第 i 层复合土上附加应力增量（kPa）；
　　　h_i——第 i 层复合土层的厚度（m）。

复合模量 E_{cs} 值可通过面积加权平均法得到：

$$E_{cs} = mE_p + (1-m)E_s \tag{5.3-11}$$

式中　E_{cs}——桩-土复合压缩模量（MPa）；
　　　m——复合地基面积置换率；
　　　E_p——桩体压缩模量（MPa）；
　　　E_s——土体压缩模量（MPa）。

复合地基面积置换率：

$$m = \frac{A_p}{A} \tag{5.3-12}$$

式中　A_p——单桩面积；
　　　A——桩周复合土体单元面积。

2. 承载力比法

复合模量 E_{cs} 值通过加固区土的模量提高系数 ξ 用下式计算：

$$E_{cs} = \xi E_s \tag{5.3-13}$$

$$\xi = \sigma_{sp} / \sigma_0 \tag{5.3-14}$$

式中　σ_0——天然地基基本承载力（kPa）；
　　　σ_{sp}——复合地基容许承载力（kPa）；
　　　ξ——承载力与压缩模量提高系数。

中等压缩性土地基承载力一般都大于 150 kPa，地基处理建议采用 CFG 桩处理，故加固区沉降量计算建议采用承载力比法。

5.3.2.3　下卧层沉降量计算

目前下卧层沉降计算一般采用分层总和法进行，其附加荷载的计算有应力扩散法、等效实体法、改进 Geddes 法和当层法等。等效实体法将复合地基加固区视为一等效实体，作用在下卧层顶面的荷载与作用在复合地基表面的相同，等效实体四周土体对等效实体的作用用摩阻力替代，由于周围土体对等效实体侧摩阻力难以确定，因此该方法在实际中很少采用。Geddes 根据弹性理论半无限空间体中作用一集中力的 Mindlin 应力解导出了单桩荷载在地基中产生的应力计算公式。该方法考虑了桩长、桩距、桩径、桩数及不规则布桩等因素的影响，但需要事先知道各桩的荷载及端阻分担比，且计算复杂烦冗，可操作性差，因而在工程上推广较为困难。采用当层法计算复合地基在荷载作用下地基中的附加应力时，将加固层换算成与下卧层模量相同的土层，然后按天然地基计算附加竖向应力。该方法加固区与下卧层的压缩模量比对下卧层沉降具有非常明显的影响。通过对比分析研究，建议复合地基下卧层压缩量的计算仍用分层总和法进行计算，下卧层的附加应力可按 Boussinesq 法、应力扩散法进行计算。

1. Boussinesq 法

不考虑桩体对地基中应力分布的影响，仍采用 Boussinesq 法对下卧层附加应力进行计算。

依据 Boussinesq 理论，在条形荷载作用下，地基中 o 点下任一点深度 z 处的附加应力，可用下式求解：

$$\sigma_z = \alpha_z^s p \tag{5.3-15}$$

式中　α_z^s ——地基附加应力系数，$\alpha_z^s = \dfrac{2}{\pi}\left(\dfrac{2n}{1+4n^2} + \arctan\dfrac{1}{2n}\right)$；

　　　n —— z/b。

2. 应力扩散法

作用在下卧层顶面的荷载可按式（5.3-16）计算，如图 5.3-3 所示。

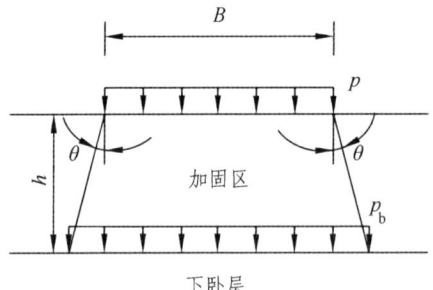

图 5.3-3　应力扩散法

$$\sigma_z = \dfrac{BLp}{(B + 2h\tan\theta)(L + 2h\tan\theta)} \tag{5.3-16}$$

式中　σ_z ——下卧层顶面的荷载平均应力（kPa）；

　　　B ——复合土体上加载宽度（m）；

　　　L ——复合土体上加载长度（m）；

　　　h ——加固区深度（m）；

　　　θ ——应力扩散角（°），可按表 5.3-1 取值。

表 5.3-1 地基应力扩散角 θ 单位：（°）

E_{s1}/E_{s2}	z/B			
	<0.25	0.25	0.50	>0.50
<3	0°或系数法或插值法	系数法或插值法	系数法或插值法	系数法或插值法
3	0	6	23	23
5	0	10	25	25
10	0	20	30	30
>10	0	20	30	30

注：1. E_{s1} 为上层土压缩模量，E_{s2} 为下层土压缩模量；
2. z 为基础底面至软弱下卧层顶面的距离，B 为条形基础底边的宽度；
3. 表中的系数法是指《建筑地基基础设计规范》（GB 50007）中的附加应力系数法；
4. $E_{s1}/E_{s2}<3$ 时，可采用系数法或插值法。

5.3.3 工后沉降计算

$$S_r = S - S_T = (1 - \eta)S \tag{5.3-17}$$

式中　S_r——工后沉降量（m）；

S——最终沉降量（或称总沉降量）（m）；

S_T——路基竣工铺轨完成已经发生的沉降量（或称施工期沉降量）（m）；

η——施工期沉降完成比例。

施工期沉降量完成比例 η，对于中低压缩性土可取 0.8~0.95，一般预压 3 个月可取 0.80~0.85，预压 6 个月取 0.85~0.9，预压 12 个月取 0.9~0.95，具体视地基土软硬程度、路堤荷载大小及下卧层厚度决定取值。

5.3.4 地基压缩层厚度确定

在工程实践中，首先路基荷载所引起的地基附加应力随着深度的增加而衰减，加上实际地基并不完全是散粒体，从某种意义上来讲，也具有地基梁的作用（尽管很微弱），所以地基附加应力不可能下传到无限深；其次，在沉降计算中采用的分层总和法其实是太沙基的一维固结理论，当地基深度超过某一深度（如 $\sigma_z = 0.1\sigma_t$，σ_z 为地基附加应力，σ_t 为地基原存应力），在计算中采用的压缩模量往往采用该处的物理值，实际上，同一物理特性土的压缩模量随着固结压力的增大而增大，也就是说，当地基深度超过 $\Delta\sigma_z = 0.1\sigma_t$ 时，其实际压缩模量值大于我们在计算中的所取值；另外，当固结压力足够大（对应于地基深度足够大），土体进入超高压固结状态，对于土样的 $\Delta\sigma_z = 0.1\sigma_t$ 所引起的体积应变 Δ_{vol}，σ_t 值越大，Δ_{vol} 越小。正是由于上述 3 个方面的主要因素，在实际工程沉降计算中，可以认为当下卧层地基超过某一深度值时，该深度值以下的地基所产生的沉降（包括瞬时沉降、固结沉降及次固结沉降）可以忽略不计。

铁路一般采用应力比值法，《铁路工程地基处理技术规程》（TB10106）规定高速铁路地基压缩层厚度按 0.1 倍应力比法取值，其他铁路按 0.2 倍应力比法取值，确定的压缩层下有软土时，应继续增加计算深度。根据中低压缩性土地基沉降特性和实测沉降比较分析，并考虑经济性，按地基条件和铁路轨道类型建议压缩层确定方案如下：

（1）高速铁路无砟轨道地基压缩层的计算深度应满足下式要求：

$$\sigma_z = 0.1\sigma_t \quad (5.3\text{-}18)$$

（2）其他铁路地基压缩层的计算深度应满足下式要求：

$$\sigma_z = 0.2\sigma_t \quad (5.3\text{-}19)$$

式中　σ_z——沉降计算深度 z 处的地基垂直附加应力（kPa）；

　　　σ_t——沉降计算深度 z 处的地基自重应力（kPa）。

（3）按式（5.3-18）或（5.3-19）确定的计算深度以下有软土层时应继续增加计算深度。

5.3.5　沉降计算修正系数

沉降计算根据饱和土固结理论，压缩层计算厚度取附加应力与自重应力之比 $\sigma_z/\sigma_t = 0.1$，按分层总和法计算（复合地基加固处理部分沉降采用承载力比法）。计算路基基底应力时按比例荷载法、附加应力计算采用 Boussinesq 法，沉降计算胶济客专非饱和粉质黏土和粉土采用综合值（固结试验、静探试验及标贯试验综合值）、海南东环客专饱和花岗岩全风化层采用标贯试验方法确定的压缩模量，云桂和柳南客专膨胀土采用静力触探试验及标贯试验确定的压缩模量。

5.3.5.1　海南东环客专计算沉降与实测沉降的关系

表 5.3-2 为海南东环客专的沉降实测值与计算值比例关系结果，结果表明海南东环客专沉降计算修正系数为 0.38~0.70，平均 0.59，海南东环客专地表为松软土，采用水泥搅拌桩处理断面计算沉降值与实测沉降值一致，其沉降修正系数较小；天然地基断面计算沉降值与实测沉降值一致，其沉降修正系数相对较大。

表 5.3-2 海南东环客专沉降计算与实测结果比较

断面	计算参数		
	计算沉降值 S_1/mm	实测沉降值 S/mm	S/S_1
DK67+620	193	136	0.70
DK67+630	187	126.5	0.68
DK67+666	148	69	0.47
DK67+680	138	52.5	0.38
DK79+065	233	164	0.70
DK79+399.6	170	109.5	0.64

5.3.5.2 胶济客专计算沉降与实测沉降的关系

表 5.3-3 为胶济客专的沉降实测值与计算值比例关系结果,结果表明胶济客专沉降修正系数 0.31~0.53,平均 0.45,胶济客专天然地基和地表为松软土,采用水泥搅拌桩处理的断面计算沉降与实测沉降一致,其修正系数最小;地基浅层换填和采用强夯处理的断面计算沉降与实测值一致,其沉降修正系数相对较大。

表 5.3-3 胶济客专沉降计算与实测结果比较

断面	计算参数		
	计算沉降值 S_1/mm	实测沉降值 S/mm	S/S_1
DK218+950	287	101.5	0.35
DK218+978	286	135.5	0.47
DK219+075	223	85	0.38
DK219+100	270	84	0.31
DK225+560	311	152.1	0.49
DK225+700	267	142.6	0.53
DK226+875	248	130.5	0.53
DK226+925	243	129.5	0.53

5.3.5.3 云桂客专计算沉降与实测沉降的关系

表 5.3-4 为云桂客专的沉降实测值与计算值比例关系结果，结果表明云桂客专沉降修正系数 0.14~0.46，平均 0.28。

表 5.3-4 中—强膨胀土地基沉降实测值与计算值比值关系

断面	计算参数		
	计算沉降值 S_1/mm	实测沉降 S/mm	S/S_1
DK619+430	150.8	53.08	0.35
DK619+450	197.6	91.17	0.46
DK619+410	124.7	44.41	0.36
DK620+230	673.6	111.16	0.17
DK620+250	524.6	92.23	0.18
DK620+300	613.7	83.08	0.14

5.3.5.4 柳南客专计算沉降与实测沉降的关系

表 5.3-5 为柳南客专的沉降实测值与计算值比例关系结果，结果表明柳南客专沉降修正系数 0.11~0.36，平均 0.24。

表 5.3-5 红黏土地基沉降实测值与计算值比值关系

断面	计算参数		
	计算沉降值 S_1/mm	实测沉降 S/mm	S/S_1
DK559+475	333.8	38.0	0.11
DK559+507	334	65.0	0.20
DK559+540	277.4	69.4	0.25
DK559+606	188.8	45.5	0.24
DK559+650	140.3	50.1	0.36
DK559+671	126.0	33.0	0.26

《建筑地基基础设计规范》（GB50007）推荐了地基沉降计算经验系数的取值方法，如表 5.3-6 所示。

表 5.3-6 地基沉降计算经验系数

基面附加压应力 σ_h	$\overline{E}_s$/MPa				
	2.5	4.0	7.0	15.0	20.0
$\sigma_h \geq \sigma_0$	1.4	1.3	1.0	0.4	0.2
$\sigma_h \leq 0.75\sigma_0$	1.1	1.0	0.7	0.4	0.2

注：表中 σ_h 为基底附加压力，σ_0 为基础底面处地基的基本承载力，$\overline{E}_s$ 为沉降计算总深度 Z 内地基压缩模量的当量值，应按下式确定：

$$\overline{E}_s = \frac{\sum A_i}{\sum \dfrac{A_i}{E_{si}}} \tag{5.3-20}$$

式中，A_i 为第 i 层土附加应力系数沿土层厚度的积分值；E_{si} 为基础底面下第 i 层土的压缩模量值（MPa）。

根据《建筑地基基础设计规范》进行了胶济、海东、云桂、柳南客专各观测断面沉降计算的经验系数同实测沉降与计算沉降修正系数进行了对比分析，结果见表 5.3-7。

表 5.3-7 实测沉降修正系数与《建规》计算经验系数比较

断面	《建规》计算当量模量/MPa	《建规》经验系数	修正系数（实测/计算沉降）
胶济客专			
DK218+950	11.7	0.64	0.35
DK218+978	12.1	0.61	0.47
DK219+075	15.4	0.38	0.38
DK219+100	13.1	0.48	0.31
DK225+560	13.7	0.45	0.49
DK225+700	14.7	0.41	0.53
DK226+875	12.8	0.56	0.53
DK226+925	12.8	0.56	0.53

续表

断面	《建规》计算当量模量/MPa	《建规》经验系数	修正系数（实测/计算沉降）
海南东环客专			
DK67+620	13.8	0.45	0.70
DK67+630	13.8	0.45	0.68
DK67+666	13.1	0.47	0.47
DK67+680	12.7	0.57	0.38
DK79+065	12.7	0.57	0.70
DK79+399.6	13.8	0.45	0.64
云桂客专			
DK619+430	13.9	0.44	0.35
DK619+450	14.2	0.43	0.46
DK619+410	19.4	0.27	0.36
DK620+230	9.6	0.60	0.17
DK620+250	17.0	0.34	0.18
DK620+300	14.5	0.42	0.14
柳南客专			
DK559+475	16.4	0.36	0.11
DK559+507	17.4	0.33	0.20
DK559+540	20.2	0.25	0.25
DK559+606	27.1	0.23	0.24
DK559+650	27.0	0.23	0.36

表 5.3-8 表明，胶济客专计算当量模量为 11.7~15.4 MPa，按《建筑地基基础设计规范》对应经验系数为 0.38~0.64，平均 0.45，实测沉降值除以计算沉降值的修正系数为 0.31~0.53，平均 0.45，胶济客专按《建筑地基基础设计规范》计算当量模量对应的经验系数与修正系数很接近，胶济客专修正系数可按《建筑地基基础设计规范》经验系数取

值;海南东环客专计算当量模量为 12.7～13.8 MPa,按《建筑地基基础设计规范》对应经验系数为 0.45～0.57,平均 0.49,但实测沉降值除以计算沉降值的修正系数为 0.38～0.7,平均 0.59,修正系数后者为前者的 1.2 倍;云桂客专计算当量模量为 9.6～19.4 MPa,按《建筑地基基础设计规范》对应经验系数为 0.27～0.60,平均 0.42,但实测沉降值除以计算沉降值的修正系数为 0.14～0.46,平均 0.28,修正系数后者为前者的 1.5 倍;柳南客专计算当量模量为 16.4～27.1 MPa,按《建筑地基基础设计规范》对应经验系数为 0.23～0.36,平均 0.28,但实测沉降值除以计算沉降值的修正系数为 0.11～0.36,平均 0.23,修正系数后者为前者的 1.2 倍。

5.4 中等压缩性土地基沉降预测方法

5.4.1 常用沉降数据的曲线回归方法

观测数据的曲线回归,可采用双曲线法、指数曲线法、星野法、Asaoka 法、三点法等方法,应用时要结合具体情况,对各种方法的拟合效果进行对比分析,优选相关系数高的方法。Asaoka 法可在缺少实测资料的情况下(可利用短期沉降观测资料)推求地基最终沉降值,但理论计算结果偏小;星野法适用性强,但精确度较低;若路基填筑完成后,沉降观测时长不少于半年以上,则双曲线法与实测结果最接近并且计算结果相对稳定。

5.4.2 沉降预测分析

运用双曲线法、指数曲线法、星野法、Asaoka 法、三点法对海东、胶济、云桂和柳南客专试验段路基沉降进行了预测分析,结果见表 5.4-1 至表 5.4-4,从各表可以看出采用指数曲线法进行地基沉降预测精度较高。

表 5.4-1 海南东环客专各断面沉降预测

特征断面	实测地基沉降/mm	实测工后沉降/mm	预测工后沉降			
			双曲线法/mm	指数曲线法/mm	星野法/mm	Asaoka 法/mm
DK67+620	136	13	13.12	13	13.13	13
DK67+630	126.5	12.5	12.66	12.5	12.68	12.5
DK67+666	69	10	10.13	10	10.14	10
DK67+680	52.5	7.5	7.64	7.5	7.66	7.5
DK79+399	109.5	13.5	13.69	13.5	13.72	13.5

表 5.4-2 胶济客专沉降预测

特征断面	实测地基沉降/mm	实测工后沉降/mm	预测工后沉降			
			双曲线法/mm	指数曲线法/mm	星野法/mm	Asaoka法/mm
DK218+950	101.5	5.5	6.0	5.5	6.5	5.5
DK218+978	135.5	9.5	9.73	9.5	9.81	9.5
DK219+075	85	7.5	7.78	7.5	7.86	7.5
DK219+100	84	2	2.04	2	2.04	2
DK225+560	152.1	7.1	7.45	7.1	7.51	7.1
DK225+700	142.6	6.4	6.91	6.4	7.06	6.4
DK226+875	130.5	10.4	11.03	10.4	11.16	10.4
DK226+925	129.5	9.5	10.3	9.5	10.5	9.5

表 5.4-3 云桂客专沉降预测

特征断面	实测地基沉降/mm	放置期最终沉降预测			
		双曲线法/mm	指数曲线法/mm	三点法/mm	Asaoka法/mm
DK619+410	45.4	45.73	46.48	55.04	51.47
DK619+430	52.2	83.64	53.56	53.05	55.12
DK619+450	105.4	109.29	104.97	106.26	104.84
DK620+230	105.4	109.29	104.97	106.26	104.84
DK620+250	80.7	83.71	81.67	82.01	89.97
DK620+300	81.3	83.02	80.79	81.58	80.71

表 5.4-4 柳南客专沉降预测

特征断面	实测地基沉降/mm	放置期最终沉降预测			
		双曲线法/mm	指数曲线法/mm	星野法/mm	Asaoka法/mm
DK559+475	98.0	98.2	97.8	98.4	97.7
DK559+507	131.0	134.9	131.2	141.6	132.3
DK559+540	113.5	114.2	113.8	114.3	113.8
DK559+606	138.5	140.3	138.7	141.5	138.8
DK559+650	119.0	120.8	119.4	126.6	119.2
DK559+671	98.0	98.9	97.9	99.3	97.9

5.5 高速铁路中等压缩性土地基工程案例

工程设计中低压缩性土地基路基填筑施工期按完成沉降的80%，放置3～6个月按完成沉降的90%进行沉降计算，并结合各自地基土的沉降计算修正系数，确定地基加固处理原则和措施，膨胀土地基考虑地基土的超固结特性。

5.5.1 海南东环客专

5.5.1.1 工程概况

海南东环客专设计时速为 250 km/h 的有砟轨道高速铁路部分为无砟轨道，路基长 179.2 km，沿线经过地区为低中山—丘陵地貌，大部分地段多为果林，仅局部有乔木树林，灌丛植被极为发育。丘坡间沟槽内地形平坦，水塘、水田密布，地表水系较发育，沟渠纵横交错，地下水位高。地基地层主要为上覆第四系全新统坡洪积松软土、粉质黏土和深厚花岗岩全风化层。部分花岗岩全风化层受地表水和地下水的作用，呈硬塑偏软塑土状。

5.5.1.2 设计方案

花岗岩全风化层地基原则上不处理，只针对高填方和过渡段进行浅层处理，当地基表层有软土、松软土时，只对浅层软土、松软土地基进行处理，花岗岩全风化层可作为桩基的持力层，代表性断面见图 5.5-1 所示，断面图中<6-W4>为花岗岩全风化层，<6-1-W4>为软塑状花岗岩全风化层，<4>为软土，<1>为硬塑状粉质黏土。

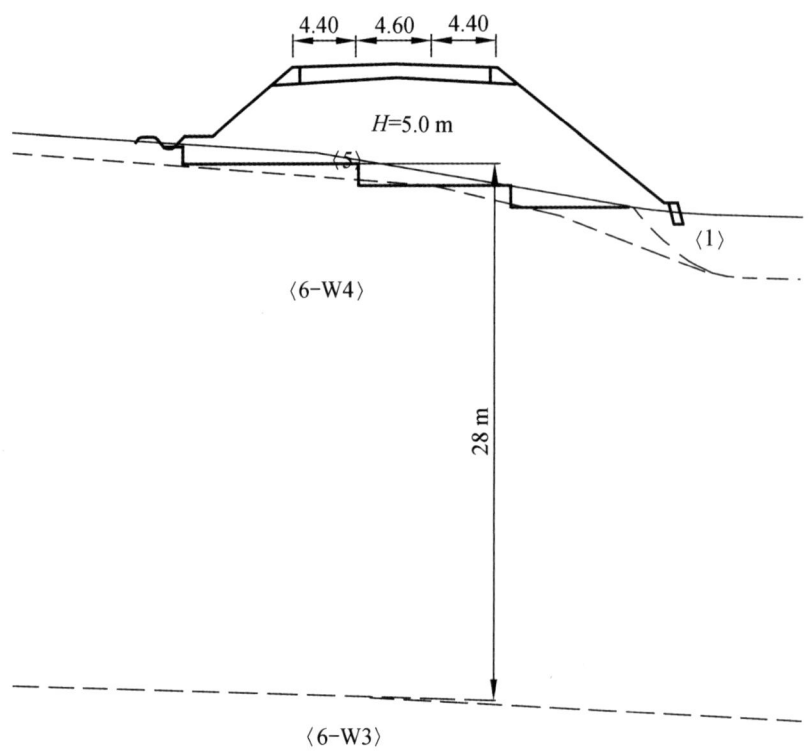

DK67+630

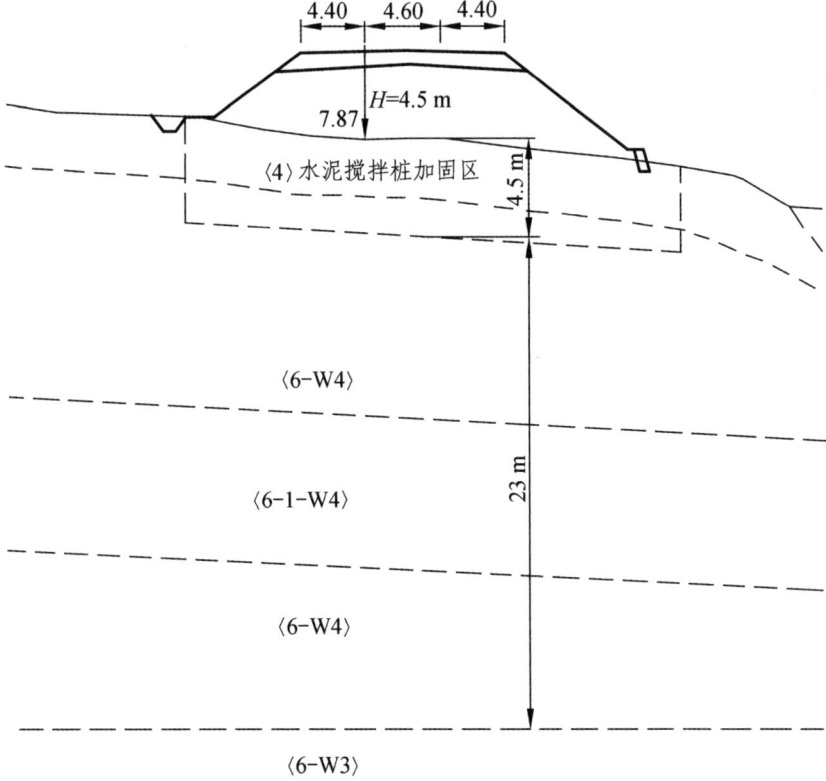

DK67+666

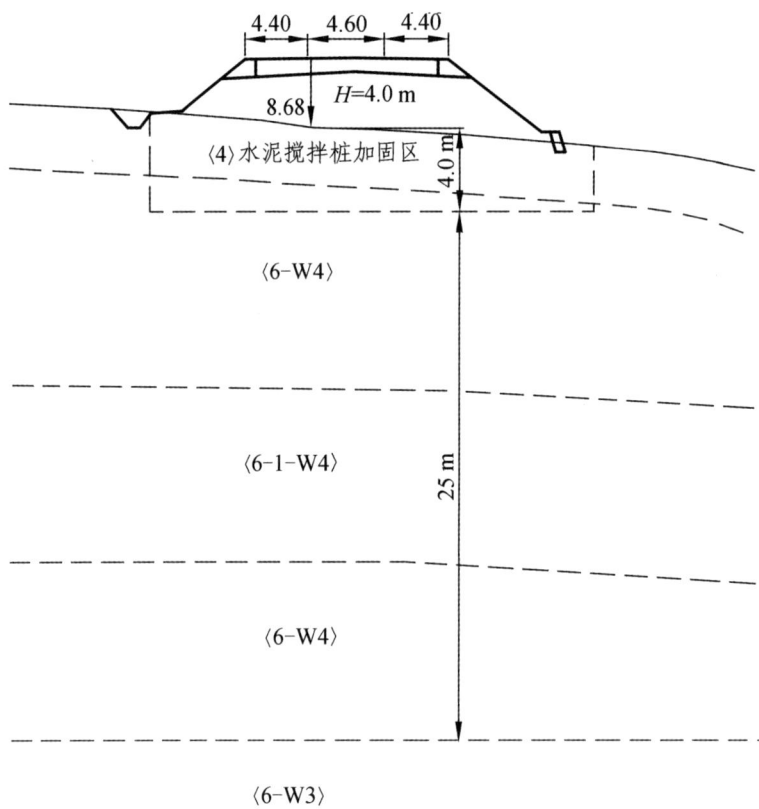

DK67+680

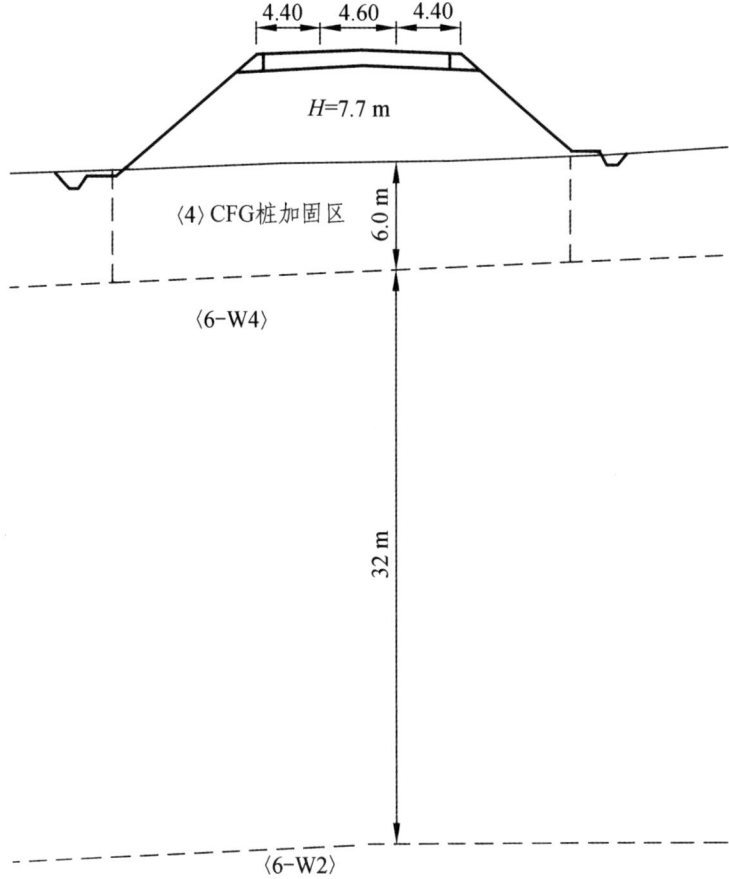

DK79+065

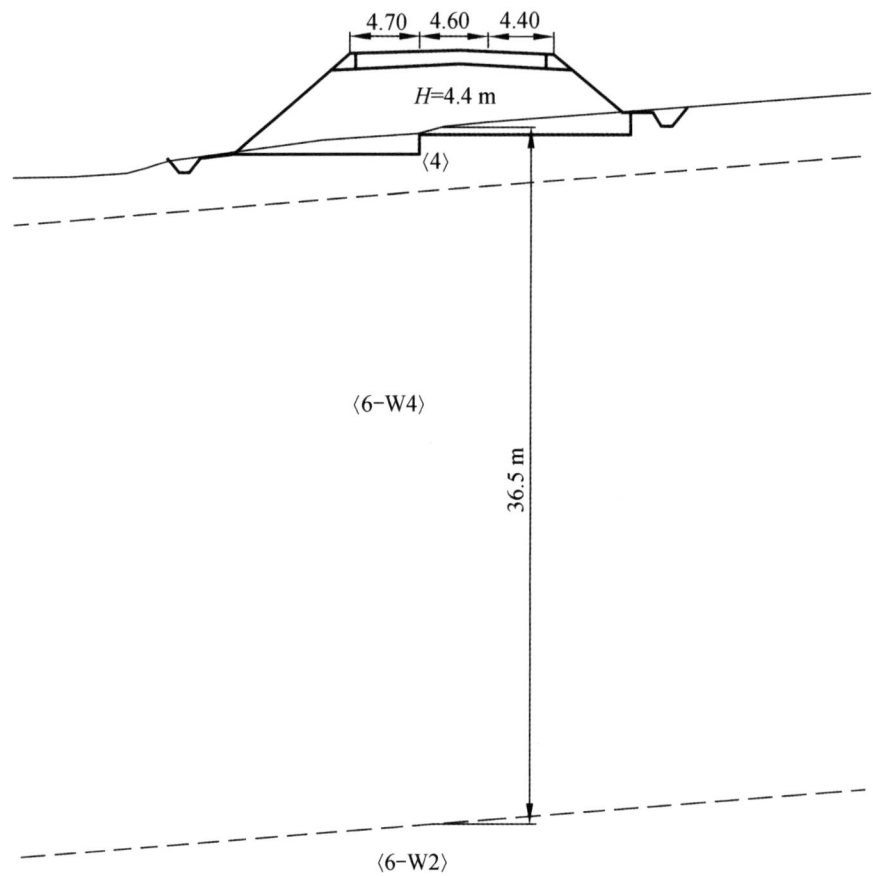

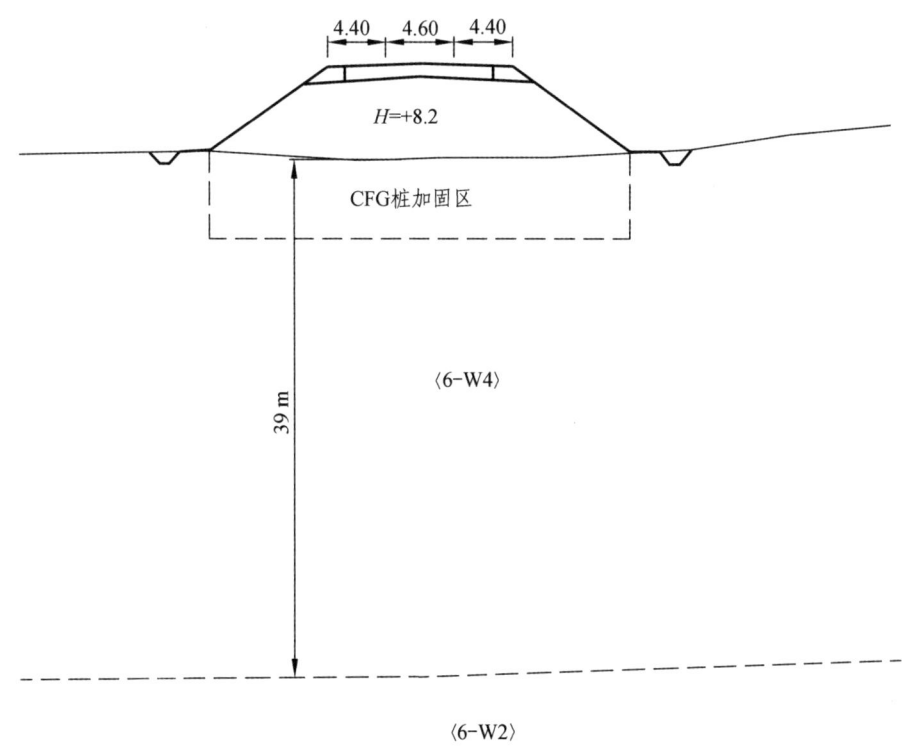

DK108+930
图 5.5-1 花岗岩全风化层地基

5.5.2 胶济客专

5.5.2.1 工程概况

胶济客专设计时速为 250 km/h 的有砟轨道高速铁路，路基长 229.2 km，沿线经过地区为属冲、洪积平原地貌，地面高程为 50~80 m，地形平坦、开阔，地表多垦为旱地。地下水为第四系孔隙潜水，水位埋深超过 20 m，水量较小，以大气降水补给为主，地下水位随季节波动较大，降雨季水位可达 7~15 m，旱季为 15~35 m，地基土主要为松软土、黄土质粉质黏土、粉质黏土、粉土，呈现出典型的非饱和性状。

5.5.2.2 设计方案

非饱和粉质黏土、粉土地基原则上不处理，只针对高填方和过渡段进行浅层处理，当地基表层有软土、松软土时，只对浅层软土、松软土地基进行处理，非饱和土可作为桩基的持力层，代表性断面见图 5.5-2 所示，断面图中<15-5>为松软土，<15-7>为粉质黏土，<15-8>为黄土质粉质黏土，<15-8-2>为湿陷性黄土质粉质黏土，<15-10>为粉土。

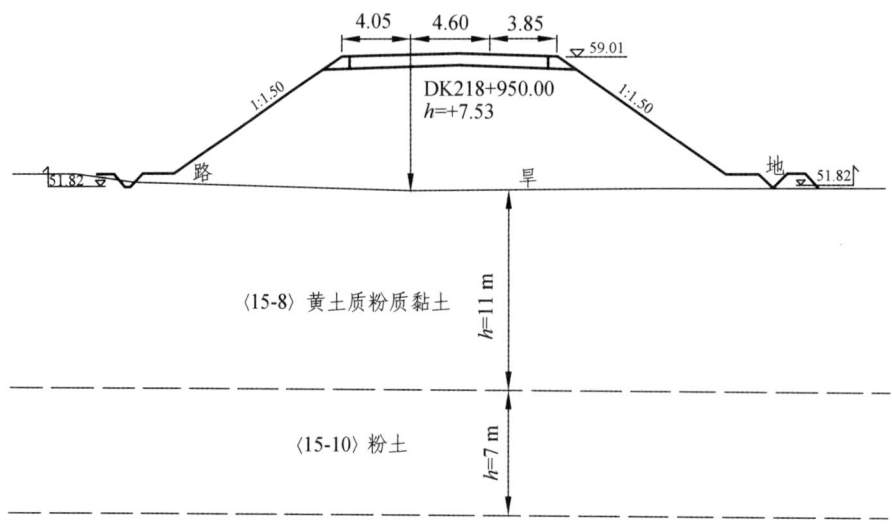

DK218+950

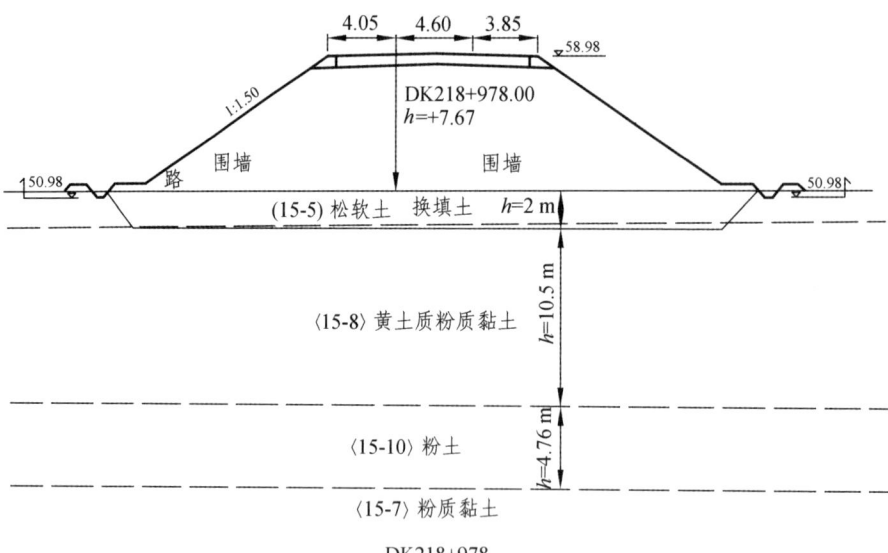

DK218+978

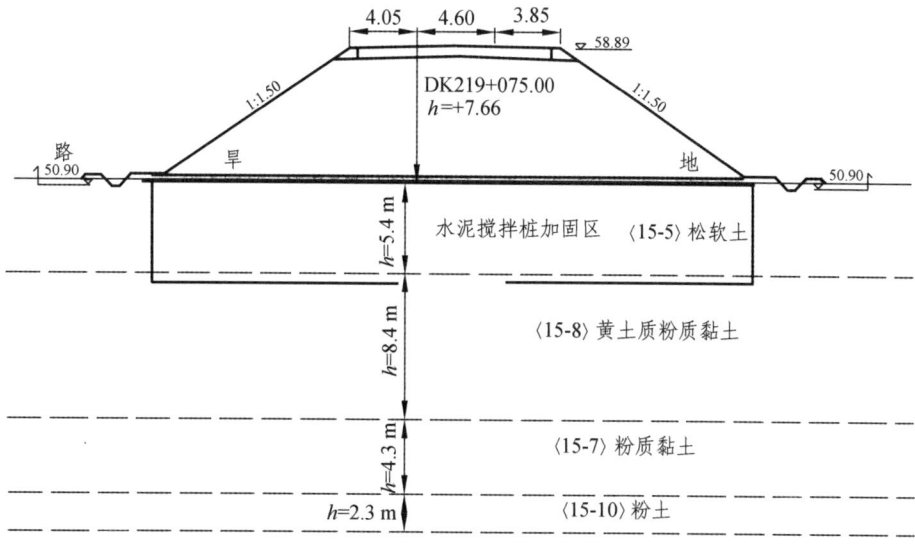

DK219+075

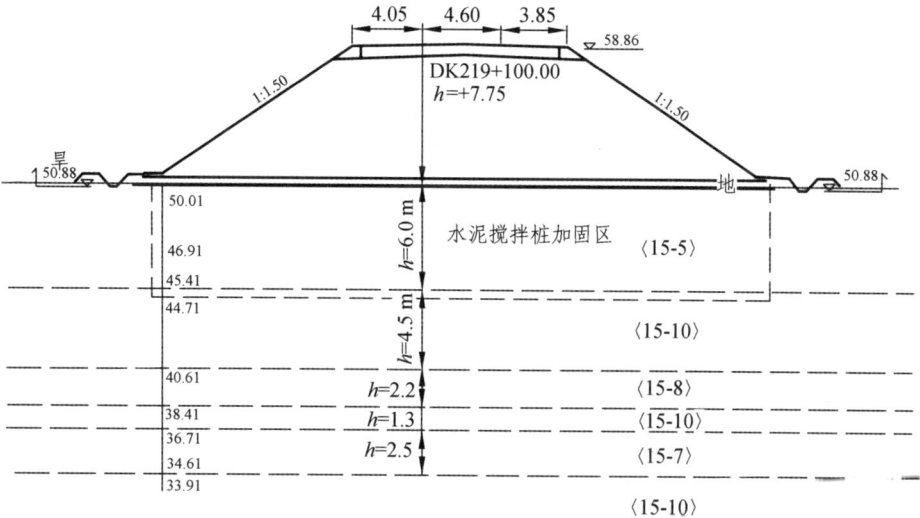

DK219+100

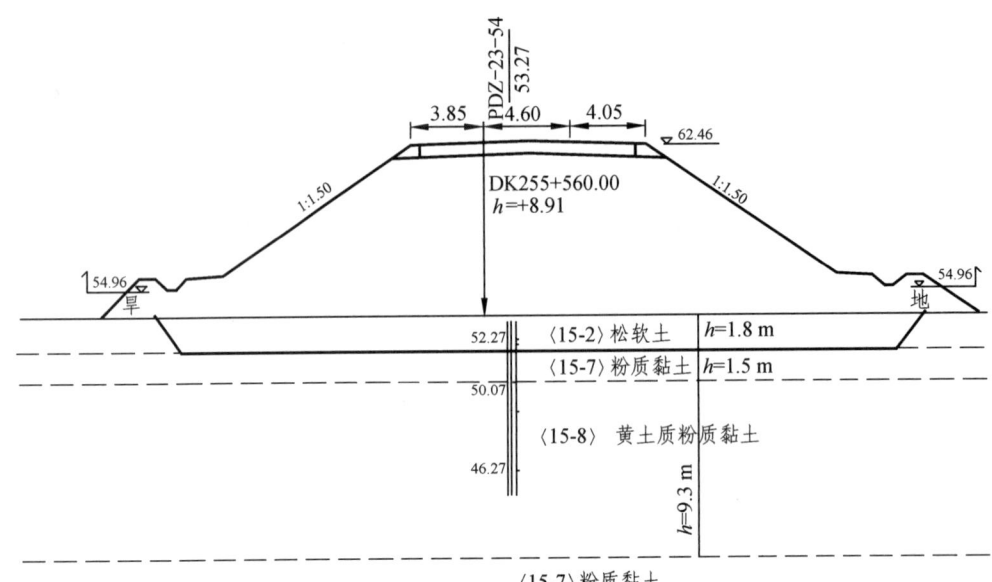

DK225+560

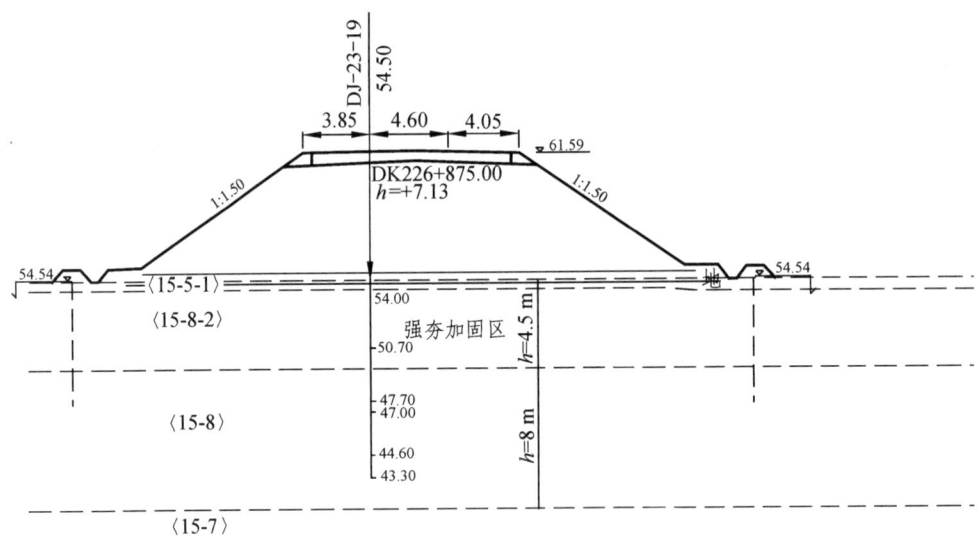

DK225+875

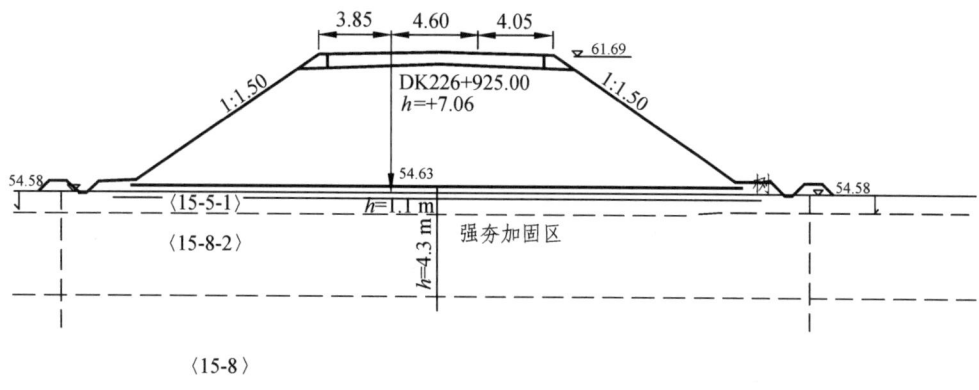

图 5.5-2 非饱和粉质黏土、粉土地基

5.5.3 沪昆客专

5.5.3.1 工程概况

沪昆客专设计时速为 350 km/h 的无砟轨道高速铁路，云南段路基长 54.9 km，沿线经过云贵高原剥蚀—侵蚀低中山—丘陵地貌，除富源为中山地貌外，其余地区大多为高原丘陵地貌。线路基本沿平坝边缘行走，地形相对较为平坦，沿线地层岩性以灰岩、白云岩类可溶岩与泥岩、砂岩、页岩及煤系地层等相间分布，其中昆明市官渡区和呈贡区表层覆盖层以坡残积土层及第三系土层为主，阳离子交换量和蒙脱石含量较高，大多具有弱~强不等的膨胀性。

5.5.3.2 设计方案

昆明市官渡区和呈贡区路基长 10.9 km，膨胀土路基长度约 7.4 km，膨胀土地基处理措施为：低填方和路堑地基采用桩间距 1.4 m、桩径 0.4 m 的 CFG 进行处理，既解决地基上拱变形问题，也解决地基承载力不足问题；路堤填高 3~5 m，为充分发挥膨胀土地基的超固结特性，地基采用桩间距 1.8 m、桩径 0.5 m 的 CFG 进行处理，桩长一般 5~6 m；路堤填高大于 5 m，根据地基土沉降计算结果，采用桩间距 1.8~2.0 m、桩径 0.5 m 的 CFG 进行处理，桩长计算确定。代表性断面如图 5.5-3 所示。

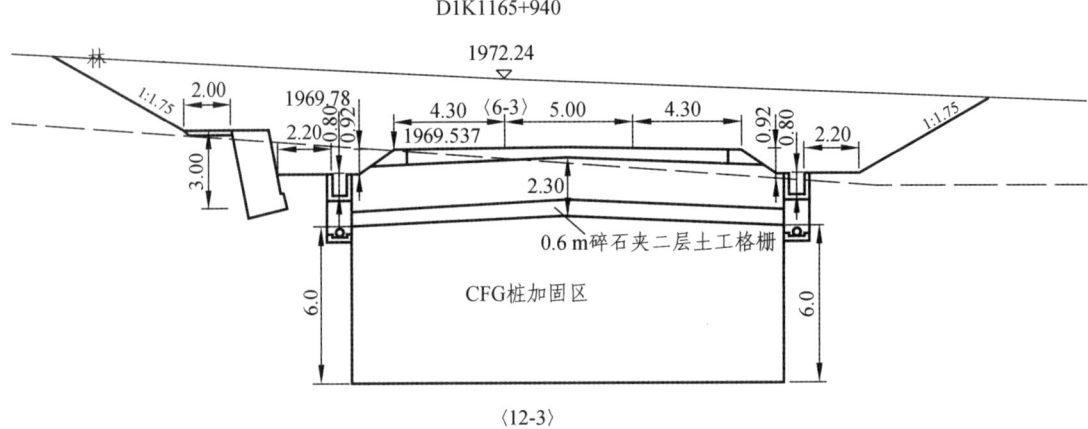

⟨12-3⟩

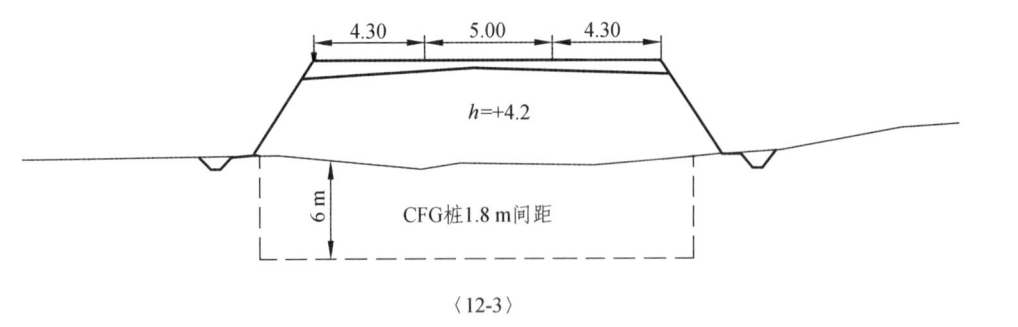

⟨12-3⟩

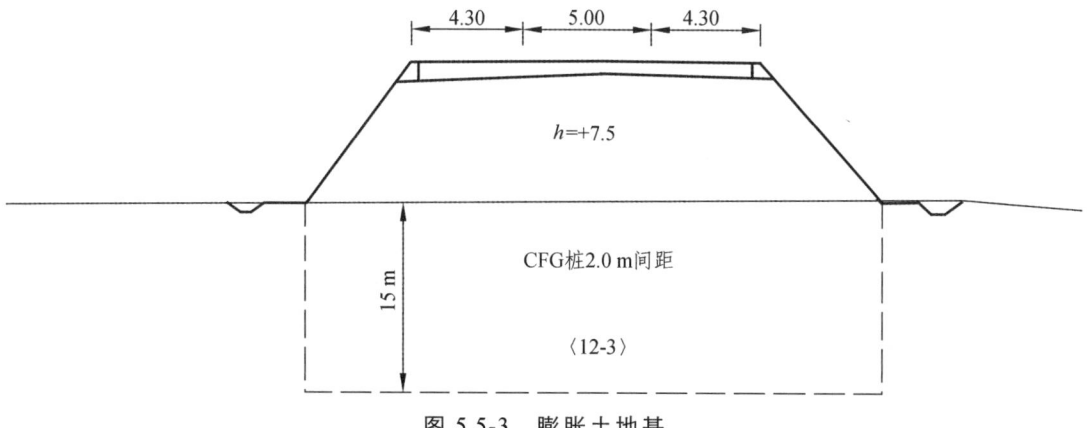

图 5.5-3 膨胀土地基

5.5.4 云桂客专

5.5.4.1 工程概况

云桂客专为新建双线 250 km/h 的有砟轨道客运专线，路基长 168.9 km，位于云南、广西境内，东起南宁枢纽的南宁站，沿既有南昆铁路至既有百色站，之后经云南省文山州、红河州、玉溪市，最后到达昆明南站。南宁至百色广泛分布为膨胀土地基。

5.5.4.2 设计方案

膨胀土地基处理措施为：低填方和路堑地基采用桩间距 1.4 m、桩径 0.4 m 的 CFG 进行处理，既解决地基上拱变形问题，也解决地基承载力不足问题；路堤地基一般不处理，高路堤及过渡段根据地基土沉降计算结果，采用桩间距 1.8～2.0 m、桩径 0.5 m 的 CFG 进行处理，桩长计算确定。代表性断面如图 5.5-4 所示。

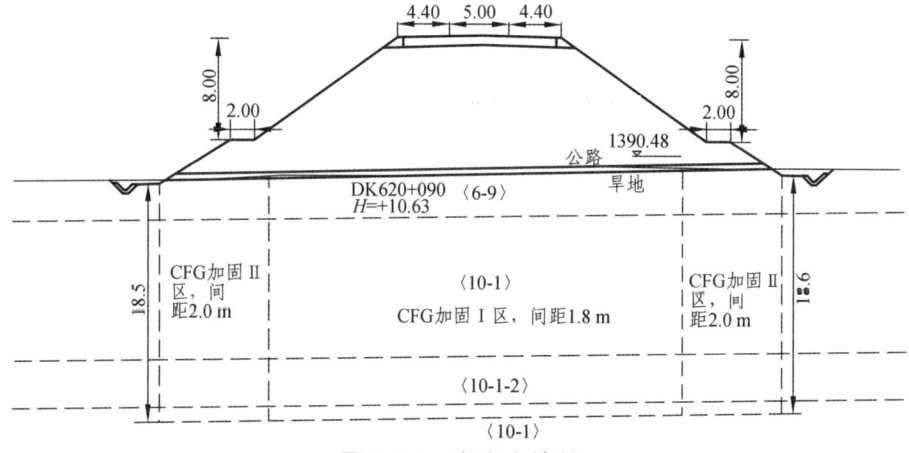

图 5.5-4 膨胀土地基

5.5.5 郑万客专

5.5.5.1 工程概况

郑万客专为新建双线 350 km/h 的无砟轨道客运专线，D1K357～DK359 位于南襄盆地，大部分均为河谷平原Ⅰ级阶地，地势平坦，平坦地势海拔高度为 70～75 m。相对高差 5 m，自然横坡 0°～8°，局部地段稍陡。地表覆土层厚，上覆第四系上更新统粉质黏土（膨胀土），褐黄色，硬塑，以黏粒为主，属中等膨胀土，局部属强膨胀土。

5.5.5.2 设计方案

膨胀土地基处理措施为：低填方和路堑地基采用桩间距 1.4 m、桩径 0.4 m、桩长 4～6 m 的 CFG 进行处理，既解决地基上拱变形问题，也解决地基承载力不足问题；一般路堤地基处理 7～9 m，高路堤及过渡段根据地基土沉降计算结果，采用桩间距 2.0 m、桩径 0.5 m 的螺杆桩进行处理，桩长计算确定。代表性断面如图 5.5-5 所示。

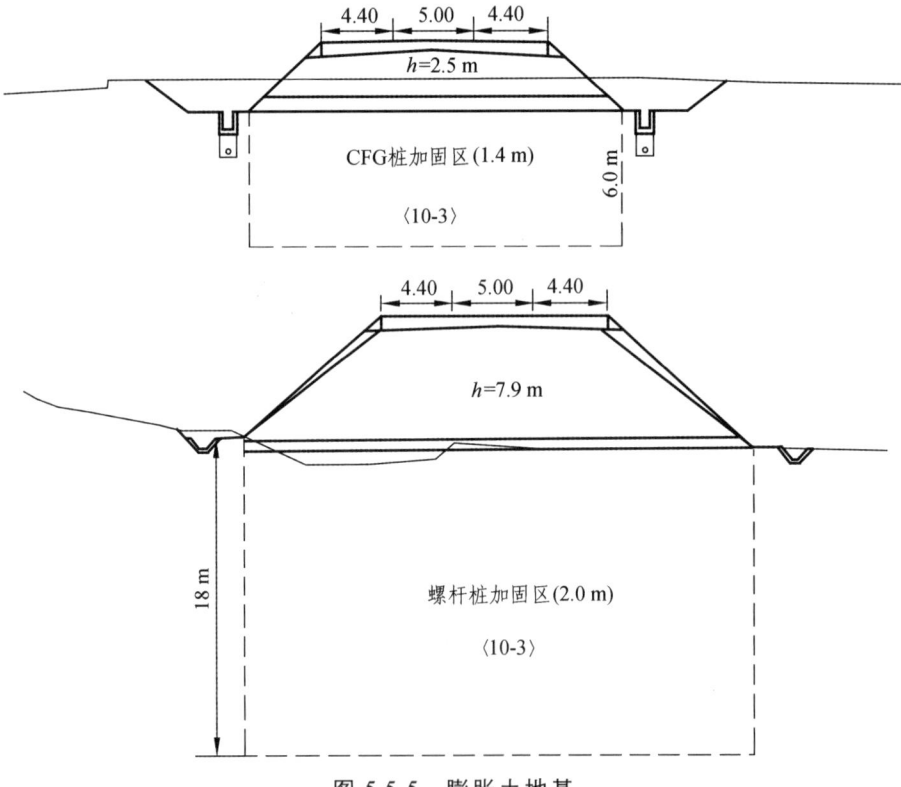

图 5.5-5 膨胀土地基

5.5.6 俄罗斯莫喀高铁

5.5.6.1 工程概况

俄罗斯高铁（莫斯科—喀山段）为新建双线 400 km/h 的无砟轨道高速铁路，线路总里程 771.7 km，其中路基长度 653.9 km，占线路长度 84.7%。俄罗斯高铁沿线属中高纬度高寒低丘平原区，地势平坦开阔，稍有起伏，河流、湖泊、沼泽广泛分布。区内地表大部分为第四系堆积层所覆盖，主要为黏土、砂黏土、粉砂、细砂等中低压缩性土。

5.5.6.2 设计方案

地基主要为黏土、砂黏土、粉砂、细砂等中低压缩性土，只对地基表层采用 CFG 桩进行处理，一般桩间距 1.8～2.0 m，桩径 0.5 m，处理深度 6～10 m；地表分布有软土、松软土时全部处理，中低压缩性黏土、砂黏土、粉砂、细砂作为桩基持力层。代表性断面如图 5.5-6 所示。

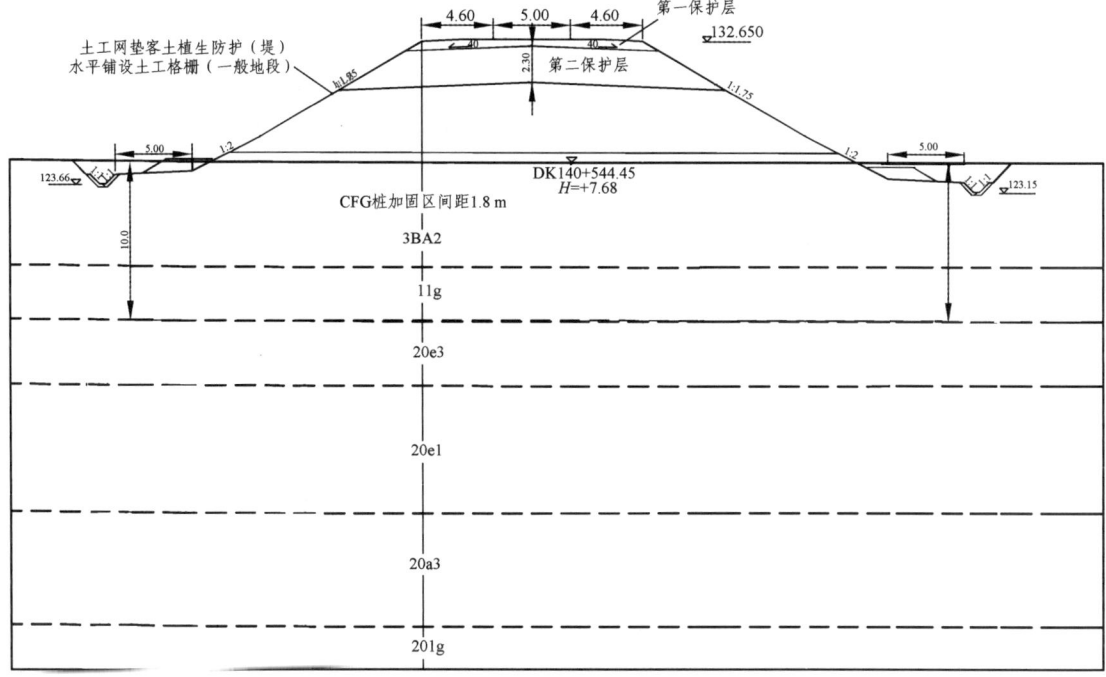

图 5.5-6 中低压缩性土地基

参考文献

[1] 中华人民共和国住房和城乡建设部. 建筑地基基础设计规范 [S]. 北京：中国建筑工业出版社，2011.

[2] STEINBERG M. Geomembranes and The Control of Expansive Soils in Construction[M]. New York：Mc Graw-Hill，1998.

[3] Barden L. Consolidation of compacted and unsaturated clays [J]. Geotechnique，1965，15（3）：267-286.

[4] Ostashev N A. The law of distribution of moisture in soils and methods for study of same [A]. Proceeding of 1st International Conference on Soil Mechanics and Foundation Engineering [C]. Cambridge，U. K，1936，1：227-228.

[5] Boulichev V Apparatus for testing compressibility and capillary properties of soils[A]. Proceeding of 1st International Conference on Soil Mechanics and Foundation Engineering [C]. Cambridge，U. K，1936，2：37-38.

[6] Lane K S, Washburn S E. Capillarity tests by capillarimeters by soil filled tubes [R]. Highway Research Board. 1946，26：460-473.

[7] Sitz M. Discussion on Terzaghi's ideas on surface tesion of water and the rise of water in capillaries[A]. Proceeding of 2nd International Conference on Soil Mechanics and Foundation Engineering[A]，Rotterdam，Netherland，1948，5：289-292.

[8] Bernatzik W. The determination of the capillary rise in sand by means of Prism test[A]. Proceeding of 2nd International Conference on Soil Mechanics and Foundation Engineering[A]，Rotterdam，Netherland，1948，5：28-30.

[9] Lambe T W. Capillary phenomena in cohesionless soils[J]. Journal of Transportation Engineering ASCE，1951，116：401-423.

[10] 陈正汉，黄海，卢再华. 非饱和土的非线性模型和弹塑性固结模型以及应用[[J]. 应用数学和力学，2001，22（1）：93-103.

[11] ALONSO E E, GEN A, JOSA A A. Constitutive model for partially saturated soils[J]. Geotechnique, 1990, 40 (3)：405-430.

[12] 沈珠江. 非饱和土简化固结理论及其应用[[J]. 水利水运工程学报，2003，4：1-6.

[13] 俞培基，陈愈炯. 非饱和土的水一气形态及其与力学性质的关系[[J]. 水利学报，1965（1）：17-24.

[14] T. Y IRFAN. MINERALOGY. Fabric properties and classification of weathered granites in Hong Kong[J]. Quarterly Journal of Engineering Geology, 1996, 29：5-35.

[15] 尚彦军，王思敬，岳中琦，等. 全风化花岗岩孔径分布、颗粒组成、矿物成分变化特征及指标相关性分析. 岩土力学，2004，25（10）：1545-1550.

[16] 齐明柱，江辉煌，周神根. 深圳地区花岗岩残积土的沉降计算及现场测试分析[J]. 中国铁道科学，2004，25（1）：91-94.

[17] Peter Lumb. Slope failures in Hong Kong[J]. Quarterly Journal of Engineering Geology, 1975, 8：31-65.

[18] XEIDAKIS George, KOUDOUMAKIS Panagiotis, TSIRAMBIDES Ananias. Road construction on swelling soils：the case of Strymi soils, Rhodope, Thrace, Northern Greece [J]. Bulletin of Engineering Geology and the Environment, 2004, 63：93-101.

[19] Fredlund D G, Rahardjo H. Unsaturated soils mechanics in engineering practice [M]. New York：Wiley, 2012.

[20] 廖世文. 膨胀土与铁路工程[M]. 北京：中国铁道出版社，1984.

[21] 李生林，施斌，林延军. 中国膨胀土工程地质研究. 科技进展. 1997，19（2）：82-86.

[22] Bjenum, L. Progressive failure in slopes of over consolidated plasitc clay and clay shales [J]. Journal of soil mechanics and Found Div. 1967, 93（sm5）：1-49.

[23] Myslinska E. Accuracy of expansion charts the influence of interstitial water chemistry [J]. Bulletin of Engineering Geology and the Environment, 1999, 57 (3): 263-265.

[24] 中华人民共和国住房和城乡建设部. 膨胀土地区建筑技术规范[S]. 北京: 中国建筑工业出版社, 2012.

[25] 中交第二公路勘察设计院研究院. 公路路基设计规范[S]. 北京: 人民交通出版社, 2004.

[26] 中铁第一勘察设计院集团有限公司. 铁路工程土工试验规程[S]. 北京: 中国铁道出版社, 2011.

[27] 铁道第一勘察设计院. 铁路工程岩土分类标准[S]. 北京: 中国铁道出版社, 2001.

[28] 韦秉旭, 周玉峰. 宁明膨胀土侧限有荷膨胀变形试验研究[J]. 力学与实践, 2006, 28 (6): 64-68.

[29] 黄斌, 饶锡保, 王章琼, 等. 考虑状态含水率和密度的膨胀土膨胀模型试验研究[J]. 岩土力学, 2011, 32 (S1): 398-403.

[30] 欧孝夺, 唐迎春, 钟子文, 等. 重塑膨胀岩土微变形条件下膨胀力试验研究[J]. 岩石力学与工程学报, 2013, 32 (5): 1067-1072.

[31] Tawfiq S, Nalbantoglu Z. Swell-shrink behavior of expansive clays [C]. 2nd International Conference on New Developments in Soil Mechanics and Geotechnical Engineering, Nicosia, 2009: 336-341.

[32] 吕海波, 曾召田, 赵艳林, 等. 膨胀土强度干湿循环试验研究[J]. 岩土力学, 2009, 30 (12): 3797-3802.

[33] 杨和平, 张锐, 郑健龙. 有荷条件下膨胀土的干湿循环胀缩变形及强度变化规律[J]. 岩土工程学报, 2006, 28 (11): 1936-1941.

[34] 唐朝生, 施斌. 干湿循环过程中膨胀土的胀缩变形特征[J]. 岩土工程学报, 2011, 33 (9): 1376-1384.

[35] Osipov V I, Bik N N, Rumjantseva N A. Cyclic swelling of calys [J]. Applied Clay Science, 1987, 2 (4): 363-374.

[36] 刘松玉,季鹏,方磊. 击实膨胀土的循环膨胀特性研究[J]. 岩土工程学报,1999, 21(1): 9-13.

[37] Carder D R. Earth pressure on retaining walls and abutments[J]. Ground Engineering, 1988, (7): 7-10.

[38] Clayton C R I, Symons I F, Hiedra-Cobo. The pressure of clay backfill against retaining structures[J]. Canadian Geotechnical Journal, 1991, 28 (4): 282-297.

[39] Moza K K, Katti R K, Katti D R. Active pressure studies in saturated expansive soil[C]. Proceedings of the Eighth Asian Regional Conference on Soil Mechanics and Foundation Engineering, Kyoto, Japan, 1987. 189-192.

[40] Tang A M, Ta A N, Cui Y J, et al. Development of a large-scale infiltration tank for determination of the hydraulic properties of expansive clays[J]. Geotechnical Testing Journal, 2009, 32 (5): 385-396.

[41] 杨果林,刘义虎. 膨胀土路基含水量在不同气候条件下的变化规律模型试验研究[J]. 岩石力学与工程学报, 2005, 24 (24): 4524-4533.

[42] 王年香,顾荣伟,章为民,等. 膨胀土中单桩性状的模型试验研究[J]. 岩土工程学报, 2008, 30 (1): 56-60.

[43] 王年香,章为民,顾行文,等. 膨胀土挡墙侧向膨胀压力研究[J]. 水利学报, 2008, 39 (5): 580-587.

[44] 王亮亮,杨果林. 中—强膨胀土地区铁路路堑基床动静态特性模型试验[J]. 岩土工程学报, 2013, 35 (1): 137-143.

[45] 徐光明,王国利,顾行文,等. 雨水入渗与膨胀性土边坡稳定性试验研究[J]. 岩土工程学报, 2006, 28 (2): 270-273.

[46] Brackley I J A, Sanders P J. In situ measurement of total natural horizontal stresses in an expansive clay [J]. Géotechnique, 1992, 42 (2): 443-451.

[47] Abduljauwad S N, Al-Sulaimani G J, Basunbul I A, et al. Laboratory and field studies of response of structures to heave of expansive clay [J]. Geotechnique, 1998, 48 (1): 103-121.

[48] Ng W W C, Zhan L T, Fredlund D G. Performance of an unsaturated expansive soil slope subjected to artificial rainfall infiltration [J]. Geotechnique, 2003, 53 (2): 143-157.

[49] Zhan L T, Ng W W C, Fredlund D G. Field study of rainfall infiltration into a grassed unsaturated expansive soil slope [J]. Canadian Geotechnical Journal, 2007, 44 (4): 392-408.

[50] Maxwell B. Field Measurements of Yazoo Clay Reveal Expansive Soil Design Issues [J]. Journal of Performance of Constructed Facilities, 2011, 25 (1): 18-23.

[51] Karunarathne A M A N, Sivanerupan S, Gad E F et al. Field monitoring of seasonal ground movements in expansive soils in Melbourne[J]. Proceedings of the 6th International Conference on Unsaturated Soils, Sydney, 2014: 1359-1365.

[52] Puppala A J, Manosuthkij T, Nazarian S, et al. Threshold moisture content and matric suction potentials in expansive clays prior to initiation of cracking in pavements[J]. Canadian Geotechnical Journal, 2011, 48 (4): 519-531.

[53] 孔令伟, 陈建斌, 郭爱国, 等. 大气作用下膨胀土边坡的现场响应试验研究[J]. 岩土工程学报, 2007, 29 (7): 1065-1073.

[54] 李雄威, 孔令伟, 郭爱国. 气候影响下膨胀土工程性质的原位响应特征试验研究[J]. 岩土力学, 2009, 30 (7): 2069-2074.

[55] 吴珺华, 袁俊平. 干湿循环下膨胀土现场大型剪切试验研究[J]. 岩土工程学报, 2013, 35 (S1): 103-107.

[56] Kim J M. A fully coupled finite element analysis of water-table fluctuation and land deformation in partially saturated soils due to surface loading[J]. International Journal for Numerical Methods in Engineering, 2000, 49: 1101-1119.

[57] Thomas H R, He Y. Analysis of coupled heat, moisture andair transfer in a deformable unsaturated soil[J]. Geotechnique, 1995, 45: 677-689.

[58] Olivellas, Carrerra J, Gens A. et al. Nonisothermal multiphase flow of brine and gas through saline media[J]. Transport in Porous Media, 1994, 15: 271-93.

[59] 张玉军. 核废料处置概念库近场热—水—应力耦合模型及数值分析[J]. 岩土力学, 2007, 28 (1): 17-22.

[60] 徐炎兵, 韦昌富, 李 幻, 等. 非饱和土渗流与变形耦合问题的有限元分析[J]. 岩土力学, 2009, 30 (5): 1490-1496.

[61] 吴礼舟, 张利民, 黄润秋, 等. 非饱和土的变形与渗流耦合的一维解析分析及参数研究[J]. 岩土工程学报, 2009, 31 (9): 1450-1455.

[62] Wray W K, El-Garhy B M, Youssef A A. Three-Dimensional Model for Moisture and Volume Changes Prediction in Expansive Soils[J]. Journal of Geotechnical and Geoenvironmental Engineering, 2005, 131 (3): 311-324.

[63] Ferreira S R M, Costa L M, Guimarães L J N et al. Volume change behavior due to water content variation in an expansive soil from the semiarid region of pernambuco - Brazil[J]. Soils and Rocks, 2013, 36 (2): 183-193.

[64] Vu H Q, Fredlund D G. The prediction of one-, two-, and three-dimensional heave in expansive soils[J]. Canadian Geotechnical Journal, 2004, 41 (4): 713-737.

[65] 沈珠江, 米占宽. 膨胀土渠道边坡降雨入渗和变形耦合分析[J]. 水力水运工程学报, 2004, (3): 7-11.

[66] 范臻辉, 张春顺, 肖宏彬. 基于流固耦合特性的非饱和膨胀土变形仿真计算[J]. 中南大学学报（自然科学版）, 2011, 42 (3): 758-764.

[67] 吴丽君, 蒋关鲁, 李安洪, 等. 控制基质吸力的非饱和粉质黏土固结试验研究[J]. 水文地质工程地质, 2009, 36 (4): 66-70.

[68] 吴丽君, 蒋关鲁, 李安洪, 等. 非饱和粉质黏土固结压缩特性及体变试验研究[J]. 现代地质, 2009, 23 (3): 559-563.

[69] Chen Wei-Zhi, Jiang Guan-Lu, Zhao Hui-shuang, Wu Li-jun, Li An-hong. Analysis of nonlinear settlement for an unsaturated soil under stage continuous loading[J]. J. Cent. South Univ, 2014, 21 (12): 4690-4697. (SCI 收录, WOS: 000346856900037)

[70] 陈伟志, 蒋关鲁, 王智猛, 等. 分级连续加载条件下原状膨胀土固结变形研究[J]. 岩土力学, 2014, 35 (3): 710-716. （EI 收录, AN: 20141517560195）

[71] 王景芝,李安洪,肖红兵,等.饱和全风化花岗岩地基土压缩特性的研究[J].铁道建筑,2009（6）：73-76.

[72] 吴丽君,蒋关鲁,李安洪,等.胶济客专非饱和原状粉质黏土固结试验[J].铁道建筑,2009（5）：100-104.

[73] 陈伟志,蒋关鲁,赵慧爽,等.铁路路基下膨胀土地基浸水响应现场试验[J].岩土工程学报,2014,36（8）：1507-1514.（EI收录,AN：20143600063167）

[74] 刘志明,蒋关鲁,李安洪,等.胶济客专非饱和土地基原位试验研究[J].施工技术,2008,37（S2）：307-311.

[75] 陈伟志,蒋关鲁,王大伟,等.低矮路堤下膨胀土地基渗流与变形耦合研究[J].岩土力学,2014,35（S2）：232-239.（EI收录,AN：20145100353468）

[76] 肖红兵,蒋关鲁,王景芝,等.深厚全风化花岗岩铁路地基沉降离心模型试验研究[J].公路交通科技,2010,27（8）：40-44.

[77] 姚裕春,李安洪,蒋关鲁.海南东环线路基现场应力测试研究[J].高速铁路技术,2010,1（3）：27-30+51.

[78] 李安洪,庞应刚,姚裕春,等.胶济客专非饱和土路基沉降观测及分析[J].高速铁路技术,2010,1（1）：27-30.

[79] 陈伟志,蒋关鲁,王智猛,等.弥勒原状膨胀土物理力学参数与固结特性研究[J].中南大学学报（自然科学版）,2014,45（6）：1908-1915.（EI收录,AN：20143118012185）

[80] 蒋关鲁,胡润忠,李安洪.离心模型试验预测中等压缩性土地基沉降的可行性[J].交通运输工程学报,2011,11（6）：17-23+30.

[81] 吴丽君,蒋关鲁,李安洪.基于Plaxis的高速铁路非饱和土地基沉降计算分析[J].铁道建筑,2011（6）：86-89.

[82] 张崇磊,蒋关鲁,吴丽君,等.非饱和中等压缩性土地基沉降预测的研究[J].水文地质工程地质,2012,39（6）：50-56.

[83] 姚裕春,李安洪,蒋关鲁.胶济客专非饱和土地基沉降特性试验研究[J].铁道工程学报,2012,29（5）：18-25.

[84] 陈伟志,蒋关鲁,袁泽华,等. 低矮路堤下膨胀土地基现场浸水试验研究[J]. 岩石力学与工程学报,2014,33(8): 1609-1618.

[85] 陈伟志,蒋关鲁. 土质路基荷载下地基沉降的修正计算方法[J]. 水文地质工程地质,2013,40(4): 56-62.

[86] 冯研,蒋关鲁,陈伟志,等. 离心模型试验预测复合地基沉降的精度[J]. 西南交通大学学报,2014,49(1): 105-110. (EI 收录,AN: 20145100353468)

[87] 蒋关鲁,兰维维,肖红兵,等. 路基荷载下地基侧向变形的计算方法[J]. 重庆大学学报,2014,37(2): 89-97.

[88] 吴丽君. 高速铁路非饱和土固结压缩特性及地基加固技术研究[D]. 成都:西南交通大学,2011.

[89] 肖红兵. 高速铁路深厚全风化花岗岩地基沉降特性及加固技术研究[D]. 成都:西南交通大学,2016.

[90] 陈伟志,李安洪,蒋关鲁,等. 铁路路基下膨胀土长短微型桩抗隆起研究[J]. 岩石力学与工程学报,2019,38(2): 409-423.

[91] 李安洪,姚裕春,蒋关鲁. 非饱和土地基沉降计算参数试验研究[J]. 铁道工程学报,2012,29(1): 6-10.

[92] 姚裕春,李安洪,蒋关鲁. 海东线花岗岩全风化层地基沉降特性试验研究[J]. 高速铁路技术,2013,4(1): 8-13.

[93] 冯研,袁胜洋,徐鹏,等. 成绵乐高速铁路成都黏土地基蠕变参数反演及沉降预测[J]. 四川建筑科学研究,2014,40(5): 148-150+159.

[94] 邹祖银,蒋关鲁,朱占元. 基于离心机模型试验的非饱和土地基沉降特征分析[J]. 防灾减灾工程学报,2014,34(1): 67-72.

[95] 冯研,蒋关鲁,陈伟志,等. 弥勒非低矮路基超固结膨胀土地基沉降特征[J]. 中国公路学报,2018,31(5): 17-25.

[96] 由辉,陈伟志,蒋关鲁,等. 高速铁路饱和中—低压缩性土地基沉降趋势分析[J]. 高速铁路技术,2018,9(1): 24-29.

[97] 李井元,陈伟志,李安洪,等. 弥勒高饱和原状膨胀土强度变形特性研究[J]. 路基工程,2018(1): 84-89.